岩 波 文 庫

34-026-1

アメリカの黒人演説集

——キング・マルコムX・モリスン 他——

荒このみ 編訳

岩 波 書 店

目　次

1 奴隷制度のもとのわれわれの悲惨な状態 1829

デイヴィッド・ウォーカー

1785-1830

Our Wretchedness in Consequence of Slavery

★ *D. Walker*

David Walker (1785—1830)

ノースカロライナ州ウィルミントンで生まれる．誕生前に死んだ父親は奴隷だったが、母親は自由民だったため，自由民になる．子供時代について詳しいことはわからないが，教育は受けている．広く旅をし，特に南部で奴隷制度の残酷さを目撃する．20 年代に南部を離れ，ボストンに落ち着く．27 年，ボストンで古着屋を開業．黒人の人権活動家と交わり反奴隷制の言論を展開，草創期の黒人メディア『フリーダムズ・ジャーナル』誌に多くの論文を寄稿．1828 年，マサチューセッツ州有色人種協会に参加，翌年，4 章からなる名高い檄文『ウォーカーの訴え』を著した．以下はその第 1 章．

『ウォーカーの訴え』より

わがいとしの兄弟同胞たちよ。南北アメリカのインディアン——ギリシア人——英国王の臣下アイルランド人——神の民、古代のユダヤ人——つまるところ地球上のあらゆる住人は(アフリカの息子たちを除く)人間と呼ばれ、当然のことながら自由であり、自由であらねばならない。ところがわれわれ(有色人種(カラード・ピープル))とその子供たちは獣なのだ!! 当然のことながら、アメリカ人及びその子供たちの奴隷(スレイヴ)であり、永遠に奴隷であらねばならない!! かれらの鉱山を掘り、かれらの農場で働く。かくしてわれわれの血と涙で、かれらの親の世代から子の世代までが豊かになる!!!

われわれ(アメリカ合衆国の有色人種)が、天地開闢以来、もっとも悲惨、もっとも貶(おとし)められ、もっともみじめなる存在であること、またアメリカの白人が(かれらは啓発されたキリスト教徒だ)、われわれを奴隷の悲惨な状況に陥れ、同じ隷属状態に人々を追いやった、いかなる異端の国家もなし得なかったほど、冷酷無比な仕打ちをしていることを、疑り深くて容易なことでは信じない人々にも納得できるよう、わかりやすく、具体的に説明することを私は約束した。偏見にとらわれない人々は、歴史書を読む努力を怠らず、私があえて説明しなくとも、これらはすべて事実であると理解している。それでもあらゆる疑いを解消するために、第一にヤコブの子供たち、あるいはファラオと臣民のいるエジプトに住むイスラエルの民に言及しよう。わが同胞諸君のうちには、ファラオが誰で、エジプト人が誰か知らない者がいる。こともあろうにエジプト人を悪魔の集団とみなし、エジプト人は神の民を所有し、今日のキリスト教徒のアメリカ人が、われわれに対して取る冷酷な態度と寸分たがわぬ冷酷な態度で、かれらに接したと理解しているのが現実だ。そのような認識に対して、エジプト人はアフリカ人、あるいはわれわれと同じ有色人種で――黄色もいれば黒い者もいるが――エチオピア人とエジプトの土着民との混血――今日の合衆国の有色人種とほとんど変わらない、とだけ言っておこう。ところで、ヤコブの子供たちのことを話していたのだった、特にエジプトにいる息子ヨセフに目を向ける。

ファラオはヨセフへ言った。(略)あなたは私の家を治めてください。あなたの言葉に私の民はみな支配されるであろう。王冠においてのみ私はあなたより偉大である。

(創世記四一39‐40)

それからファラオはヨセフへ言った。私はあなたにエジプト全土をまかせた。（同41）

それからファラオはヨセフへ言った。私はファラオ（王）である。あなたの許しがなければエジプト全土に何人たりとも手を挙げ、足を踏み入れることはできない。（同44）

さて私は天地に、とりわけアメリカ人に訴える。かれらとその子供たちの支配のもとで、われわれの状況が厳しいことはない、われわれが悲惨と苦痛の状態に結構満足してとどまっている、と喧伝して止まないアメリカ人に向かって訴える。じっさい、黒人の大統領、知事、立法者、上院議員、市長、法廷弁護士の実例を見せてくれたことがあるのか。この偉大な共和国の全土においてさえ、黒人が就いている職は警察の最下級職の保安官か、陪審員席に座る陪審員ぐらいではないか。みじめな同胞の裁判だというのに!!!――だがイスラエルの息子ヨセフにもう少し注意を向けよう。ヨセフは異端者と暮らしていたのだから。

そしてファラオはヨセフの名前をザフナテパネアとした。オンの祭司ポテペラの娘アセナテを妻として与えた。ヨセフはエジプト全土を巡った。（同45）

以上の内容をアメリカの制度と比較するがいい。アメリカ人は、われわれと白人の結婚を禁ずる法律を制定しているのではないのか。神の前で率直に告白しておくが、これまでの人生で遭遇した白人のだれかしらと、私が結婚したいと望んだことなど一度たりともない。それだけは理解してほしい。それに強調しておきたいが、黒人、あるいは有色人種の男が、自分の肌の色から脱け出して（少しでも善良な白人女性を得られたとしての話だが）、白人女性と結婚すれば、その女性が白人であるというだけでその男は二重奴隷になり、必ずやそう扱われるに決まっている。すなわちニガー扱いされる!!!!　白人との異人種間結婚に関心があるから、この問題を検討したかったのではない。たった今、この世代のわれわれは、かれらアメリカ人によって獣の位置まで貶められ、なかには絶滅する動物（バッファローなど）より、さらにひどい仕打ちに遭っている者もいる。だが神のみぞ知る、やがてかれらが喜んで、黒人の仲間になる日がやって来る。私が聖書を引用したのは、われわれがいかに貶められているか、エジプト人のヤコブの子供たちの扱いより、アメリカ人がわれわれをいかに残酷に扱っているか、示したかったからである。異端のファラオの支配下における、イスラエルの民の苦悩をさらに検討し、啓蒙されたアメリカのキリスト教徒に支配されているわれわれと比較しよう。

> そしてファラオはヨセフに言った。「あなたの父親と兄弟はあなたの所へやって来る。
> エジプトの地はあなたの前に広がる。あなたの父親と兄弟を最良の地に住まわせよ。ゴセンの地に住まわせよ。その中に能力のある人物がいるのを知ったら、その人々に私の家畜を支配させなさい。
>
> （創世記四七5－6）

われわれをとても**大事**に扱っていると主張している人々に、そう、かれらに私はたずねたい。われわれにくれたもっとも不毛の地はどこにあるのか。イスラエルの民はエジプト全土のいたるところにもっとも肥沃な土地を得た。ある貧しい黒人の男の物語をせねばならないだろうか。これはよく知られた本当にあった話だが、ある男が昼夜休まず汗水たらして働き、小金を貯めて狭い土地を買った。そこに家を建て、すべての支払いを済ませた後、家族を呼び寄せ住み始めたのだが、九カ月もすると白人に騙され家から追い出されてしまった！　これはよくあることではないか。黒人が土地を買い、問題なくその土地を自分のものにし続けられるのだろうか。それが野原の泥穴だったとしても、白人は黒人から土地を奪おうとするのではないか。もうこれ以上語る必要はあるまい。白人も黒人もこの事実を認めるにやぶさかでない。まさにこの町でも、黒人が死に、その黒人が不動産を所有していたら、それはたいてい白人のものになる。死んだ黒人の妻や子供たちは、心ゆくまで涙を流し嘆くことは許されるのだが、不動産はすみやかに白人が所有することになる。

エジプトで支配されていたイスラエルの民のほうが、白人支配下のわれわれよりもましだったことをさらに証明しよう。キリスト教徒とみずから名乗っている者、博愛主義者、専制者たちにたずねたい。宗教史でも世俗の歴史書でも、エジプト人がイスラエルの民をお前たちは人間家族ではないと、受け入れがたい侮辱を吐いた記述が一頁たりともあるか。白人はこの非難を否定できるのか。われわれをみじめな奴隷状態に貶め、踏みにじった後で、もともとは猿かオランウータンの子孫だと言っているのではないか。ああ、神よ！　心に響く感情というものがある人々に訴える――これは受け入れがたいことではないか。かれら白人の支配のもと、われわれは無力だというのに、これではわれわれのみじめな状況をいやましにし、ひどく侮蔑することではないか。ああ！　われわれに憐れみを、イエス・キリストよ、主よ。ジェファソン氏(第三代大統領)は世間に向かって、われわれの天賦の身体も精神も、白人に劣ると公言したのではなかったか。実に驚くべきことだ。あのように深い学識の、生まれつきの身体にも恵まれた人物が、鎖につながれた人間集団をそのように評するとは。私はそれをいかに喩えたらよいのかわからない。たとえば野生の鹿を鉄の檻に入れ、そこに保管しておく。一方、同じように野生の鹿をそばに立たせ、自由に走らせ、檻の中の鹿が自由に放たれた鹿と同じ速さで走ることを期待するとでも喩えようか。兄弟同胞たちよ、エジプト人は奴隷に、まさかこのような侮蔑を与えることはなかった。ファラオの娘が、イスラエルの息子モーセを自分の子供として育てたことは、次のように記されている。

ファラオの娘は言った。(モーセの母親に)この子供を連れて行き、わたしの代わりに育てなさい。賃金を与えよう。女は子供を連れて行き、育てた。子供は大きくなり、女は子供をファラオの娘のもとへ連れて行った。モーセはその息子になった。その子供をモーセと名づけた。なぜなら水辺から連れてこられたからである。

(出エジプト記二9-10)

モーセが摂政の宮になる可能性は大いにあり、時が満ちて、やがてはエジプト王の玉座に座ることすら明らかにありうることだった。だがモーセはしばらくの間、邪悪な人々と愉快に暮らすことより、神の民とともに辱めに耐える道を選んだ。ああ！　黒人はモーセの優れた気質から、長い時間、離れてしまい、好意を求めようとする代わりに、われわれ相互の生まれながらの敵へ情報や嘘をもたらし――むごい地獄の奴隷の鎖で、われわれを縛りつけるように助けている。奴隷になる前は、われわれは今のようにみじめな虐待の犠牲者ではなく、尊敬される人間ではなかったか。今のようにかれらはなぜ、われわれの母親、父親、妻、子供たち、そしてわれわれ自身を鎖につなぎ、手枷をはめて世界中を引きずり回し、かれらのために金銀を掘らせることなどできるのか。兄弟同胞たちよ、この問いかけは、あなたがたが吟味するにまかせよう。全知全能の神が、あなたがたの心にこの問いを響かせるように。自分たちの秘密は口外せず、統一を図らぬかぎり、お互いに恐くて信頼できなくなり、かくしてキリスト教徒の支配のもと、われわれのみじめな状況は恒久化する。かてて加えて——われらの主イエス・キリストの足許につつましく伏し、祈りを捧げ、断食を守るのを忘れないように。敵に残虐行為を続けさせ、すぐに運命の杯を満たさせよ。われわれの自由を、生得の権利を、残酷な抑圧者で殺し屋のかれらから、獲得しようと試みたりしてはいけない。自分たちの道がはっきりするまでは[原注1]——時が満ちれば、あなたがたは行動を起こし、決して恐がったり狼狽したりするな。イエス・キリスト、天地の王、正義と軍勢の神が、あなたがたを確実に導いてくれるのだから。そしてわれわれの権利を何百年もの間、盗み続け、神や神の神聖なる崇拝を剝奪してきた人々を追放するだろう。神には正義の属性があり、われわれを黒い肌にお造りになったことをお喜びになって、それゆえわれわれに慈悲を授けることを、今日、何百万の人々は無知で強欲であるがために認識していない。ジェファソン氏が、黒い肌を不幸な色と記すとは!!!! 神が御意のままに、かれら白人を白い肌に、われわれを黒い肌にお造りになったことを、白人と同じように、われわれは神に感謝しているとは考えてもいない。白人たちは、われわれを奴隷制度の地獄の鎖につないでいるために、われわれが白人になりたいと、あるいはかれらの肌の色になりたいと、望んでいるにちがいないと考えている。それは大いなる誤解だ。われわれは、造物主の御意によって造られたままになりたいと望んでいる。強欲で無慈悲な卑劣漢が、われわれを奴隷にしたり、奴隷状態に縛りつけることはできないはずだ。かれらがわれわれに対してするように、かれら白人を奴隷にし、冷酷な奴隷制度で縛り、殺したら、いったいどのように感じるのか。ところでジェファソン氏の発言は正しいのか。すなわち、「造物主がわれわれを黒くお造りになり満足したことは不幸なことだ」。われわれはそのようには解釈しない。造物主が、われわれを白人より黒くお造りになったことが、われわれにとって不幸なのかどうか、世界が理解するときがくるだろう。

われわれの合法的な権利を主張する相手、敵の人数やかれらの教育を恐れることはない。その権利はわれわれの造物主によって保証されている。なぜ恐れるのか。われわれが謙虚であれば、神がわれわれの味方であり続けるというのに。

われわれの主イエス・キリストのみもとで、自由と神の栄光に輝く神聖なる大義においてーー世界の始まりから今日にいたるまで、苦しめられてきている、最悪の悲惨とみじめな隷属状態から救済されるために闘わない人間は、その子供や家族とともに、奴隷状態、あるいは鎖につながれた状態のまま、冷酷な敵によって殺されるままでいるがよい。

二、三年前にサウスカロライナの新聞で、野蛮なトルコ人についての記事を読んだことがある。次のように書かれていた。「トルコ人は、世界でもっとも野蛮な人々だ。かれらはギリシア人を、人間というより獣のように扱っている」。同じ新聞には、次のような宣伝記事が掲載されていた。「ヴァージニアとメリーランドの、体格の良い八人のニグロの野郎と四人の娘っ子が、今日、最高額の入札者に売りに出される！」さらに私を驚愕させたのは、この同じ人道的な新聞に、棒切れに布包みを結びつけて担いでいる三人の男の挿し絵が、逮捕・引渡しに協力した者には、相当の報奨金が出るという釣り文句とともに掲載されたことだ！　この国の南部人や西部人が野蛮性について意見するなど滑稽千万。まったくお笑い草だ。

　スパルタ人の間において、古代スパルタの農奴ヘロットの苦痛は、確かに苛酷だった。だがアメリカ人の間でのわれわれの苦痛と同じほど酷かったかというと、私はそうではなかったと断定する――たとえば、古代史の中で、スパルタ人がヘロットを鎖でつなぎ、手枷をつけて束縛し、妻や子供たちから、子供たちを親から、母親を乳飲み子から、妻を夫から引き離し、国の端から端へ引きずりまわした、という記述があるだろうか。スパルタ人は異端者で、われわれの神聖なるイエス・キリストが誕生するはるか以前から存在していた。キリスト教徒のアメリカ人は、このような野蛮行為を否定できるか。アメリカ人よ、あなたがたはわれわれを従属させ、われわれは無力ゆえに人間家族ではない、と面と向かって告げてわれわれを侮辱し、この悲惨な状況に加担してはいないか。アメリカ人よ、私は知りたい。主の名において私は是非とも知りたい！　これらの批判を否定することができるのかと。われわれが人間ではないと、考えたこともなければ言ったこともないと否定する者がいるだろう。だが言葉より行動が、はっきり語っているのではないか。ギリシア人やアイルランド人には、食糧を与えたのではないか。かれらはアメリカ人のために何も仕事をしなかった人々で、一方、アメリカ人のためにその国家を血と涙で豊かにし、かれらとその子供たちのために、何世代にもわたって金銀を掘ったのはわれわれであるにもかかわらず、この世のいかなる人々よりも悲惨な状況にあり、アメリカ人とは見なされない。犬を殺すには、真綿で首を絞める以外にも方法はたくさんある。さらに、スパルタ人、正式名ラケダイモン人には、取るに足りないとはいえ、ヘロットを奴隷にする口実があった。というのはかれらヘロットは、スパルタの自由民だったが、国内で騒擾を起こし、スパルタ人によって鎮圧され、捕虜になった。その結果、かれらと子供たちは永久に奴隷になったのだ。

私は何年も歴史家の書物を渉猟し、われわれの父祖は、アメリカの白人のキリスト教徒に、われわれの父祖に課された当然の罰に値する、またその子供であるわれわれを苦しめ続ける、いったい何をしてきたのかを見出そうとした。だがこれまでのところ、私の調査は結果が出ていないと告白せねばならない。それゆえ私は、かれらアメリカ人は、自分たち自身と自分たちの国を豊かにするために、それ以外の何ものでもないことで、われわれを罰してきたのであり、これからも罰しつづけるという、断固とした結論に到達した。というのもそれ以外のことは考えつかないからだ。その他に理由があるとは思えない。主が私を説得するのでないかぎり。

奴隷制度はローマ人の間に存在したが(それが帝国崩壊の主原因になったのだが)、それですらアメリカ人の実践する、われわれの奴隷制度に比べれば、比較すればの話だが、取るに足りなかったことは世界が知っている。じっさい、ローマの奴隷について、学識豊かで洞察力にすぐれたジェファソン氏が、「主人が殺されたら、同じ家に住む奴隷、また近隣に住む奴隷たちは皆、死を免れなかった」と書いていなければ、私が知ることはなかっただろう。さて、ジェファソン氏にうかがいたいのだが、(存命中、自ら身をもってなした行為に対する審判に応えるために、神の法廷へ出かけていってしまったので)、しかたなく私は、アメリカ人全員にたずねる。私自身の命のみならず、妻や子供たちの命までことごとく奪う専制者の奴隷になるより死んだほうがまし、殺されたほうがましではないか。専制者の残忍な手の中で、このように隷属しているくらいなら、私は喜んで死に向かう。ジェファソン氏の厳しい見解は、私が及びもせぬ文学的業績のある人々が十分に議論しており、私の兄弟同胞がジェファソン氏の『ヴァージニア覚書』を買って、息子に渡すように勧めることがなかったら、私は関わりを持たなかっただろう。だが、白人の友人が書いた反論で十分だとは――しょせんかれらは白人、われわれは黒人だ――われわれの誰ひとりとして思うことがないように。時宜を得てジェファソン氏の断言が、黒人自身により反駁されるのを、われわれや世間は願っている。この問題に関する白人の記述はよそ者の仕事で、黒人から生まれ出たのではないことを記憶せねばならない。抑圧されているため十分に発揮する機会を与えられてはいないが、この国に才能があり学識のある黒人がいるのを知っている。抑圧されているからといって、われわれが獲得できるものまで、妨害させてはならない。少しずつ才能を鍛錬する機会はあるのだから。神はいつまでもわれわれを抑圧状態においてはおかない。いくらアメリカ人が永遠のこちら側で頑張っていても、われわれの苦悩はやがて終焉を迎える。そのときには、われわれのあらゆる学識と才能が必要になるが、さらにもっと、われわれ自身を統御することが必要になる。「どんな犬にも絶頂期がある」というが、アメリカの絶頂期は終わりつつある。

ここでわれわれに関するジェファソン氏の見解を、もう少し詳しく検討しよう。ジェファソン氏は、われわれのみじめな父親をギリシアの学識ある哲学者と比べ、こう言う。「しかしこういったさまざまな絶望的状況にもかかわらず、ローマの奴隷たちは、稀代の芸術家を輩出した。科学にも才能を発揮し、主人の子供たちの家庭教師に雇われる場合が多かった。エピクテトス、テレンティウス、フェイドロスは奴隷だった。かれらは白人だった。ということはかれらの環境ではなく、生得の資質が秀でた才能を発揮したことになる」。わが兄弟同胞たちよ！　わかるか。ジェファソン氏のこの見解を何百万もの人々が鵜呑みにしている。ジェファソン氏は、白人の中でも傑物中の傑物、偉大なる人物である。社会に残した著作、アメリカ合衆国への尽力。そのような人物の見解を、われわれや世界中の人々が見過ごし忘却してもよいのか。よしとするなら大間違いだ。アメリカ人が、われわれをいかに処遇してきたか――われわれは身体の中に魂を宿していないのか。われわれは精神を備えた人間なのか。われわれの中に腹が出た人々がたくさんいて、人生の最大目的は腹を満たすことだと思っている。そのような人々はどうでもよい――他の人々と同じようにわれわれを人間とみなす、理性と感性のある人々を私は考えている。われわれに関するジェファソン氏の主張が論駁されないかぎり、主張が事実として確定してしまう危険を、私はかれらに訴える。

さてローマの奴隷について。歴史書を読めばわかることだが、ローマの奴隷は自由を獲得した暁には、国家の最高権威を追求することも可能だった。しかも、奴隷が自由を買うのを妨げる法律はどこにもなかった。アメリカ人は、われわれが自由を獲得するのを妨害する法律を制定したのではなかったか。この批判に反駁できるか。ヴァージニアの、ノースカロライナの、その他の州の法律を読んでもらいたい。そのうえ、アメリカ人は、有色人種が、アメリカ合衆国政府のいかなる官職に就くのも妨害する法律を制定したのではなかったか。それなのにジェファソン氏は、ローマの奴隷に比べれば、われわれの状態はさほどひどくなかったとのたまう!!!!

さてこの文章も結論に近づいた。しかし話を終える前に、わが兄弟同胞へ伝えておきたい。この国における最初の革命、英国王に対してだったが、その革命の終焉のころ、連合に属していたのはたった一三州だった。ところが今や二四州あり、そのうち大多数で奴隷が所有されている。白人たちはわれわれに、鎖や手枷を着けて引きずりまわし、新しい州や準州へ連れて行き、かれらの鉱山や農園で労働させ、かれら白人とその子供たちを豊かにさせている。しかも何百万の白人が、われわれはかれらより肌の色が少し黒いので、造物主によって、かれらとその子孫へ、まるで動物の群れのように、永遠に相続されるものとして造られたと固く信じている。

われわれは人間なのか!! ああ、兄弟同胞たちよ! 私は訊ねよう。われわれは人間なのか。われわれの造物主はわれわれを今の状態、われわれを塵あくたのごとき奴隷に造られたのか。われわれ同様、かれらも虫けらのごとく死んでいくのではないか。われわれ同様、かれらも天の審判に姿を現し、かれらが自らなした行為について答弁するのではないか。われわれはイエス・キリスト以外の主をいただくのか。イエス・キリストはわれわれの主であるとともに、かれらの主ではないか――それでは、いかなる権利があって、イエス・キリスト以外の主を崇拝するというのか。われわれほどに善良かどうか定かならぬ人間群に、いかなる理由で、われわれはかほどに服従していられるのか。まったく理解に苦しむ。しかしながら、主はこのことで口をつぐんでおられる。それゆえ、われわれは正確なところはわからない。だが私はこう断言したい。われわれは人間をその業績によって判断すると。

白人は常に不公平で嫉妬深く、慈悲心に欠け、強欲で残忍な人間たちで、いつでも権力と権威を追いかけている――ギリシアの連合全体へ目をやると、そこでかれら白人は（教育の結果）初めて頭角を現したが、そこでかれらはお互いの喉を掻（か）き切り――相手をみじめで悲惨な状態に陥れようと――いかなる欺瞞、不公平、無慈悲な手段であろうとも、その目的のためにはお構いなく利用した。次にローマへ目をやると、そこでは専制と欺瞞が、さらに猛々しく満ち溢れていた。ガリア地方、スペイン、イギリスのローマ人を見よう――結局、ヨーロッパ全域およびアジア、アフリカに異端者として散在したローマ人に目をやる。かれらは理性ある人間というより、悪魔のような振舞いをしている。だが、こうたずねる人もいるだろう。ヨーロッパの白人と同じように、アフリカの黒人やアジアの混血たちは振舞ったのではないか。それには否定で答えよう。知るかぎり、かれらは白人の半分も強欲でもなければ欺瞞に満ちていたのでもなく、無慈悲でもなかった。

異端者の白人あるいはヨーロッパ人は別として、キリスト教徒のかれらを検討すると、たった今、さらにひどくなったというのではないが、白人はキリスト教徒として残酷である。事実、白人をひっくるめて考えると、昔より一〇倍も残酷、強欲、無慈悲である。かれら白人が異端者だったとき、たしかに邪悪だったのは事実だが、断言できるのは、男女・子供を船に満載し、冷血に悪魔のように残忍に、かれらを海に投げ込み、あらゆる手段で殺したりはしなかったということだ。かれら白人が異端者だったときには、そのような野蛮行為をするほど知恵がなかった。ところがキリスト教徒になり、啓蒙され分別が生まれると、かれらは地獄の残虐行為をするために準備万端整えた。さて、神が、かれらにもっと分別を与えていたら、かれらはどうしただろうか。可能であれば、エホバを神の玉座から引き下ろし、そこに自分たち自身が座ったのではないか。それゆえ私は、天地の神の御名(みな)のもと、畏敬の念を抱きながら、われわれ黒人、あるいは白人のどちらにも肩入れせずに、かれら白人は生まれつきわれわれ同様、善良なのかどうか、という問いを投げかける。白人たちが民族として認識されて以来、その行為はまるで反対で、私はまったくかれらを疑うのだが、その点については前述のごとく神の沈黙の中にあり、われわれは明断できない。後世が証明するだろう――私の主キリストや使徒が説教したごとく、白人は神の福音の精髄を備えている――エチオピア人にはなかったが、これから最高の状態でそれを獲得するだろう――神はかれらにそれらを満足するまで与

えるだろう。かれらがそれを十分に活用し、かれらのためになることを私は希望し、神に祈る。原注2

原注1　神がわれわれの髪を引っ張り、みじめな虐待や奴隷制度から引きずり出すのを待つべきだというのが私の主張だと誤解されては困る。またわれわれの敵が準備を整え、それを摑むようにわれわれへ呼びかけるまで待て、と主張しているのでもない。かれらが準備したものを摑み、神がすでに与えてくれた自由を獲得するために、われわれの目の前にあるものすべてを放棄せよ、と言っているのではない。われわれがかれらと同様、人間であることを忘れてはいけない。神は喜んでわれわれに二つの目、二つの手、二つの足、頭脳には分別を、白人と同じように賦与された。私たちには、かれらを奴隷にする権利はないが、かれら白人にも、われわれを奴隷状態にしておく権利はない。神のみもとでわれわれには、白人と同じようにその子供たちを奴隷制度で縛り、惨めな状態に陥れておく権利があり、それ以上でもそれ以下でもない。

原注2　私は真剣に信じているが、世界がキリスト教化されるとすれば（近い将来そうなるはずだが）、それは黒人の神のもとで成就されるのであり、現在、世界のキリスト教徒の白人が、みじめな状態に貶めている黒人たちによって行われる。かれら白人のキリスト教徒は、われわれの神のみ前で、われわれを公平に扱う前に——われわれと協調し、またわれわれをかれ

らに協調させ、その結果、神と人間の前で明白な良心を持つようになる前に――異端者を改宗させようと宣教師を送っている。かれら異端者の多くは、見ることも聞くこともしない神々の崇拝を止めてから、以前にもまして地獄の子供たちになった。なぜなのか、何が原因か。その原因は明らかで、かれら白人は慈悲の心、キリスト教、善意を示すために遠くの国へ行く前に、自分の故郷で国内で、正義をなすことを学ばねばならないのだ。正義を行えるようになったら、神はかれらの供え物を受け入れるだろう。(私が宣教に反対していると誤解してほしくない。私は反対などしていない。私の願いは、宣教し、異端者を改宗する前に、正義が国内で実践されることである)。

2 アメリカ合衆国の奴隷たちへ

1843.8.16.

ヘンリー・ハイランド・ガーネット

1815-1882

An Address to the Slaves of the United States of America ★ *H. H. Garnett*

Henry Highland Garnet (1815—1882)

奴隷に生まれ，1824 年，メリーランドからニューヨークへ逃亡．ニューヨークのアフリカン・フリー・スクール・ナンバー・ワンで，その後，オナイダ・インスティチュートで勉強する．やがて長老派牧師に叙任．次の演説は，ニューヨーク州バッファローのニグロ市民全米大会でのもの．

兄弟(ブレズレン)、市民の同士たちよ(フェロー・シティズンズ)。北部、東部、西部の皆さんは、全米大会に参加し、お互いに同情しあい、不幸な境遇を嘆きあっている。このような会合で、私たちはあらゆる階層の自由民に向かって演説をしてきたが、今日まで皆さんを慰め、助言することはなかった。私たちは、静かに座ったまま嘆き悲しみ、聖なる自由の回復を心から望むだけで満足していた。ところが私たちの望みはかなえられない。何年も過ぎ、何千何万もの人々が、血と涙の流れに乗って、永遠の彼方へ運ばれて行った。皆さんが虐待されている間、私たちは皆さんの側にいる。皆さんが従属している間、私たちは自由になれない。そのようなわけで、私たちは皆さんと結びついており、その立場から書き送っている。

皆さんの多くは、人道的な絆(きずな)で私たちと結ばれているが、何よりも両親、妻、夫、子供、兄弟、姉妹、友人のやさしい絆で結ばれている。私たちはそのような結びつきから、愛情込めて話そう。

奴隷制度は私たちの間に深い溝を作った。友人が喜んで差し出す救済と慰みを皆さんから遮断し、地獄の悪魔もかくやという獰猛(どうもう)さが皆さんを苦しめ迫害している。それでも慈悲深い全能の神は、私たちに一縷の輝く希望の光を与えてくれた。曇天の中、ぽつんと一つ輝く星のような光だ。人類はより賢く、より善くなっている。抑圧者の力は薄らいでいる。日々いろいろなことをより深く知るようになり、その例も多い。兄弟たちよ、皆さんはたくさんの苦難に遭っている。無垢な人々に対し、この国が犯している数々のおどろおどろしい罪を、今、この短い演説で世間に知らせるつもりはない。その必要もない。皆さんは日々それを感じ、文明諸国は驚愕しながら注目している。

二二七年前、私たち不当に扱われている人種は、アメリカの海岸へ運ばれて来た。新世界で自分たちの家庭を築こうと喜び勇んで来たのではない。誰にも邪魔されずにこの実り豊かな土地の喜びを享受するのではなく、自分たちの同意もなく連れて来られたのだ。キリスト教徒と自認する人々と関わり最初に知ったのは、堕落し汚れた心という最悪の資質だった。文明人ですら強欲に動かされれば、これ以上なくむごたらしい残酷な行為、これ以上なくひどい極悪さ、略奪を平気で行うという現実だった。私たちは、自由の土地へ自由の女神の翼に乗って飛んで来たのではなかった。いとしい生まれ故郷を傷ついた心で離れ、報われない労働、ひどい虐待を受ける運命に追いこまれていった。死によって解放されても、忌まわしい隷属状態は終わらない。次世代の者たちがその鎖を継続し、何百万の人々が永遠の時間からこの世へ生まれきて、ふたたび霊の住むあの世へ、アメリカの奴隷制度によって呪われ、破滅させられたあげくに戻って行った。

奴隷制度の推進者や継続者は、この制度が邪悪で膨大な悪の根源になると、すぐに理解した。そして密かに制度の破壊を誓った。自分たち自身、かつて自由を求め、「波を越えてやって」来たのだが、そのような奴隷所有者が、大きな矛盾に気づかないわけはない。自由の女神は、「奴隷を解放しなさい」と大声で叫んだ。人道的な心の持ち主は、アフリカの子供たちの救済を求め、涙ながらに訴えた。分別が熱心に哀願した。捕獲された者は血を流しながら無実を訴え、十字架のそばで涙を流したキリスト教徒を指差した。エホバは極悪非道な制度に眉を曇らせ、報復に赤く燃えた稲妻の矢を放ち、制度を維持する罪深いやからに猛攻を加えた。しかしすべては無駄だった。奴隷制度は死の黒い翼を全土に広げ、教会は静かにたたずみ、牧師は間違った預言をし、人々はそれを喜んで聞いていた。玉座が建設され、今や勝ち誇って支配している。

三百万近くの仲間の市民が、法律と世論(この国では法律より意味を持つ)によって、天国に入るべき人の名を記した「生命(いのち)の書」(ヨハネの黙示録三5)を読むことが禁止されている。知性を可能なかぎり破壊し、精神からあらゆる光線を遮断しようとしている。抑圧者たちが破壊行動に加担する。かれらは弱くなり、堕落し、強欲になっている。かれらは皆さんを呪う。自分たち自身を呪う。自分たちが踏みしめる地面を呪っている。

植民者は英国を非難した。母国がかれらに罪悪をもたらしたと言い、可能ならそれを排除すると言った。世界はかれらを誠実だと見なした。博愛主義者はかれらに同情した。やがてかれらの誠実さが試されることになった。植民者は強くなり、英国政府から自分たちを切り離した。独立が宣言され、地上の主権者の一人になった。独立宣言は栄光ある文書だった。賢者は賞賛し、諸国の愛国者は、文書に含まれる神々しい感情を崇敬した。しかし政府の権力が自分たちの手に戻ったとき、かれらは奴隷を解放しただろうか。とんでもない。私たちの鎖にさらに枷（かせ）を加えた。自由の原理に無知だったのか。もちろんそうではない。革命的弁論家の感情は、燃えるように巧みな雄弁でかれらの心に響き、「自由を、しからずんば死を」と一緒に叫んだのだった。何という文句！　まるで電光石火の早わざで魂から魂へ響き渡り、自由の神聖な大義のもと、何千の人々が勇気づけられ闘った。武器による抵抗にはさまざまな意見があるが、あの峻厳な独立宣言に反対する意見はほとんどない。私たちは反対の立場にいない。

奴隷制度！　この一言には何と多くの悲惨が含まれていることか。身の毛もよだつその影響に、萎縮しない人間がいるだろうか。神の像を忘れた人間でもないかぎり、だれもが自由を愛する気持を大切にする。立派で慧眼な政治経済学者と同じほど、コンゴの草原を歩き回る教育のないアフリカ人は、神聖な自由の権利を大切にする。どちらかいっぽうだけが、より多く自由を存分に享受する権利を持つことはない。自由の善き種は、誰の心にも播(ま)かれ、奴隷状態に満足するように仲間を貶(おとし)める者は、神と人間に反する最悪の罪を犯している。兄弟たちよ、抑圧者が最悪の罪を犯しているのだ。かれらは皆さんを動物に変えようと心を砕く。皆さんの心の目を曇らせ、人生の甘い水を苦い水に変え、神の言葉に輝く光を遮断する。そのとき、まさにそのときに、アメリカの奴隷制度が完成したことになる。

　そのような虐待に自発的に降伏するのは、最悪の罪を犯すも同然である。皆さんは義務である神聖な命令を尊重し、従わねばならない。従わなければ神の不快に遭遇することになる。皆さんが神を最高に愛し、隣人を自分自身のように愛し、安息日を神聖に守り、聖書を熟読し、神の掟(おきて)を守るように子供たちを養育するよう神は求め、他の神の崇拝を戒める。ところがどうだ、奴隷制度はこれらすべてを無意味にし、エホバの面前で大胆な抵抗をさせる。皆さんが投げ込まれた絶望的状況は、神への義務が無効になるものではない。皆さんは奴隷状態に身を沈め、宇宙の君主、神の命令に従うことができず、そのため天国を確実にしていない。奴隷制度への無知が天国への通行証なら、奴隷制度は祝福であって呪いではない。その廃止より、恒久的存続を願う。だが神への愛と忠誠は、奴隷制度や無知、その他の精神状態を受け入れない。奴隷だからといって道徳的義務を免除されるのではない。自由が裂かれ、悪魔的な不公平に皆さんが苦しむことなど、神も天使も正義の人間も、一瞬たりと命じてはいない。それゆえ、道徳的、知的、身体的なあらゆる手段を使って、約束を成就させるのは、皆さんの絶対的義務なのだ。異端の人間がキリスト教徒を奴隷にしようと企て、子供たちにいかがわしい宗教の影響が及ぶとき、そのような攻撃に命を賭して抵抗しない人々に、天の神は眉をひそめる。反対に、キリスト教徒が異端の人種を奴隷にし、奴隷制度を恒久化し、キリスト教が行き渡っているなかで、かれらを異端のままにしておくなら、傷つけられた者が解放を求めてなす努力を、天の神はにこやかに応援するだろう。

兄弟たちよ、尊大な抑圧者が、皆さんを奴隷の身に置くことは間違っており、「人間泥棒」がアフリカの海岸から私たちの祖先を盗んだのも間違いだった。それゆえ今、冷酷無比な最初の魂の盗人の、血なまぐさい足跡が祖国の海岸へ刻まれたとき、祖先が取った抵抗の姿勢を、皆さんも取らねばならない。王権を執った誇り高い君主も、極貧の百姓も同じように自由だ。自由は神から伝達された精神で、その精神の偉大な創造主のように、自由は人を選ばない。

兄弟たちよ、行動を起こす時だ。「世襲の奴隷が自由になりたいなら、みずから攻撃せねばならない」というのは、昔からある真実の言葉だ。皆さんは自分の大義を訴え、解放運動を誰よりも押し進められる。旧世界の諸国は、全世界における自由という偉大な大義へと向かっている。少なくともその流れは、じきに皆さんに正義をもたらす。ヨーロッパ諸国は連帯して、アフリカの奴隷貿易反対の協定に調印した。ところが合衆国の奴隷を所有する地域では、これまで同様、奴隷貿易が活発に行われている。まるで野蛮な動物のように、かれらは皆さんを売買する。北部はすでに十分に運動してきた。奴隷制度に関するかれらの考えは、よく知られている。南部に関しては、『ニューヨーク・エヴァンジェリスト』紙に載った記事を引用しよう。「われわれは相応の進展を見てきた。奴隷制度反対の大義は、いまだに閉じられているさらに効果的な扉が開くのを待っている」。私たちは皆さんにその効果的な扉を差し示そう。周囲を見まわし、皆さんの愛しい妻たちが、口に出さない苦悩で胸も張り裂けんばかりなのをよくご覧なさい！　あわれな子供たちの泣き声を聞きなさい！　父祖が耐え忍んだ鞭(むち)の跡を思い出しなさい。立派な母親たちの苦しみと恥辱を思い出しなさい。すばらしい美徳と純潔を備えた姉妹たちが性的奴隷になり、肉欲の悪魔のあこぎな欲望にさらされたみじめさを思い起こしなさい。古代から呼びならわされたアフリカに備わる、消えない栄光を思い出しなさい。そして皆さんがアメリカ生まれの市民で、市民として自由民に備わる、すべての権利の正当な保持者であるのを忘れないように。報いのない労働に励み耕し、血を流して豊かにした土地に、どれほどたくさんの涙を流してきたことか。尊大な奴隷所有者の所へ行き、自分たちが自由になる決意をはっきりと告げるのだ。正義心に訴え、かれらには自分たちを奴隷にする権利も、虐待する権利もないと断言する。苛酷な重荷をかれらの手で外させる。実践した労働に対しては賠償させる。奉仕に見合うだけの報酬をくれるなら、あらたに勤勉に土地を耕すと約束する。奴隷解放令後の西インド諸島が、幸福と繁栄をうながしたことを指摘する。誤解しようのない言葉で、奴隷制度の過度の罪深さを語り、怒れる神の審判と当然の報いが、やがて来ることを知らせる。皆さんが望むのは自由だけだと知らせ、自由でなければその他の何ものであろうと満足できないと伝える。その後は、鞭打ちと殴打の非情な独裁者のために働くのを金輪際やめる。そのときかれらが死をもたらす行動に出たら、その結果についてはかれらに責任があり、皆さんにあるのではない。奴隷の身の人生を送り、子孫にみじめな人生をもたらすより、死んだほうが、すぐに死んだほうがはるかにましだ。皆さんの世代で自由になりたいなら、唯一の希望は以上の行動に出ること。皆さんがいかに多くを望もうと、血を流さないで救済の希望はない。血を流すのであれば、一度にすべて流す。奴隷として生きるより、自由民として死ぬ。イスラエルの子供たちは隷属の国から大脱出したが、それは不可能だ。血に赤く染まった大洋の両側で、エジプト王ファラオが待ち構えている！　大群衆をなしてイギリス女王の領土へ移動することはできない。フロリダを通り、テキサスを越えて、メキシコで平和を発見することなど無理だ。アメリカの奴隷制度の喧伝者は、かれらの血と宝物を費やして、メキシコの中心に黒い旗をなびかせ、モンテズマの宮殿で反乱を起こそうとしている。ロバート・ホール牧師は、イギリスの美しい故郷を破壊する、と脅すナポレオンの侵略を撃退するために馳せ参じたブリストルの義勇兵に向かって、「宗教はあなたがたの大義に強い関心を抱き、もっとも慈悲深い影響を及ぼさずにはおかない」と語った。

多くの時間を無為に費やし、苦難に慣れることはない。この世の空気を吸ったその瞬間から、皆さんは苦難以外のなにものも体験してこなかった。アメリカ独立革命の英雄たちの苦難は、一週間にわずかのトウモロコシと二、三尾のニシンしかないという程度だった。皆さんは贅沢な暮らしで体力、気力を弱めてはいない。皆さんのすさまじい精力は、厳しい試練の鉄床（かなとこ）で鍛えられた。奴隷制度がその目的にかなうように、皆さんを鍛えた。ところがそれ以上のこともした。非常時に備えさせたのだ。やさしく扱われるのはまれで、苦痛、悲しみ、死などに遭遇するのが奴隷の身の宿命だ。

仲間たちよ、忍耐強い苦難の人々よ、皆さんの貴重な権利が潰（つぶ）れてしまっているありさまをよく見るがいい。自分の息子が殺され、妻、母親、姉妹が娼婦になる運命を見るがいい。慈悲深い神の名において、人生のすべての価値において、自由を選ぶのか、死を選ぶのか、もはや議論は止めよう。

一八二二年、サウスカロライナ州のデンマーク・ヴィージィーは、仲間の黒人を解放する計画を立てた。奴隷制度崩壊を目標とする人類の努力の歴史で、これほど複雑で壮大な計画はなかった。ヴィージィーは仲間の黒人に裏切られ、自由の殉教者になった。多くの勇敢な英雄が倒れたが、歴史はその深い信頼に忠実で、ヴィージィーの名前は、モーセ、ジョン・ハンプデン、ウィリアム・テル、ブルースとウォレス、トゥーサン・

ルーヴェルチュール、ラファイエット、ジョージ・ワシントン（初代アメリカ大統領）と同じ記念碑に刻まれるだろう。この大掛かりな計画は、奴隷帝国を大きく揺さ振った。罪深い魂の盗人は恐怖を募らせた。この時点で、革命の恐怖を抱いた奴隷州は、奴隷解放に向けての議論を広く展開した。ところが自由のトランペットをひと吹きしただけで、脇に置き去りにし、すっかり忘れたのだ。かれらが静かになると、奴隷所有者たちは解放を口にしなくなった。今日の皆さんの状況をよくご覧なさい！　天使はその状況にため息をついている。人道主義者たちは、長い間、皆さんに同情し、涙も涸れ果ててしまった！

愛国者ナサニエル・ターナーは、デンマーク・ヴィージィーの後について行った。不当や不正に苦しめられた。独裁者のもとでターナーは、悪者リストに載るのだろうが、未来の世代はターナーを、立派で勇敢な人物として記憶するだろう。

次に奴隷船アミスタッド号の、不滅の英雄ジョセフ・サンクが現れる。アフリカ生まれのサンクは、神の助けを得て、海上で奴隷船の奴隷全員を解放した。今、サンクは生まれ故郷アフリカの、日の当たる丘の上のヤシの木の下で自由を謳歌している。ライオンの叫び声が聞こえ、森の王者ライオンのように自由を満喫する。

その次に、あの自由の輝く星マディソン・ワシントンが登場し、真のヒロイズムの星座に場所を見出している。ワシントンは、リッチモンドのブリグ型帆船クレオール号の奴隷で、一〇四人の奴隷たちと大規模な奴隷市場があるニューオーリンズへ行くところだった。一九人が、「自由か、しからずんば死を」求めた。一人が死んだが、全員が解放され、船はニュー・プロヴィデンスのナッソーへ入港した。

立派な男たち！　自由の闘争で斃(たお)れた人々は、将来、世代を通して真の心を持った神を畏(おそ)れる人々によって、その名が記憶され大事にされていくだろう。生き残った人々の名前は、栄光の光背に輝く。

兄弟たちよ、立ち上がるのだ！　立ち上がるのだ！　自分たちの命と自由のために闘うのだ。今こそはその日、その時。国中の奴隷たちに闘わせるのだ。奴隷制度の時代の命運は、今や尽きようとしている。これまで以上にひどく虐待されることはない。すでに体験した苦しみ、残酷な扱いを越えることはない。奴隷の身で生きるより、自由民として死ぬのだ！　三百万の同志がいることを忘れてはいけない！

神に呪われた奴隷所有者を苦しめ、皆さんを解放するほうがましと思わせるのは皆さんの力。天秤(てんびん)がひっくり返り、黒人が主人で白人が奴隷なら、あらゆる破壊的手段が取られ、抑圧者を低くおし留めておくだろう。危険と死が、ファラオの疫病よりひどい疫病をもたらすだろう。けれども皆さんは忍耐しすぎる。このような悪魔の特命のために自分たちが存在するように振舞っている。皆さんの娘たちが、主人や奴隷監督者の欲望を満たすためにこそ、生まれてきたように振舞っている。最悪なのは、主人が皆さんの妻を抱擁からもぎ取り、皆さんの目の前で凌辱（りょうじょく）するのを、無気力に受け入れていることだ。神の名において、それでも男かとたずねよう。父祖の血はどこにいったのか。血管から流れ出てしまったのか。目覚めよ。目覚めよ。何百万の声が呼んでいる。皆さんの死んだ父祖たちが、草葉の陰から話しかけている。天は轟く雷（いかずち）の声で、みじめな状況から立ち上がれ、と呼びかけている。

　モットーは「抵抗」だ！　抵抗！　抵抗！　抵抗なくして、これまでいかなる被抑圧者も自分たちの自由を獲得していない。いかなる抵抗をしたらよいのか、周囲の状況を判断し、適切な手段で行う。兄弟たちよ、さようなら！　生きている神を信頼すること。人類の平和のために働くこと、そして三百万人がいることを忘れてはいけない！

3 女じゃあないのかね？

1851.5.29.

ソジャーナー・トゥルース

1797-1883

Ain't I a Woman?

★ *S. Truth*

Sojourner Truth (1797—1883)

イザベラ・ボームフリーという名前で，ニューヨーク州アルスター郡に奴隷として生まれ，1827 年，自由を獲得するまで奴隷の身．ニューヨーク州が奴隷制度を廃止する数カ月前に自由を獲得．1843 年，息子の死後，神に仕える身にふさわしい名前，ソジャーナー・トゥルース(真理を求める一時滞在者の意)に改め，奴隷制度廃止論者，フェミニストとして活動し著名になる．次の演説の主眼は，オハイオ州アクロンで開催された女権運動大会で，女性は弱くたよりないので投票権は与えられぬと発言した牧師への反論．

子供たちよ、この騒ぎのすごさといったら、これだけすごいのだから、そこから何か調和が生まれるのだろうね。南部のニグロと北部の女たちがみんな、権利、権利と騒いでいるから、きっとじきに白人の男たちがうまくまとめてくれるだろうよ。いったい何を騒いでいるんだろう。

あそこの男たちは馬車に乗るときゃ、女を助けてやって、溝があったら手を貸して、どこだって一番いいところに女を座らせるもんだと言っている。あたしが馬車に乗るときは、だれも助けてくれない。ぬかるみを越えるときだって助けちゃくれないし、一番いい場所なんてくれない。あたしだって女じゃあないのかね？　あたしなんか男と同じくらい働き、男と同じくらい飯食って、といったってありつけるときだけだけれどね、そのうえ鞭に打たれても耐え忍んでいるのさ。あたしだって女じゃあないのかね？　あたしは子供を一三人産んだよ。みんな奴隷になって売られていった。母親の涙を流したら、だれも聞いちゃくれなかったさ。イエスさまだけだったね。あたしだって女じゃあないのかね？

そしてあの人たちは頭の中のあれについて話すんだ。何と言ったかね、あれ。(聴衆から「知性(インテレクト)」の声あり)。そうだね、ありがとうよ。それが女の権利とニグロの権利とどう関係するんだい。あたしのコップに一パイントしか入らなくて、あんたのコップにゃ二パイント入るといって、あたしのコップを半分も満たしてくれないなんて、ちょっとばかり意地悪じゃあないかい?

あそこの黒服を着た小柄な男が、こう言うんだね。キリストは女じゃなかったから、だから女は男と同じだけの権利は持てないってさ。キリストはどこから生まれたんだい? あんたたちのキリストは、どこから生まれたんだい? 神と、それから、女からじゃあないか。男は神と関係してないんだよ。

神が創った最初の女が、一人で世界をひっくり返すほど強かったんだから、ここにいる女たちが一緒になったら、また世界をひっくり返して元に戻すことだってできるのさ。正しい位置に戻すんだよ。今、女たちがそうしたいと言っているんだから、男たちよ、そうさせたほうがいいよ。

あたしの話を聞いてくれてありがとうよ。あんたたちのソジャーナーの話はこれでおしまい。

4 奴隷にとって七月四日とは何か？

1852. 7. 5.

フレデリック・ダグラス

1818-1895

What, to the Slave, is the Fourth of July?
★ *F. Douglass*

Frederick Douglass (1818—1895)

奴隷の母親と白人の父親の間に生まれる．生後すぐにメリーランド州の農園に住む祖母と暮らすようになる．8 歳から 16 歳までボルティモアで屋敷つきの下僕．主人の奥さんから読みかたを習う．1838 年，逃亡し，1841 年，マサチューセッツ州奴隷制度廃止協会の会員になり，奴隷制度廃止論者として長い活動家の人生が始まる．以下の演説は，1852 年，ニューヨーク州ロチェスター市開催の，恒例の「独立記念日」の記念式典でのもの．

会長、友人、市民の皆様。お集まりのような聴衆に向かって、体の震えを覚えずに演説できる人がいたら、その人は私より強い神経の持ち主です。これまで講演は何度もしてきましたが、今日ほど震えが止まらず、うまく話せないのでは、と不安で一杯なことはありません。不安に押し潰されて、もともと大したことのない私の演説能力が、さらに落ちてしまいそうです。私に課された仕事を成し遂げるには、前もって十分に考察し、研究する必要があります。このような弁明が陳腐で無意味なのは百も承知です。けれども私の弁明をそう受け取らないでください。私が落ち着いているように見えたら、外観は中身を偽(いつわ)っています。地方の学校の公開集会で演説した経験は、乏(とぼ)しいながらありますが、このたびの講演に比べたら、物の数にも入りません。

新聞記事や宣伝ポスターは、私が七月四日独立記念日の記念講演をするとうたっています。私にとってこれは大事件で、いつもとまったく違う経験です。これまでもこの美しいコリンシアン・ホールで、光栄にも何度か演説する機会に恵まれ、今日、お越しくださった多くの皆様がたの前で、話したことがあります。馴染みの顔が見えますし、会場の広さも十分に承知しているのですが、それでも私は落ち着きません。
紳士淑女の皆様、それはこの演壇と奴隷のいる農園との距離が、あまりにもかけ離れているからです。私は農園から逃亡してきました。農園から演壇までの逃亡過程でくぐってきた困難の数々は、決してたやすいものではありませんでした。今日、私がここにいることに感謝するとともに、驚いています。私が話すべきことに関して準備万端整っておらず、魂を高揚させる、気の利いた文句の一つも思いつかずに始めることを、ご容赦ください。経験が乏しく、学識もない私は、さまざまな考えを不完全なままに、あわてて繋(つな)ぎ合わせて参りました。皆様の忍耐強さと、寛大な心に期待して、お話したいと存じます。

祝典の目的である今日は「七月四日」です。皆様の国家の独立と、政治的自由の誕生の日です。今日は解放された神の民の、過越祭(すぎこしまつり)と同じ日です。心は大いなる救済の日と、その行為へと向けられます。その行為と、その日につながる奇跡や驚嘆すべき出来事へ向けられます。また今日の祝典は、皆様の国が新たな一年を迎えることを意味します。アメリカ共和国が七六歳になったのを思い出させます。市民の皆様、皆様の国がとても若いので、私は嬉しく思います。人間の七六歳は年寄りですが、国家の年齢としてはほんのとば口です。人間の寿命は七〇年です。けれども国家の寿命は千年単位です。この事実に照らすと、国家の経験者として皆様は、まだ子供時代の始まりをうろついています。繰り返しましょう。若いので嬉しい。若いと思うと希望が湧いてきます。地平線に暗雲が低く垂れ込めている状況で、希望がぜひとも必要だからです。悲惨な時代を警告する社会改革家には怒りの視線が投げかけられています。けれども改革家は、アメリカがまだ若く、心に残る経験を何でも積む発展段階にいることを思い、その心は軽やかに脈動します。知性・正義・真理の高らかな教訓が、アメリカの行く末に影響を与えるだろうと、希望を持たせてくれるのではないですか。国家が老成していたら、愛国者の心は、より大きな悲しみにくれ、改革家の顔は、さらに曇るでしょう。アメリカの未来は陰鬱にかげり、預言者の希望は、悲しみに消え失せます。アメリカが若いので慰められます。年代を経て深く食い込んだ川底の大きな流れは、進路をたやすく変えることはありません。大きな流れは、ときおり静かに厳かに水かさを増し、氾濫して土地を水浸しにし、その神秘的な含有物で大地を肥沃に新鮮にします。怒りに震えて大きな流れが水かさを増し、何年もの耕作と汗水たらした労働による収穫物を、その怒りの大波に乗せて運び去ることがあります。けれども流れはやがて同じ古い川床へ戻り、ふたたび以前のように静かに流れ続けます。また川は脇にそれなくとも干上がって、枯れ枝や醜い岩だけを残して、底知れぬ深みをわたる風に吹かれて吼（ほ）えながら、失われた栄光の悲しい物語を語ります。川がそうなるように、国家についても同じことが言えます。

市民の皆様、今日のこの日にまつわる、さまざまな連想をこれ以上申し述べるつもりはありません。簡単にまとめましょう。七六年前、この国の人々はイギリス臣民だったということです。今、皆様が誇りとする「主権者」としての称号と資格はまだ生まれていませんでした。皆様はイギリス国王の臣下でした。皆様がたの父祖は、イギリス政府を本国政府（ホーム・ガヴァメント）、イギリスを祖国（ファーザーランド）と見なしていました。本国政府は皆様のいる場所から遠く離れていましたが、親の特権を行使して植民地の子供たちに、大人の判断だといって、賢明で正しく適切だと見なす、禁止や義務や制限を押しつけてきました。

皆様の父祖は、政府の無謬性（むびゅう）、政府の行為の絶対性という、今日のはやりの考えを取り入れていませんでしたが、あのような負担と束縛が、理性的であるか正しいかという点に関して、故国イギリス政府とは考えかたが違うと感じていました。かれらは過激に走り、イギリス政府のやりかたを不正、不適切、抑圧的で、総じて黙って従うべきではない、と非難しました。私の意見が、皆様がたの父祖の意見と同じだとわざわざ言う必要もないでしょう。私が同意見だと言ったところで、何の意味もありません。一七七六年の激しい論争の時代にいたら、私がどの立場を取ったか、と告白しても何の証明にもなりません。今日、アメリカは正しかった、イギリスは間違っていたと言うのはたやすいことです。誰でもそう言えます。立派な勇者はもちろん、卑劣漢ですらアメリカの植民者に対するイギリスの専制を、批判的に論評するのは簡単です。それがはやっています。けれどもイギリスに反対し、植民地の大義を支持し賛意を示すことが、根源的な精神の試練をもたらした時代があります。その時代にそうした人々は、不和の陰謀者、煽動者、反抗者、危険人物と見なされました。間違った者に抗して正しい者の味方、強者に抗して弱者の味方、抑圧者に抗して被抑圧者の味方をすること――そこにこそ価値があるのですが、今日の私たちの間では、はやらないようです。自由の大義は、皆様の父祖の行いのおかげで栄光に浴した人々自身によって、鋭く傷つけられています。さて、先へ進みましょう。

本国政府によって、厳しく不当に扱われていると感じた皆様の父祖は、正直な人間、気概ある人間として、熱心に是正を望みました。請願し抗議しました。礼儀正しく、敬意を表しながら、忠実な姿勢で臨みました。その行為はまったく非難するに当たらないものでした。けれども目的は達せられませんでした。極度の無関心、冷たさ、嘲(あざけ)りを受けました。それでも耐えました。後ろを振り返る人々ではなかったからです。

船が嵐に翻弄(ほんろう)されると、予備のアンカーが強く作動するように、君主の不快感もあらわな猛攻にあうと、皆様の父祖の動機はさらに強まりました。イギリスでは偉大な最も優れた政治家たちが正義を主張し、イギリス上院議員の高貴で雄弁な演説が、それを支持しました。けれどもエジプト王ファラオとその軍勢が、紅海で溺れてしまったように、専制君主の特質である無分別で、イギリス国王の政府は、受け入れがたい苛酷な要求を出し続けました。

この流れは狂気の沙汰だったと、今ではイギリスですら認識していると思います。にもかかわらずこの教訓を、私たちの現在の統治者はすっかり忘れています。

抑圧は賢者を狂気に到らせます。皆様の父祖は賢者でした。かれらが狂気に到らなかったにせよ、この扱いには反抗的になりました。自分たちはゆゆしき権利侵害の犠牲者で、植民地の能力ではとうてい是正できないと感じたのです。勇敢な人間は、常に抑圧の対抗策を見出します。そして英国王(クラウン)の支配から、植民地が完全に分離する、という考えが生まれたのです！　驚天動地の発想で、今日、時代を経た私たちが想像するより、はるかに驚くべき事態でした。当時の臆病で用心深い（と想像されますが）人々には、当然のことながら大きな衝撃で、皆、恐怖に陥りました。

そのような人々は、この地上に当時も、それ以前にもまた未来にもいるでしょう。かれらの道筋は、いかに大きな変化でも（それによって良い結果が見込め、間違いが是正されようと）、星の軌跡と同じように正確無比に計算されます。かれらはいかなる変化も嫌悪します。金銀銅の変動に対しては別ですが！　金銀銅の変動なら、もちろん大歓迎するのです。

皆様の父祖の時代、このような人々は保守のトーリー派と呼ばれました。この呼び名は、今日、いささか響きが悪くなりましたが、新聞記事が古株の老政治家を形容して使う場合と、おそらく同じ思いを表しています。

当時、危険思想とみなされたものへの反発は、熱心かつ精力的でした。けれども反対運動の恐怖を募（つの）らせる喧騒の中で、警告を発する革命的思想が展開し、植民地全体がその方向へ進んでいきました。

一七七六年七月二日、大陸会議は、全米的制裁の権力のもと、安逸な暮らしをむさぼる者や、財産の崇拝者を戸惑わせる恐ろしい考えを表明しました。決議事項という形で表明しました。私たちは今日、この決議事項に匹敵するほど透明で明白なものを滅多に目にしません。皆様の精神に、新鮮な空気を吹き込むために読んでみましょう。

［われわれは］厳粛におおやけに宣言する。統一植民地は、権利として自由で独立した州である。英王室へのいかなる忠誠からも放免され、大英帝国とのあらゆる政治的連携はいまや解消しており、未来においても［完全に］解消されねばならない。

市民の方々、皆様の父祖は上記の決議を実行し、成功したのです。そして今日皆様は、この成功の実りを収穫しています。獲得した自由は皆様のものです。そのため今日の誕生日を存分に祝っています。七月四日は、皆様の国家の歴史における最初の、偉大なる現実です――これから展開する運命の鎖をつなぐリングボルトです。

感謝の念に勝るとも劣らず、誇りと愛国心が、この日を祝い、永久に記憶させます。独立宣言が運命の鎖をつなぐリングボルトだと、私は申し上げました。まさしくリングボルトそのものだと考えています。この文書に含まれる原理は救済の原理です。あらゆる場合に、あらゆる場所で、あらゆる敵に抗して、あらゆる犠牲を払って、この原理に即していくのです。

国家という船の檣楼（しょうろう）から、脅威の暗雲が見えるかもしれません。遠くに見える山々のように大波が風下に向かって、巨大で堅固な大岩をあらわにします！　あのリングボルトは引き抜かれ、鎖は破られ、すると一切が失われます。今日のこの日にしがみつくのです。この日に、この原理にしがみつくのです。嵐に翻弄される船乗りが、真夜中に帆柱にしがみつくように。

どのような状況であれ、国家の成立は興味深い出来事です。一般的な状況のほか、この共和国の出現には、特に関心を呼ぶ特異な状況がありました。

振り返って見ると、すべての場面が単純で、威厳があり崇高でした。当時の人口は三百万人ほどの取るに足りない数字でした。軍資金は乏しく、人々は弱体で地方に散らばって居住し、土地は耕されていない荒地でした。今日、存在するような連携や連帯はありませんでした。蒸気も雷もまだ制御されていませんでした。ポトマック川からデラウエア川まで行くには、何日もかかりました。その他、数え切れないほどの不便、不都合が現実にある状況で、皆様の父祖は自由と独立を宣言し、そして成功したのです。

市民の皆様、私にこの共和国の父祖への尊敬の念がないのではありません。独立宣言の署名者は、勇敢な男たちでした。偉大な人々です。偉大な時代に組織を形成した、偉大な人々でした。一度にこれほど多くの、勇敢な人々を国家が輩出するのはまれなことです。たしかに私がかれらを見る視線は、無条件に好意的とは言えません。それでも、かれらの偉大な功績を讃美せずにはおられません。かれらは政治家、愛国者、そして英雄（ヒーロー）でした。かれらが成し遂げた善行と、その主張する原理によって、かれらの記憶を讃美するために、私は皆様と連帯します。

かれらは個人的な利益を脇に置き、自分たちの国を愛していました。人類の最高の卓越性でなかったにしろ、それは稀な美徳で、提示されたときには誰もが尊重すべき美徳です。私たちの人間性から、深い思慮のもと、国のために命を捧げる者を軽蔑することはできません。皆様の父祖は、国の大義のために、命、財産、聖なる名誉を賭けました。自由を讃美し、それ以外のあらゆる利益には、一切目を向けませんでした。

かれらは平和を愛する人間でした。けれども平和的隷属状態より革命を選びました。静かな人間でしたが、抑圧への対決にひるむことはありませんでした。辛抱しましたが、辛抱の限界を知っていました。秩序を大事にしましたが、専制的秩序を大事にしたのではありません。正しくなければ何事も「解決」したことにはなりません。正義、自由、人間性が、「最終的解決」であり、奴隷制度や抑圧ではありません。このような人々の記憶を、皆様は大事にするでしょう。その当時の世代にとって、かれらは偉大でした。今日の堕落した時代に比べると、その堅固な男らしさは、実に群を抜いています。

かれらの活動は、なんと用意周到、正確無比で、平衡感覚に裏打ちされていたことでしょう！　一時的な政治屋の技とは似ても似つかない。その政治的指導力は、瞬間を見越して遠い未来を力強く見通していました。かれらは永遠の原理を摑み、自分たちを弁護する栄光ある模範を示しました。かれらに注目を！

遭遇する困難を十分に見越しながら、自分たちの主張の正しさを固く信じ、世界の注目をみごとに促し、天なる神に訴え、自分たちの誠実さを証明し、背負うことになる厳粛な責任をしっかりと理解し、負ける確率を賢く測った皆様の父祖は、この共和国の父祖は、栄光ある愛国主義に鼓舞され、正義と自由の偉大な原理を、崇高な信念を抱き、国家の建造物の礎石を深く慎重に埋め込みました。その国家は皆様の周囲で今も発展し、壮大な規模で繁栄し続けています。

今日は、その基盤的仕事の始まりを祝う誕生日です。大きな喜びのあらわれが、あちこちで見られます。旗（はた）や幟（のぼり）が勝ち誇ったように風にはためいています。商売の喧騒は聞かれず、静かです。金銭の神も、今日はその手を引込めています。何千の教会の鐘が高らかに鳴り響き、耳をつんざくような笛や轟く太鼓の音に混じりあいます。祈りが捧げられ、賛美歌が歌われ、この日を称えて説教が行われます。広大で巨大な国家のきびきびした軍隊の行進が、広い大陸の丘陵、谷間、山々にこだまし、今日が全米の関心を呼ぶわくわくする日、国家の特別記念日であることを物語っています。

友人、市民の皆様、もうこれ以上、特別記念日の理由を語る必要はありません。私より皆様の多くがもっとよく知っています。この点に関して、話し手の私より皆様が教えてくださるでしょう。皆様のほうが、より強い関心を抱いている領域だと思います。イギリス国王の支配から植民地が分離した理由については、語り尽くせません。公立学校で教えられ、炉辺で語り継がれ、説教壇から解き明かされ、議場で盛んに論じられ、家庭内の隠語のように馴染みの話題です。国民的詩人や雄弁家の格好の題材です。

アメリカ人はアメリカの国民として、自分たちに有利な事実をよく認識しています。これを国民性と呼んだ人もいますが、おそらく国民的弱点でしょう。アメリカの富と高い評判が何を基盤にしていようと、安価に入手できるなら、アメリカ人は自分たち自身でそれを発見します。アメリカにおけるあらゆる問題が、アメリカ人の手中に安全に隠されていると述べても、アメリカ人を誹謗（ひぼう）したと、私が非難されることはないでしょう。それゆえ私は皆様の父祖の偉大な行為は、正統な後継者と見なす人々へ任せます！私がでしゃばるより、そのほうが批判されないでしょう。

今日、私に求められているのは現状についてです。神と神の御意とともにある時間は、生き続けている今です。

　　未来を信頼するな、心地良かろうが
　　過去の死者にその死を埋葬させよ。
　行動せよ、生きている今、行動せよ
　　内側には心が、頭上には神が。

（ロングフェロー『人生讃歌』）

私たちが過去を問題にするのは、現状と将来にとって有益なときだけです。過去から得る刺激的な動機や、高貴な行為を歓迎します。けれども機は熟しました、重要な時です。皆様の父祖は生き、死に、なすべき仕事を十分に成し遂げました。皆様も生き、死なねばなりませんが、自分の仕事をせねばなりません。子供たちが、皆様の仕事によって恵みを享受することにならないかぎり、父祖の仕事の分け前を、子供として楽しむ権利はありません。怠惰を覆うために、父祖が困苦を経て手に入れた名声を、浪費する権利はありません。父祖の叡智や徳に対して私たちはさほど讃美せず、自分たち自身の愚かさや邪悪さの弁明をしている、とイギリスのエッセイスト、シドニー・スミスは言っています。この事実に疑いはありません。近くでも遠くでも、古代でも現代でもその具体例があります。何百年も前、ヤコブの子供たちが、アブラハムへの信仰とその精神を喪失して長いというのに、「ぼくたちの父親はアブラハムだ」と自慢するのがはやりました。その名前を偉大にした行為を否認しながら、アブラハムの偉大な名前のもとで、かれらは満足していたのです。今日、類似のことがこの国のいたるところで起きているのを、皆様に思い起こさせる必要があるでしょう。預言者の墓石を建立し、正義の者の墓を飾ったのはユダヤ人だけではない、と思い起こさせる必要がありますか。ワシントンは、奴隷の鎖を外さなければ死ぬことはできなかったのです。けれども人間の血の犠牲でワシントンの記念碑は建てられ、身体と魂の売買人は、「ぼくたちの父親はワシントンだ」と叫んでいます。嘆かわしいことです。でも現実はそうなのです。

人間の邪悪さは、死んでも生き延び
善い行いは、死者の骨ごと埋められるのだ。
（シェイクスピア『ジュリアス・シーザー』三幕二場）

市民の皆様、申し訳ないのですが、今日、ここで私が演説するように招かれた理由を、おたずねしてもよろしいでしょうか。皆様の国家の独立と、私や私が代表する人々は、どのような関係にあるのでしょうか。**独立宣言**に含まれる政治的**自由**と、生得の**正義**という偉大な原理は、私たちにも適用されているのでしょうか。私はここによばれて、皆様の独立によって生まれた恩恵と幸福が私たちにも及び、それに対して心からの感謝の気持を告白し、国家の祭壇の前に、貧しい供え物をするようによばれたのでしょうか。

皆様のために、私たちのために、この問いに対して肯定の答えが、真実として返ってくることを願います！　そうであれば私の任務はたやすく、責任は軽く、喜びに満ちるでしょう。国家の親和力が暖めてやれないほど、冷たい人間がいるでしょうか。貴重な恩恵に、心から感謝する言葉を述べられない、頑固で死んだような人間がいるでしょうか。隷属の鎖が手足から外されたというのに、国家の記念日に、讃歌ハレルヤを高らかに歌う合唱に参加しない、鈍感で利己的な人間がいるでしょうか。私はそのような人間ではありません。そのようなことになれば、口の利けない者ですら雄弁家になり、「足の悪い男ですらウサギのように飛び跳ねる」でしょう。

けれどもこの問題は、そのような状況にはありません。格差を悲しく意識しながら、私はそう申し上げます。私はこの栄光の誕生日に含まれていません！　皆様の高貴な独立は、測り難い距離を示しています。今日、皆様は幸福のうちに歓喜しますが、その幸福は共有されていません。皆様の父祖が残してくれた、正義・自由・繁栄・独立の豊かな遺産は、皆様のなかで共有されていますが、私は入っていません。皆様に生命と癒しをもたらした日光は、私に鞭と死をもたらしています。この七月四日は皆様のものですが、私のものではありません。皆様が歓喜するとき、私は嘆いています。光に照らされた壮大な自由の神殿へ、枷をはめられた人間を引きずり入れ、一緒に喜びの歌をうたおうと参加を呼びかけるのは、非人間的な嘲り、冒瀆的な皮肉です。市民の皆様、今日、私に演説を依頼したのは、私に挑戦するためでしょうか。もしそうなら、対比してお話することがあります。天を突く犯罪をなしている国家を模倣するのは、危険だと私は警告します。その犯罪は全能の神の一息で吹き払われ、国家を破壊し、回復不能状態に陥れます！　私は今日、剝奪され苦悩に打ちひしがれた人々の、心からの嘆きについて語ります！

> バビロンの川のほとりに、私たちはすわる。まさに！　シオンの都を思い涙がこぼれる。真中の柳の木に竪琴(たてごと)をかける。私たちを捕虜にした者が、歌えと命じた。私たちを虐待した者が、楽しくやれと命令し、シオンの歌をうたえと言った。異土で神の歌をうたえようか。ああ、エルサレムよ、汝を忘れたら、私の右腕が利かなくなるように。汝を思い出さなかったら、私の舌が上顎(うわあご)に貼り付いてしまうように。
>
> （詩篇一三七１－６）

市民の皆様、国家的な喜びの声の喧噪のかなたに、何百万人の、深い嘆きの声を私は聞きます！　かれらの鎖は昨日、重く悲しいものでしたが、今日、かれらの耳に届く喜びの叫び声で、いっそう耐えがたいものになっています。私が忘れてしまっていたら、あの悲しみに血を流している子供たちを今日、心から思い出さなかったら、「私の右腕が利かなくなるように、私の舌が上顎に貼り付いてしまうように！」 かれらを忘れ、かれらへの不正を軽く受け流して世間の人々に迎合するのは、言語道断、衝撃的な国家的反逆であり、神と世間の前で私は非難されます。本日の私の演題は、皆様、**アメリカの奴隷制度**です。今日の社会、その世間の特徴を奴隷の視点から見ていきます。アメリカの奴隷と自分自身を同一視し、かれらへの不正をわがものとしてここに立ちながら、私は全身全霊で、ためらうことなく、この国の特質と行動は、七月四日には格別に邪悪に響く、と申しあげましょう！ 過去の宣言を見ても、今日の言明を見ても、この国の行為はおぞましく忌まわしいものです。アメリカは過去に対し、現在に対し、偽り(いつわ)りの行動を取り、そして未来に対して、偽りへ向かうと厳粛にも誓っているのです。今日のこの特別の日に、神と、押し潰され血を流す奴隷とともに立ちながら、踏みにじられた人々の名のもとに、足枷をはめられた自由の名のもとに、無視され踏みつけられた憲法と聖書の名のもとに、強調してもしすぎることのない奴隷制度——アメリカの大罪、アメリカの恥——を恒久化するすべてを問いただし、弾劾します。「私は言葉を濁さない。私は見逃さない」(W・L・ギャリソン)。私は可能な限り厳しい言葉を使います。けれども偏見によって判断力が曇らない、あるいは心の中で奴隷所有者でない人々が、正しく正義の告白をしないなどと、私は一語たりとも言っておりません。

聴衆の中から、「現状では、あなたや兄弟の奴隷制度廃止論者(アボリショニスト)が、世間に好ましい印象を与えないのは当然だ。糾弾ではなく議論を展開し、非難ではなく説得するなら、主張が通る可能性は大きいだろう」という声が、聞こえてくるような気がします。けれどもすべてが平明なことですから、議論を展開する必要はないと、私は失礼ながら考えています。奴隷制度反対の何を議論しろというのでしょうか。この国の人々にとって、この問題のどこがまだ明瞭ではないのでしょうか。奴隷は人間だと証明せねばならないのですか。それはすでに認められています。誰も疑いません。奴隷所有者ですら、政府の法令制定によって認めています。奴隷の反抗を罰するさいに、奴隷は人間だと認めました。ヴァージニア州では、黒人が犯した場合(無実だったにしても)、死刑になる七二種類の犯罪があります。いっぽう同じ種類の犯罪でも白人の場合は、そのうち二つだけが死刑に値します。これは奴隷が道徳的で知的で、責任を取れる存在だと認められているからではありませんか。奴隷の人間性は認められています。南部の法令集が、厳しい罰金、罰則で、奴隷に読み書きを禁止する条令を満載しているのが、事実の証明にほかなりません。草原の野獣に対して、そのような法律があると指摘してくだされば、私は奴隷の人間性について議論いたしましょう。皆様が住む町の犬が、空の鳥が、丘陵の牛が、海の魚が、這いまわる爬虫類が、奴隷と野獣を区別できないというのであれば、そのときには、奴隷は人間であると主張して議論しようではありませんか！

当面は、黒人の平等の人間性を主張するだけで十分です。あらゆる種類の道具を使い、耕し、種を播き、刈り入れをし、家屋を建て、橋の建設に従事し、船舶を造り、真鍮、鉄、銅、銀、金など金属類の仕事をし、読み書き、数字を扱い、事務員・商人・秘書として働き、私たちの中には弁護士・医者・牧師・詩人・作家・編集者・講演者・教師がいて、また他の人々がするようなあらゆる類いの仕事をし、カリフォルニアで金鉱を掘り、太平洋で鯨を捕まえ、丘陵で羊や牛を飼い、生き、移動し、行動し、考え、計画を立て、夫・妻・子供として家族で暮らし、何にもましてキリスト教徒の神を信仰し、告白し、今生と墓場の向こうの不滅の未来を望んでいるとき、人間であることを証明せよと命じられるとは、まったく驚くべきことではないでしょうか！

人には自由の権利があるのを論証せよと言うのですか。自分の身体の正当な所有者ということを。それは皆様がすでに宣言しています。奴隷制度の悪を証明せねばならないのですか。それは共和主義者の問いでしょうか。正義の原理の適用が疑わしく、理解困難な問題であり、論理や論駁によって解決すべきだというのでしょうか。私は今、人は生まれながらに自由の権利があることを示そうとして、話を分断したり、微細なことに言及したり、相対的になったり絶対的になったり、否定的になったり肯定的になったりしています。いったいアメリカ人の目に、今日の私はどう映っているでしょうか。このような話しかたは、みずから笑い者になりさがるばかりでなく、皆様の判断力を侮辱しています。神の天蓋の下にいて、奴隷制度が間違いだということを知らぬ者はいません。

人間を野獣扱いするのは間違っている、自由を盗むのは、賃金を与えずに働かせるのは、仲間との連絡を難しくさせる、棒で殴る、身体を鞭打つ、手足に鉄の錘(おもり)をつける、犬に追跡させる、奴隷市場で売買する、家族を引き裂く、殴って歯を折る、火傷を負わせる、飢えさせて主人に従順になるように強いるのは、間違っている、と論じなければならないのですか。このように血塗られ汚れに満ちた制度が、間違っていると論じねばならないのですか。まさか！　そうするつもりはありません。私の時間も体力も、そのような議論よりもっとましなことに当てます。

それではこれから議論すべきことは、いったい何でしょうか。奴隷制度は神聖ではない、神は奴隷制度をお造りにならなかった、神学者は間違っているということですか。その考えは神の冒瀆です。非人間的なものが神聖であるはずはないのです！　そのような提案を、だれが論理づけられるでしょうか。できるというなら、そうすればいい。私にはできません。そのような議論の段階は過ぎました。

このようなときには議論で説得するより、痛烈な皮肉が効きます。その能力が私にあったなら！　そしてこの国の耳に届かせることができたら。そうしたら私は今日、辛辣な嘲笑、爆発的な咎め、壊滅的ないやみ、仮借ない非難の火を吐き出すでしょう。光ではなく火が必要です。やさしいにわか雨ではなく雷雨です。嵐や竜巻や地震が必要です。国の感情を急いで高めねばなりません。国の良心を鼓舞し、国の品格を刺激せねばなりません。国の偽善を暴露し、国が犯している神と人間への罪を言いふらし、糾弾せねばなりません。

アメリカの奴隷にとって、皆様の七月四日とは何でしょうか。こう言いましょう。常にその犠牲になっているひどい不正と残酷さを、一年のうちのどの日にもまして、突きつけられる日だと。奴隷にとって、皆様の祝典は偽物です。皆様が大言壮語している自由は、不浄な放縦です。皆様の国家の偉大さは、膨張する虚栄です。歓喜の声は空しく、心が欠けています。専制君主の弾劾は、鉄面皮な厚かましさです。自由と平等の叫びは、空っぽの嘲りです。皆様の祈りや賛美歌、説教や感謝、宗教行列、儀式は、奴隷にとって単なる大言壮語・欺瞞・ごまかし・不敬・偽善でしかありません。野蛮人の国家を汚す犯罪を覆い隠す薄布です。この時点において、合衆国の人々ほど衝撃的で、血なまぐさい行為を犯している民族は、地球上どこにもいません。

どこへでも行ってみてください、どこでもいい、調べてください、旧世界のすべての君主国、専制国を歩き回り、南米をくまなく旅し、虐待を洗いざらい調べてください、虐待を発見したら、この国の日常茶飯の習慣の隣に、その事実を置いてみてください。そうすれば、顔を背けたくなるような蛮行と、恥を知らない偽善において、アメリカにはライバルと見なすべき国が存在しない、と皆様は私とともに断言するでしょう。

アメリカの奴隷貿易について考えてみましょう。新聞によると今日、**奴隷貿易**は繁栄をきわめています。元上院議員トマス・ハート・ベントンは、今ほど人間の値段が高い時代はないと言っています。奴隷制度が危機に瀕していない証拠として、その事実を述べています。奴隷貿易は、アメリカの制度で特異なものの一つです。この連合の半分の地域の、大きな町や都市で実践されています。このおぞましい売買で、奴隷商人は毎年、何百万ドルを蓄えます。数州では奴隷売買が主要な財源です。(外国の奴隷貿易と対比するために)「国内奴隷貿易」と呼んでいます。外国の奴隷貿易がほのめかす、おぞましさを避けてそう呼ぶのでしょう。政府が外国の奴隷貿易を海賊行為だと糾弾してから、久しい年月が経ちました。議会では呪うべき商売として、たぎる情熱を込めて激しく弾劾されました。売買を止め、終焉させるために、この国はアフリカの沿岸に莫大な出費をして、小艦隊を派遣しています。外国の奴隷貿易は神の掟、人間の法律に反するもので、非人道的商売だと、この国のどこで言おうと平気です。それを根絶し、破壊することは、神学者も認めている義務です。終焉させるために、(名目上、自由になった)黒人同胞がこの国を離れ、アフリカ西海岸に、自分たちの社会を建設することに同意する神学者もいます!　外国の奴隷貿易に関わる人々に、アメリカ人は罵りの言葉を投げかけますが、ひるがえって、南部諸州における奴隷貿易に携わる人々は、非難もされません。かれらの商売は立派だと見なされています。

国内の奴隷市場の実態を見てください。アメリカの奴隷売買は、アメリカの政治および宗教によって支えられています。男も女も、まるで豚のように市場へ出すために育成されます。豚追いをごぞんじでしょう。それでは人追いについておしえましょう。南部に住んでいます。この国のあちらこちらを歩きながら、人間の群れを追って、ハイウェイをにぎわしています。ピストル・鞭・牛刀で武装した、人間の身体の仲買人が、百人の男女や子供たちの集団を、ポトマック川からニューオリンズの奴隷市場へ、追いたてているのが見えるでしょう。この惨めな人々は、買う人の希望により一人で、または何人か一緒に売られます。かれらは綿花畑や、うんざりする砂糖工場の養分なのです。疲れきって歩いているこの悲しい行列と、かれらを追いたてる非人間的な輩に注意してください。怯(おび)えた捕虜を駆り立てる、その野蛮な叫び声と、血を凍らせるような罵(ののし)り声に耳を傾けてください。髪も薄いあの白髪の老人を見てください。あの若い母親をちらっと見てください。焼けるような太陽に両肩がむきだしで、腕に抱いている赤ん坊の額に、涙がこぼれ落ちています。あの一三歳の女の子を見てください。泣いています。そう、母親から引き離されてしまったので泣いているのです！　ゆっくりぞろぞろと動いています。暑さと悲しみがかれらの体力を消耗させています。突然、ライフル銃が発射されたようにすばやく、パシッという音がします。足枷がガチャリと鳴ります。鎖も同時にガチャガチャと音を立てます。耳をつんざく叫び声がします。あなたの魂の奥まで突き刺さってくるようです！　あなたが聞いたのは奴隷を鞭打つ音でした。叫び声は赤ん坊を抱いていた母親から聞こえてきました。赤ん坊の重さと鎖のために、母親の歩みが遅くなっていました！　肩を鞭打たれ、その痛みが先へ進めと命じます。ニューオリンズまで、この群れについて行ってみてください。奴隷市場へ行ってみてください。まるで馬のように人間が調べられます。アメリカ人の奴隷売買人の、ぞっとするような視線に、女たちの身体はさらされます。この群れは売られていき、永遠の別離になります。散り散りになった多くの人々から、深く悲しいすすり泣きの声が聞こえて来るのを忘れてはいけません。市民の皆様、日の下で、これ以上にひどくぞっとする情景を、いったいどこで見るでしょうか。しかもこれはアメリカの奴隷貿易を、この瞬間に、合衆国の支配的な地域で存在する奴隷制度のありのままを、一瞥したにすぎません。

私はこのような光景のただなかで生まれました。私にとって、アメリカの奴隷売買は恐ろしい現実です。子供のころ、私の心はその恐怖におののきました。ボルティモアのフェルズ・ポイント町フィルポット通りに住み、人間の身体の積荷を載せた奴隷船が、湾に集まり錨を降ろし、折から風がうまく吹いて、チェサピーク湾のこちらへ運んでくるのを待っている、それを私は波止場から見ていました。そのころオースティン・ウォルドフォークが、プラット通りの先に大きな常設奴隷市場を開いていました。ウォルドフォークの手下が、メリーランド州のあらゆる町や郡へ送られ、新聞広告や、「ニグロを現金で」というどぎつい宣伝文句のポスターを配り、奴隷の到着を宣伝しました。かれらはたいてい身なりがよく、その立ち居振舞いも魅力的で、飲んだり食べたり、博打(ばくち)をしたりして歓待しました。多くの奴隷の運命は、一枚のトランプを返しただけで決定されました。そして多くの子供たちが、泥酔状態で行われた野蛮な商取引で、母親の腕からもぎ取られて行きました。

人買(ひとかい)商人は十数人単位で犠牲者を集め、鎖をつけてボルティモアの港へ連れて行きました。そこで十分な人数が集まると、貸し切りの船で、モビールやニューオーリンズへ、絶望的な一群を運搬します。奴隷の牢屋から船へ、かれらはたいてい夜の闇にまぎれて移動しました。奴隷制度反対運動があり、警戒してのことです。

深く静かな真夜中の暗闇に、私の家の前を通る、死んだように重い足音や、鎖でつながれた一群の哀れな泣き声を聞いて、私はしばしば目を覚ましました。少年だった私の苦悶は大きかったのです。朝になると、私はそのことを女主人に話しました。すると女主人は、この習慣はとても悪いもので、鎖がガチャガチャ鳴る音や、心からの悲痛な叫び声を聞くのが辛いと言いました。私の恐怖と同じように感じてくれる人がいて、ホッとしました。

市民の皆様、この誇り高い共和国で凶悪な商売が今日、活発に行われています。私の心の中には、南部の大通りに埃（ほこり）が舞い立つのが見えます。血を流している足跡が見えます。奴隷市場へ連れて行かれる、足枷をはめられた人間たちの、憂いに沈んだ泣き声が聞こえます。奴隷市場では犠牲者がまるで馬か羊か豚のように、最高値（たかね）で競り落とされていきます。そこでは人間の売買人の欲情、気まぐれ、貪欲を満たすために、家族のやさしい絆が無情にも断ち切られます。私の心はこの光景に吐き気をもよおします。

これが父祖の愛した国なのか
労して勝ち取った自由なのか。
かれらが移り住んだ土地か。
かれらが眠っている墓場か。

（J・ホイッティア『奴隷解放詩篇』）

けれどももっと非人間的で、恥ずべき状況、憤慨にたえない状況があることを伝えねばなりません。まだ二年も経っていませんが、アメリカ議会の決定により、奴隷制度がきわめて恐ろしく不快な形で全米化しました。この法の制定で、メイソン・ディクソン・ライン（メリーランド州とペンシルヴェニア州との境界線。南北を象徴的に分ける）は忘れられました。ニューヨークもヴァージニアと同じです。男・女・子供を奴隷として所有し、狩りたて、売買する権利は、もはや州の制度にとどまらず合衆国全体の制度になりました。その力は星条旗とアメリカのキリスト教と共存しています。それが許されているところでは、無慈悲な奴隷捕獲人がうろついています。それが許されているところでは、人間は聖なる存在ではありません。人間は余暇を楽しむ人々の銃口が向けられる小鳥です。人間が制定した、最悪で悪魔的な法規によって、あらゆる人間の自由と人格が、危機にさらされています。共和主義の広大な領土が、人間を狩る猟場になっています。社会の敵の泥棒ではなく、何ら罪のない人間を狩るのです。立法者が善良なる市民に、この地獄の遊びに参加しろと命じています。大統領、国防長官、主人、著名な人々、聖職者が、自由と栄光ある国、および神へ負う義務として、この呪われた仕事をするように強制しています。過去二年間で四〇人を下らないアメリカ人が捕獲され、一瞬の警告もなく、あわただしく奴隷の身に貶められ、酷い拷問にあっています。その中には、日々の食物を頼る妻や子供がいる者もいました。このようなことに何の考慮も払われません。犠牲者に対する捕獲人の権利のほうが、結婚による権利や、共和国で認められているその他の権利、神の権利でさえもしのぐほど強いのです！　黒人の男にとっては、法律も正義もなく、人間性も宗教もありません。逃亡奴隷法では、逃亡奴隷に憐れみをかけたら犯罪になります。かれらを裁く判事に賄賂が贈られます。奴隷所有者に逃亡奴隷を引き渡した場合、アメリカの判事には一〇ドルが支払われます。うまく引き渡せなかったときは五ドルです。地獄のように黒々とした逃亡奴隷法では、二人の悪者の誓約があれば、もっとも敬虔で模範的な黒人の男を、冷酷な奴隷所有者の牙の前に差し戻すことができます！　黒人の証言はまったく無意味です。自分のための証言者を召喚することはできません。アメリカの裁判所に仕える者は、法律によって一方の側だけの言い分を聞きます。その一方とは抑圧者の側です。このおぞましい事実を、永遠に語り続けましょう。専制者を殺し、王を憎悪し、人民を愛し、民主的なキリスト教徒のアメリカで、裁判所の座席には、堂々と賄賂を受け取り、人間の自由を判断するにあたり、告発者の一方的な意見しか聞かない判事ばかりが座っていると、轟く声で世界に知らせましょう！

正義にひどく違反し、法律の実践において恥知らずにもそれを無視し、弁護できない立場の者に罠をかけて巧みに導き、悪魔的な意図を持つ逃亡奴隷法は、専制的な法律文書の中で屹立しています。この地球上に、制定法全書に、そのような法律を記入するほど厚かましく卑劣な国があったでしょうか。この点に関して聴衆の中に私と意見を異にし、私が言ったことに論駁できるというかたがいらっしゃるようでしたら、私は喜んで受けて立ち、そのかたの都合のいい時間に都合のいい場所へ出向きます。

私はこの法律が、キリスト教徒の自由をはなはだしく侵害すると感じています。私たちの国の教会や聖職者が、愚かで無知でなかったなら、あるいは意地悪な無関心でなかったなら、同じように感じるでしょう。

たった今、市民の自由、宗教の自由を享受し、自分たちの良心にしたがって神を礼拝することを感謝しているこのときに、宗教の主要な意味を剝奪し、邪悪に浸る世界の前で、宗教をまったく無益にする法律に関して、かれらは完全に沈黙しています。この法律は一〇分の一税「ミント、アニス、クミン」と関わるのでしょうか、詩歌をうたう権利、洗礼式に参加する権利、その他の宗教儀式に関わる権利を排除したら、何千の説教壇から轟きわたる声がそれを打ちのめすでしょう。教会から皆の叫び声が、廃止せよ、廃止せよ、即座に廃止せよと上がるでしょう！　自分の幟にこのモットーを記さずに、選挙民の票を集める政治家とは相容れないでしょう。さらに、この要求が受け入れられなければ、信教の自由の歴史に、もう一つのスコットランドが付け加えられることになるでしょう。峻厳な盟約者たちが、闇に葬られるでしょう。教会の玄関には、宗教改革家ジョン・ノックスが出現し、説教壇から説教する声を聞くことになるでしょう。ノックスが美しく油断のならないスコットランドのメアリー女王へ示したほどの寛大さしか、フィルモア大統領は示さないでしょう。私たちの国の教会が、(宗派的例外はありますが)「逃亡奴隷法」を信仰の自由への宣戦布告と見なさない現実は、教会が宗教を単に礼拝の形式、空っぽの儀式に変え、人間への命ある慈悲、正義、愛、善意を求める、生命力に溢れた原理と見なしていないことを示しています。慈悲より犠牲を尊び、正しい行為より賛美歌斉唱を、現実的な正義より形式的に厳粛な礼拝を尊ぶのです。家のない者に避難所を提供し、飢える者にパンを与え、裸者に衣類を与えるのを拒否する人々によって司式される礼拝など、呪いではあっても、決して人類への祝福ではありません。これらの憐れみの行動を禁じる法律に従順を強いる人々によって司式される礼拝は、呪いであって、人類への祝福ではありません。聖書ではこのような人々を、「ミント、アニス、クミンの十分の一税を払って免除され、法律・裁判・慈悲・信仰のより難しく重い問題を避ける神学者兼法律家、形式主義者、偽善者」と呼んでいます。

この国の教会は、奴隷の不当な取り扱いに無関心なばかりか、抑圧者の味方をしています。教会がアメリカの奴隷制度の防波堤になり、アメリカの奴隷捕獲人の盾になっています。多くの雄弁な聖職者が注目を浴びる教会の場で、破廉恥にも奴隷制度全体に、宗教と聖書の後ろ盾を与えているのです。人間は当然ながら奴隷になることがあり、主人と奴隷の関係は神によって定められており、逃亡奴隷を主人へ返すのは、主イエス・キリストの信奉者の明白なる義務であると説教しています。キリスト教を理由に、この恐ろしい冒瀆をうまくごまかし、世間を説得しています。

私はこう言いましょう。背信の徒よやって来い！　無神論万歳！　何でも来い、このような聖職者によって説教される福音よりは。かれらは宗教そのものを専制機関、野蛮で残酷を意味するものに改名し、今日、トマス・ペインやヴォルテール、ボリングブロウクの背信の書物をすべて足したものより、さらに多くの背信の徒を肯定するために仕えています。このような牧師たちには正しい行為の信念も、同情の気持も宿らず、宗教を冷たく無情なものにします。神の愛の美しさを削いでしまい、宗教の玉座を、巨大で恐ろしくおぞましい形式にしてしまうのです。抑圧者・専制君主・人間泥棒・凶悪犯のための宗教です。天からおりたつ「純粋で汚れなき宗教」ではなく、また「第一に純粋、それから平和的、わかりやすく、慈悲の心に満ち、実りが豊かで、不公平ではなく偽善でもない」宗教でもなく、貧者よりは金持ちを好み、謙虚な者より自慢する者を称揚します。人類を二つの階級、専制者と奴隷に分類します。鎖をつけた人間にそのままでいるように命じ、抑圧者には、抑圧を続けよと命じます。人類の盗人、奴隷化をする人々によって信仰告白され享受される宗教です。神が個々人を差別するようにさせ、人類の造物主であることを否定します。人類の同胞意識の偉大なる真実を、埃の中で踏みにじります。これらすべてのことが、一般の教会や礼拝に対して言えます――私たちは神霊を受けた知恵の力で、このような宗教、教会、礼拝は、神の御意のもとには忌まわしい宗教だと宣言します。預言者イザヤの言葉を借用し、アメリカの教会へ以下のように言いましょう。「空しい供え物を携えてきてはならない。薫香はわたしの忌み嫌うもの。新月祭、安息日、また会衆を呼び集めること、荘厳な儀式でさえまやかしである。あなたがたの新月祭と定例の祭りとは、わが魂の憎むもの。それはわたしの重荷となり、わたしは、それを負うのに疲れた。あなたがたが手を差し出すとき、わたしは目をおおって、あなたがたを見ない。多くの祈りを捧げても、わたしは聞かない。あなたがたの手は血まみれである。悪行を止め、善行をせよ。判断を求め、抑圧された者を解放し、父なし子を守り、寡婦の訴えを弁護せよ」。

奴隷制度を維持するために**アメリカの教会**がしていることを見ると、アメリカの教会は有罪です。奴隷制度を廃止する能力という点から見ると、アメリカの教会はきわめて罪が重いのです。罰を受けるべきなのは、それがやっていることと同様に、やっていないことに対してです。アルバート・バーンズは、「奴隷制度が教会の中で支持されていなかったら、一瞬たりとも奴隷制度を維持する力が教会にはないはずだ」と言いましたが、この問題の現状をよく観察している人なら、誰でも真実と見なす常識を発言したにすぎません。

この国の宗教新聞、説教壇、日曜学校、聖なる会議、教会組織と聖職者、宣教師、聖書と宗教冊子協会の、かれらの巨大な力を、奴隷制度および奴隷所有反対にすべて結集させるのです。犯罪と血なまぐさい制度全体が、風に吹き飛ばされるでしょう。そうしない人々は、考え得る最悪の責任を負うことになります。

奴隷制度反対運動の迫害の中で、教会や牧師は免除せよと言われます。けれどもいかにしてそれができるというのですか。奴隷救済の努力の始まりから、私たちに対抗して結集された闘いで、この国の教会と牧師たちに出会うのです。私たちは闘うか逃亡を強いられます。過去二年間、いったいどの方面から、私たちの隊列に死をもたらす燃えるような攻撃が仕掛けられたでしょうか。北部の説教壇からです。抑圧者のチャンピオンとして、アメリカの選ばれた神学者たちが現れました。いわゆる敬虔だということで、また深い学識があるということで、尊敬されている人々です。バッファローのロード家、ニューヨークのスプリング家、オーバーンのラスロップ家、ブルックリンのコックス家、スペンサー家、ボストンのガネット家、シャープ家、ワシントンのデューイ家、その他この国の宗教的啓蒙者は、牧師になったのは神の使命であったと告白しているにもかかわらず、神の御意をまったく否定し、ヘブライ人の前例に背き、使徒たちの忠言に背き、私たちに意図的に、神の掟の前に人間の法律に従わねばならない、と教えるのです。

このような神への冒瀆に私の心は沈みます。このような人々が、「イエス・キリストの永久的類型であり代表」として支持されるのは、不可思議この上ありませんが、その検討は他の人々に任せましょう。アメリカの教会と申し上げるとき、この国の宗教組織体を、大雑把に指していることを明確にしておきましょう。例外はあり、その例外があることを私は神に感謝します。北部諸州の各地に立派な人々がいます。たとえばブルックリンのヘンリー・ウォード・ビーチャー、シラキュースのサミュエル・J・メイ、それに私が高く評価している説教壇の友人（R・R・レイモンド）が輝く例です。さらにこう言わせてください。私たち同胞に篤い信仰心と情熱を吹き込む義務は、かれらの上にかかっています。また奴隷をその鎖から外し救済する、大きな使命を持つ私たちを元気づける義務がかかっています。

アメリカの教会の奴隷制度反対運動への姿勢と、イギリスの教会が、国内の同様の運動に対して取る姿勢の違いに衝撃を覚えます。イギリスの教会は、人類の状況の改善・高揚・改良の使命に忠実で、西インド諸島の奴隷の苦痛を除去しようと即座に対応し、自由を回復させました。解放は重要な宗教的課題でした。人類の名のもと、生きている神の掟によって要請されました。シャープ家、クラークソン家、ウィルバーフォース家、バクストン家、バーチェルズ家、ニッブズ家は、敬虔さと博愛主義の精神の両方でよく知られていました。イギリスにおける奴隷制度反対運動は、反教会運動にはなりませんでした。教会はこの運動を全力で推進したのです。この国の奴隷制度反対運動も、教会が運動に敵対するのではなく賛同したときに、反教会運動であることを止めるでしょう。

アメリカ人よ！　皆様の共和主義の政治姿勢は、その共和主義的な宗教と同様に、はなはだしく一貫性に欠けます。自由への愛を、優れた文明を、純粋なキリスト教を自慢しています。ところが一方で、二大政党に集約される国家の政治力は、同胞の三百万人の奴隷化を支持し、恒久化しようと厳かに誓約しています。ロシアやオーストリアの王冠を被った専制君主に教会の呪いを投げつけ、自分たちの民主制度を自慢しますが、一方でヴァージニアやカロライナの圧制者の道具になり、ボディーガードになることに同意しています。外国の難民を迎え入れ、晩餐会を開いてかれらをもてなし、熱烈に歓迎し、元気づけ、乾杯し、褒め称え、保護し、かれらのために金を湯水のごとく使います。ところが自分たちの土地から逃げてきた者には、広告を出し、探し出し、捕獲し、射殺します。その洗練された教養と幅広い教育を誇りに思っています。ところが歴史上もっとも野蛮でおぞましい汚点を、国家の性格に塗りつける制度を維持しているのです。この制度は強欲に始まり、傲慢に支えられ、冷酷さによって恒久化されます。

堕落したハンガリー（農奴解放は一八四八年）に今でも涙を流し、詩人や政治家、演説家は、かの国の不正の悲しい物語を題材にし、勇敢な若者は跳んで行って闘いに参加し、抑圧者に抗する主張を弁護しています。ところがアメリカの奴隷に対する何千の不正に関しては、まったくの沈黙を保っています。そして講演の題目にあえてこの不正を取り上げると、国家の敵として騒ぎ立てます！　フランスやアイルランドの自由となると火のように燃えたちますが、アメリカの奴隷の自由にはまるで氷河のように冷たいのです。労働の尊厳について雄弁に語ります。ところが、本質的に労働に恥辱をもたらす制度を維持しているのです。茶税の三ペニーを拒否するために、イギリスの嵐のような大砲の攻撃には、胸をはだけて立ち向かいますが、国内の黒人労働者が、骨を折って手に入れたわずかな金の最後の一枚も、その手からもぎ取ります。「神は同じ血からあらゆる民族をお造りになり、地上の到るところに住まわせた」ということを信じると告白しながら、また人間同士は到るところで愛し合うように神は命じたと言いながら、同じ肌の色をしていない人々すべてを忌み嫌っています（その憎悪を誇りにさえしています）。世間に対し、「以下の真理は自明の理である。すなわち万民は生まれながらにして平等で、奪うことのできない権利を賦与されている。その中には、生命、自由、幸福の追求の権利が含まれる」と公言し、また世間はそう公言したと認めています。ところが国内の七分の一の人口を、トマス・ジェファソンの言葉を借りれば、「あなたがたの父祖が反対ののろしを挙げ、立ち上がったときよりひどい」束縛状態においたままにしています。

市民の皆様、私は国家の矛盾をこれ以上あげつらうつもりはありません。この国の奴隷制度の存在は、皆様の共和主義が偽物、人道主義が卑しい見せかけ、キリスト教信仰が嘘であることを証明しています。外国における皆様の品格を破壊します。国内の政治家を腐敗させます。宗教の基盤を弱らせます。世間では皆様の名前をひそひそ声で口にし、嘲笑の的にします。政府の抵抗勢力になり、連邦をかき乱し、重大な危機に陥れる深刻な原因になります。進歩を妨害します。改革の障害です。教育の致命的な敵です。傲慢さを助長します。尊大さを生み出します。邪悪を促進します。犯罪を隠します。それを支持するのは地上における呪いです。それにもかかわらず、あらゆる希望の頼みの綱とでも言うように、皆様はしがみついています。気をつけてください！　ぜひとも気をつけてください！　国家の胸の中で、おそろしい蛇がとぐろを巻いています。若い共和国の華奢な胸の中で、邪悪な生き物が育っています。神の愛のためにおぞましい怪物を引きちぎり、投げ捨てるのです。二千万人の力で永久に潰し、破壊するのです！

ところがこれらすべてのことへの反論として、私が糾弾したことは、まさに合衆国憲法で保護され、許可されているという主張があります。奴隷を所有し狩り出す権利は、共和国の秀抜な父祖によって制定された憲法の一部だといいます。

それではこれまでお話してきたことにもかかわらず、私はあえて肯定しましょう。皆様の父祖は屈みながら、さもしく体を屈めながら、

二重のごまかしをするというのに
私たちの耳には約束の言葉、
心はまったく知らんぷり。

（シェイクスピア『マクベス』五幕八場）

私はかれらが正直者だと申しましたが、正直者ではなく、かれらは人類を騙した、最悪の詐欺師でした。これが不可避の結論で、そこから逃れることはできません。けれども私は、合衆国憲法の制定者に対して、その卑劣さを非難する人々とは意見を異にします。それはかれらの業績に対する悪口だと、少なくとも私は信じています。ここで憲法上の問題を十分に議論する時間的余裕はありません。私には十分に議論する能力もありません。この問題は、ライサンダー・スプーナー、ウィリアム・グッデル、サミュエル・E・シューアル、そして最後に、と言っても重要人物ですが、ゲリット・スミスの方々によって取り扱われてきています。これらの紳士たちは、憲法は一瞬たりとも奴隷制度を支持する意図はなかった、と証言しています。

市民の皆様、憲法が奴隷制度を支持していると主張して、それを押しつければ、北部の人間は自分たちを破滅に導くことになるでしょう。この文書のどこに、憎悪すべき制度を証明し、承諾し、許可する個所があるのでしょうか。正確に解釈すれば、合衆国憲法は輝ける自由の文書です。序文を読んでください。その目的を考えてください。奴隷制度が含まれていますか。門口にでもありますか。それとも神殿のなかに。どこにもありません。この問題に関してこの場で論じるつもりはありません。ただこうおたずねしましょう。起草者および制定者によって、憲法が奴隷所有の文書として意図されていたのなら、どうして奴隷制度、奴隷所有者、奴隷という言葉が明記されていないのでしょうか。ロチェスターの町を住宅地区に制定する法律文書に、土地の記載がないとしたら、合法的に記述されたその文書を、どのように理解できるでしょうか。あらゆる法律文書を適切に理解するために、特定の規則があります。その規則は確立しています。平明で常識的な規則で、法律の勉強など何年もせずに、皆様も私たちもだれでも理解できます。奴隷制度の合憲性・違憲性についての問題は、一般人が考える問題ではない、という意見を私は軽蔑します。アメリカ人であればだれでも、憲法に関して意見を持ち、その意見を発表し、誠実なあらゆる手段を使って、自分の意見が多数意見になるように、発表する権利があると私は考えています。この権利がなければ、アメリカ市民の自由は、フランス人の自由と同じように不安定になります。前副大統領ダラスは、憲法はアメリカ人の精神にとって、注意してもしきれない、心を砕いても砕き過ぎることのない課題だと言っています。さらに、憲法はその文言が平明であり理解しやすく、純朴で無教養な私たち市民にも、理解できるように意図されている、と言っています。ベリエン上院議員は、憲法を基本的法律と見なし、その他のあらゆる法律を支配すると言っています。自由に関する条例を完全に理解したいと、私たちのだれもが個人的な関心を抱いています。［シドニー・］ブリーズ、ルイス・キャス上院議員、名前は挙げませんが、あらゆる地域で立派な弁護士と評価されている、その他の多くの人々の証言も、憲法をそのように見ています。それゆえ憲法について、一市民として意見を抱くことを僭越だとは思いません。

さて憲法を平明に読んでみれば、そのなかには奴隷制度擁護の文章が、一つたりとも存在しないと私は断言します。反対に奴隷制度の存在をまったく敵視する原理や目的が含まれているのを発見します。

すでに私は、聴衆の皆様を長い間お付き合いさせてしまいました。いずれ将来、この問題に関して、十分に公平に議論を重ねる機会があったら、私は喜んで参加いたします。

終わりに、今日この国について私が述べた暗い状況にもかかわらず、私はこの国に決して絶望していないと申し上げたい。たった今も活動している力があり、それは不可避的に奴隷制度を廃止へ向かわせます。「主の腕は短くはならない」(イザヤ書五九1)のであり、奴隷制度の滅亡は確実です。それゆえ私はこの演説の始まりに戻って、「希望」で終えたいと思います。独立宣言から、そのなかに含まれる偉大な原理から、アメリカン・インスティテューションの特質から、勇気を引き出すとともに、私の精神は、時代の明らかな流れに元気づけられます。今日、国家相互の関係は、昔のようなものとは違います。周囲の世界から孤立して存在することはできず、相互介入せずに、父祖が歩んだ道をたどることはできません。そのようなことができた時代がありました。人間を傷つける長い間の習慣は、かつて自分たち自身を囲い込み、社会的免責を受けながら、邪悪な作業をすることができました。当時、知識は隠蔽され、特権ある少数だけが享受し、大多数は、精神的暗闇の中を歩んでいました。けれども人類の問題に関して、変化が到来したのです。壁で囲まれた市街や帝国は、はやらなくなりました。強力な都市の門を、商業の力が取り払いました。知識の光が、地球上のもっとも暗い地域に指し込んでいます。地上のみならず、海底・海上に道が作られています。風・蒸気・電光が作用因です。

大洋は諸国家を遠ざけるのではなく繋いでいます。ボストンからロンドンまでは、今日、気楽に休暇を楽しむ距離になりました。空間距離は比較的無視できるようになりました。大西洋の一方の側で発表された考えを、反対側で明瞭に耳にすることができます。

はるかかなたの幻想的な太平洋が、私たちのすぐそばで波打ち壮観な景色を見せています。歴史上の神秘の中国の「天朝」に解答が与えられつつあります。全能の神の命令、「光あれ」が、まだその力を費やしきっていません。趣味であれ、気晴らしであれ、欲望であれ、いかなる虐待もいかなる侮辱も、あまねく照らし出す光から隠しおおすことはできません。中国の鉄の靴や纏足(てんそく)は、自然状態と対比して検討されねばなりません。アフリカは立ち上がり、まだ織られていない衣を着なければなりません。「エチオピアは神のほうへ手を伸ばすだろう」(詩篇六八31)。ウィリアム・ロイド・ギャリソンの情熱的な抱負をもって私は言いましょう。そして皆様も一緒に唱和してください。

神は記念の年を祝う
　広い世界のいたるところで！
痛く苦しい鎖から解き放たれると

虐げられた者は卑しく膝を曲げない
専制の枷を身につけない
　もはや　獣のように。
その年はやって来る　自由が支配する年
人間に略奪された権利をふたたび
　もたらすために。

神はその日を祝う　人間の血が
　流れるのを止める日を！
あらゆる地域で認められる
人類同胞の求めが
それぞれ邪悪には善が戻ってくる
　打撃に打撃ではなく。
その日がやって来る　あらゆる不和の終わる日
心を許す友人になる変化の日

それぞれの敵が。

神はその時間を祝う　栄光の時間
　地球上のだれも
領主の権力を行使せず
独裁者の前ですくむことなく。
だれもが人間の偉大さに高くそびえ
　平等に生まれて！
その時間が来る　それぞれに　皆に
牢屋から奴隷が
　出てくる

その年、その日、その時間が訪れるまで
頭と心と手を使い、私は励む
鞭を折り、枷をもぎ取り

略奪者から餌食を放つ――
天の神よ目撃者たれ！
私が選んだ場所から決して
危険や犠牲があろうとも
目を離さないでくれ。

5 根強く残酷な偏見

1862.1.23.

ジョン・スウェット・ロック

1825-1866

A Deep and Cruel Prejudice

★*J. S. Rock*

John Sweat Rock (1825—1866)

1825 年，自由民としてニュージャージー州セイラムに生まれる．アフリカン・アメリカンの最初の医者の一人．10 年以上，歯医者として働くが，健康の衰えにより廃業．その後，法律を勉強し，1861 年，マサチューセッツ州弁護士資格を取得．連邦最高裁の法廷で弁護を許可された最初のアフリカン・アメリカン．次の演説はマサチューセッツ州奴隷制度反対協会でのもの．

皆様、私はこれから大演説をぶとうというのではありません。私は黒人ですから、この機会に少しばかり「色」をつけようと思っているだけです(笑い)。

今、私がお話するのがはたしていいことかどうか。話してばかりだと私たちは非難されています。演説はおしまい、行動のときだ、としつこく大声でせきたてられています。おそらくそうでしょう。人々の考えはそうなのでしょう。でも行動に出たところで、軍隊の総司令官や合衆国大統領から、ほとんど同情されないのは明らかです。かれらは繰り返し、「忍耐はあらゆる傷の最善の治療法」で、「好機」到来を待つべきだ、と言います。私たちは長い間、待ち続けているばかりです。

政府批判をやりたい気持は山々ですが、それは私の願いでもなく、その時期でもありません。この国の黒人男性の状況は羨望とはほど遠いものです。今日び、私たちの頭はライオンの口の中にあり、最善の方法でそこから引き出さねばなりません。政府にたてつくのは、ローマに居座って、法王と闘うほど難しい。私たちにアングロ・サクソンが抱くような悪意があったなら、好機を狙ってじっと待ち、最初の機会に飛びついて報復するかもしれません。ところがそうしたら勝ち目はまったくなく、最初に気づくのは——何もかも失ってしまった、ということになりかねません。風に向かってツバする者は、自分の顔にツバすることを私たちはよく知っています(笑い)。

リンカーンさん(第一六代大統領。共和党)は、そうではないと心から願っていたのですが、じっさいは私の期待よりはるかに保守的です。けれども正直な人間であることはわかります。ブキャナンさん(第一五代大統領。民主党)や先達が、私たちの国を堕落状態、恥辱状態に陥れましたが、そこからこの国を救済しようと躍起になっています。

この国は狂っています。ニグロに執拗にこだわり続け、熱中して追いかけ、そして今、ニグロを捕まえ、首が絞まるほど強くつかみ、聖書のルツがナオミに話したときより、もっと熱心にもっと情念を込めて次のように言います。「汝が行くところへわたしも行く。汝が住まうところにわたしも住まう。汝の民はわたしの民、汝の神はわたしの神」。このような不思議なつながりは、いったいどうしてでしょうか。私の兄——リーモンドです——が今日の午後、あなたがたの前で、この国の白人の残酷で非人道的偏見について、巧みに雄弁に語りました。兄の言葉は正しい。けれども問題の裏面を見忘れてはいなかったでしょうか。白人がニグロに対して抱く、深く永続する感情を見ていなかったのでは。「いかなる高みからも深みからも、いかなる主権も権力も、現存のものの未来のものもこの愛情から切り離すことはできない」のです。かれらの魂へ到達するほど深いのです(ふたたび笑いと拍手)。

私はこの国の白人の胸の奥に、根強く残酷な偏見が潜んでいるのを否定しません。南部よりむしろ北部で、その傾向は強いのです。ここではとりわけ上層階級と下層階級の中に見られます。南部では貧乏白人(プアホワイト)のあいだで、偏見が少ないわけではありません。この偏見の原因はひと目で見てとれるでしょう。

教育を受けた裕福な階級がニグロを侮蔑するのは、ニグロが懸命に働いて獲得したものを略奪したり、少なくともニグロの労働を搾取し裕福になったからです。ニグロが自由になると、かれらの泉は干上がり、新しい領域を探して商売を始めねばなりません。かれらの「職業は消滅」します。下層階級がニグロを嫌うのは、自分たちも貧しいからです。労働のライバルですから。貧しくて無知な白人は、労働者階級の相互利益がわかっていません。このように主張します。「ここに仕事がたくさんあるぞ。あのニグロがこの仕事につくんだな。ニグロさえいなけりゃ俺の仕事なんだ」。裕福な人間と貧乏な人間とは、ともに利益の面で偏見を抱いているのであって、漠然とであれ、正義(ジャスティス)や人間性（ヒューマニティ）という理念からではありません。何にもましてアメリカ人の堕落を文明世界の人々へ映し出した、このアメリカ的邪悪に私は衷心から抵抗しますが、この罪と関わりのないアメリカ人もまた多くいるのは嬉しいことです。「奴隷制度廃止論者（アボリショニスト）の愚かさ」を非難するのを止め、黒人福祉に深い関心を抱き、自分たちの資力や影響力を積極的に使って、長い間、私たちを押し潰してきた枷を壊しています。私はかれら全員に感謝します。その人数がさらに増して、人間がその美徳と美点で評価される日が来るのを願っています。

さて盲人ですら、この戦争（南北戦争）が奴隷制度を全米化、永続化、拡大する努力だとわかっていると思われます。短刀直入に言うと奴隷制度が戦争の原因です。いや戦争そのものと言っていい。奴隷制度のためでなければ、この戦争はなかったでしょう！　二四〇年におよぶ、筆舌に尽くしがたい拷問の連続である奴隷制度は、ニグロの血肉から、その筋肉から、何百万ドルを絞り出し、この国へ大いに貢献し、豊かな国家にしました。それと同時に、奴隷制度は火山を育て、その火山が今、爆発し、何年どころか何日もたたぬ間に、その富を雲散霧消させ、政府を破産状態に陥れようとしています。ところがおかしなことに、奴隷制度の恐ろしい邪悪行為が、日々、この国を下へ下へと沈下させせているというのに、あなたがたはまだそれにしがみついています。アメリカの神の怒りを鎮めようとした、有能で良識の高い私たちの仲間が犠牲になりました。フリーモント(ジョン・チャールズ・フリーモント、奴隷制度反対論者)がいました――神の祝福をフリーモントに(大きな拍手)――総額数千ドルの契約が詐欺だったという理由で、保守主義者ハンカー派の誘拐者に取って代わられました。フリーモントが数千ドルの間違いをおかしたというなら――フリーモント側はもちろん意図的だったとは誰も言っていませんが――私たちへの一日二百万ドルになる恐ろしい延滞金をいったいどう考えているのですか。この大きな資産の犠牲の責任は誰にあるのですか。(謹聴!)　それからキャメロンさんがいます。その衣服の裾は奴隷制度反対に染まってはいませんでしたが、獲得した政治的立場から、自分の確信を強めました。その立場でこの国の真の敵を発見しました。敵の枢要部を破壊しようとしたために、自分の頭が切断され、保守主義者ハンカー派にすげかえられました。

今日、あの雲の中に嵐の兆候が見えます。その大きさは人間の手の平ほどですが、この国をさっと吹き払って、罪深いこの国を目覚めさせることでしょう。そのときになって私たちは、何が間違っていたかを知るのです。白骨になった者が生き返ることができたら！　政府は私たちにこの国を以前の状態にしてもらいたいと願っています。それは可能です。けれどもそれによって何が獲得できるのでしょうか。私たちに巣食い、私たちの生命を犯している癌を安全に除去できるというのに、回復不能になって初めて間違いに気づくほど私たちが愚かであれば、いったい誰が同情するでしょう。奴隷制度廃止論者たちは、はるか以前からこの苦しい試練と恐怖の支配の日を見通し、あなたがたに警告を発していたのです。ところが聞く耳を持たなかった！　あなたがたは今、かれらの煽動がこの恐ろしい戦争を引き起こしたと非難しています。すなわち、あなたがたの友人は、あなたの家にある火薬のそばに導火線があるのに気がついて、不可避の危機を感じ、前もって警告したのです。ところがあなたがたはかれらの警告を嫌います。そして爆発が起きてから、かれらの警告がなかったら、そもそも爆発は起こらなかったと非難するのです。

大統領と政治姿勢を同じくする政治家が、リベラル派のふりをして、奴隷に自由の権利があるのは当然と積極的に認めながら、奴隷所有者にも自分の財産に対する権利があると主張します。奴隷を解放すれば主人の財産を損なうことになり、今の時代、奴隷の解放ではなく、忠実な主人の財産維持のほうが、国家にとってははるかに大きな貢献になると主張しています。私はそのようには理解しません。奴隷制度は神、人類、国家への反逆です。奴隷所有者が、政府の基盤を揺るがす陰謀の共謀者となる権利はありません。決着のつかない反乱が起きている最中には、弁明すること自体、国家への反逆を助けそそのかすことになります。奴隷所有者が人間の身体的財産権を主張するのと、奴隷が自由の権利を主張するのとはまったく違います。前者の権利は、誘拐、誘拐者からの違法の売買、あるいは相続によって獲得されました。権利の主張じたいが無効です。一方、自由は全人類の奪うことのできない権利です。自由は奴隷制度と妥協することはできません。奴隷所有者にとっての奴隷制度の美徳と、奴隷にとっての自由の美徳とをてんびんにかけることなどできません。自由と奴隷制度は相反し、善と悪、光と暗闇、天国と地獄のように互いに分離しています（拍手）。結果について原因を調べるのが筋でしょう。奴隷と自由黒人にもたらされた邪悪な行為は奴隷制度に溯ることができます。奴隷制度が自由より良いというのであれば、その結果も良いものでなければなりません。より良い効果は、より良い原因から生じます。より良い結果はより良い原則から生まれます。逆に言えば、より良い効果と結果とは、原因と原則がより良いからに他ならない。最善こそが私たちや友人にもっとも望ましい原因であり、最悪はもっとも根深い苦難をもたらします。正気の人間であれば、言葉では言い尽くせぬ残酷で邪悪な状態へ貶められる奴隷の運命となり、友人も同じ状況でこの世の便宜を剝奪されることよりも、何よりも自由を求めない人はいません。

「重い鎖をときには引きずり
鋭い鞭が錆びるほど打たれて」
（エリザベス・チャンドラー「母さん、どれいって何」より）

奴隷制度擁護はたやすいことですが、偉大なる試験、すなわち「神の掟（ゴールデン・ルール）」である「自分に欲することを他人になせ」を考えてみれば、奴隷制度にはいかなる弁護も成立しないことを認めねばなりません。奴隷制度を擁護するあさましい異端者は、奴隷がしあわせな状態にいると賞賛していますが、そのいわゆる「しあわせな生きもの」になりたいと願う人に、私はただの一度も出会ったことがありません（大拍手）。

今日、軍事上の必然から、国家の安全は奴隷解放によっていますが、奴隷が解放されたらどうなってしまうのかと人道主義的政治思想家は戸惑っています。奴隷たちが今、享受している栄光ある特権を剝奪されたら、哀れな解放奴隷は苦しむだろうという考えがはびこっています！　鞭打たれ、半飢餓状態で、主人のために、奴隷を怒鳴りつけ暴力を振るう機会を決して逃すことのない主人が心地よく贅沢に暮らすために、労働する機会を奪われたら、かれら奴隷たちはやせ衰えて死んでしまうというのです！　ニグロが奴隷制度から離れても暮らせるとは想像できないのですか。もちろん今、かれらは自分たちと主人の面倒の両方をみています。けれどもかれらに自由を与えたら、苦しむだろうというのです。これらのことすべてを通して理解できませんか。この憐れみの感情が、奴隷所有者と奴隷労働の利益を共有する人の算段から出ているのがわかりませんか。もちろんわかっています。そのうえで、不正手段で得た富にあぐらを掻く人々に同情しています。自分たちのために労働する人がいなくなると、金ぴかの客間（サロン）から出て、外套を脱ぎ、腕まくりし、元気な人々と社会で競争せねばなりません。立派な紳士たちはそうしない、そのことはよくわかっています。あまりにも長い間、ニグロを搾取し、ごまかして暮らすのに慣れてしまい、かれらは略奪で暮らせるかぎり、決して働くまいと心に決めています。

　奴隷たちが自分たちでちゃんとやっていけるかだって？　毎年、南部からボロを着たまま、一銭も持たずに逃げ出し、北部の自由州のあちらこちらへ散っていった何千人という奴隷がどうなったと思われるのですか。かれらはちゃんとやったのでしょうか。この質問に出くわしたからといって私は恥ずかしいとも思わないし、たじろぎもしません。このような主張は、長い間、反駁もされずに事実として認められてきたようです。皆様がたの注意を次の事実へ少しばかり向けていただきたい。北部の黒人は、富への道をほとんどすべて閉ざされましたが、それでも不思議なことに、あなたがた白人より私たち黒人の貧民の数はずっと少ないのです。ボストンの乞食は黒人ですか。自由州の中で一番、自由黒人の数が多いにもかかわらず、あらゆる社会的特権が否定され、自由黒人にも課税され、その税金でまかなわれる公立学校へ子供を通学させられず、市街馬車に乗ることもできないフィラデルフィアで、私たちは税金を十分に支払い、貧しい黒人を援助しています。そのうえ収支決算で数千ドルの黒字です。虐待され奴隷にされていた私たちがですよ。もう一つ理由があります。この国は私たちを虐待し、そのために多くの人々が私たちを憎悪します。「虐待したから嫌いになった」というスペインの格言があります。この格言はスペイン人やアメリカ人だけでなく、あらゆる階級の人々に通じるのです。ある人を虐待すると、その人を憎悪するようになるばかりか、他人もその人を憎むように仕向けます。奇妙に思うでしょうが、悲しいことに真実です。ある人をその人生において援助するとします。するとあなたはかけがえのない友人になります。ところが援助を拒絶したが最後、激しい怒りを買い、相手は忘恩の徒になります。あなたから得られるすべてを吸収したら、もはやあなたは不必要。オレンジを絞った後、かすは捨てます。黒人が奴隷で無償の労働をする間は、いい奴です。ところが自分の身体は自分のものと主張したとたんに、もっとも嫌な奴になり、そいつを見捨ててしまえ、という暴言を吐きます。貧しく虐待され無知で、自分の子供たちへの権利もない奴隷でいるかぎり、主人はしあわせです。この状態であれば、主人は同じ馬車に乗り、同じ寝床で眠り、同じ乳母の乳を吸ってもいいのです。ところがこの奴隷に自分自身の手足・身体・精神を使う権利を与えると、このしあわせで望ましい生きものは、とたんにけしからん嫌悪すべき卑劣漢に変貌し、宇宙の月の山間部近くに植民させるしかない、文明世界から永久追放するしかないとなるのです。移住させようとしているのが、解放奴隷や自由黒人だという現実を見逃してはいけません。奴隷ではありません。この国の気候条件は、黒人奴隷に最適であると言われてきました。それなのに、自由黒人にとってはどうも空気が良くないのです。おかしなことではありませんか！　奴隷には最適の気候風土の国、でも自由は似合わない！　そのような恐ろしい考えは、愚か者の代名詞、フィジー島の人々にさえ通用しません。これまでに設立された移民協会、植民協会はすべて奴隷制度補助機関であり、金儲けをしようという大望のもとに、私たちを窮乏状態に陥れて設立されたのです(大拍手)。

多くの人々が勧誘され、単純素朴に考えてリベリアやハイチへ移住したのは事実です。注意してください。黒人の中でもより知性高い者はここに残っています。他国で自由民になるより、ここで抑圧されるのを選んでそうしたのではありません。ここに残っているのは未来への期待がより強く大きいからで、過去三〇年間にこの国を離れた大多数の人々がより悪い状況に陥り、できるなら帰国したいと考えているのを経験的に知っているからです。私たちは絶対にここに残ると考えていてください。ここで私たちは、ほとんどすべてのことに耐えてきました。見通しが明るく輝き始めれば、私たちはさらにここにとどまって、古い勘定を支払い、再建へ向けて頑張ろうという気になります。東の空に私たちを救済する星が出て、南の方へ向かったのを見たという仲間がいます(拍手)。私たちの政府は今、切断すべき結び目をほどこうと努力しています。それは間違いだとお気づきでしょう。北部は間違っています。北部は南部を聞き分けの悪い子供のように扱い、なすがままにさせておきました。そして今になって、制止しようとしたら問題にぶつかったのです。切迫している邪悪行為を防ぐには、その源を即座に断ち切るよりほかありません。最初の火の粉を消せば炎はたちあがりません。怒らない人間をどうして殺せるでしょう。誓いを畏れる者に、どうやって偽誓を強いることができるでしょう。今日の破壊傾向に満ちた世間の怒りと虐待はすべて、統御不能になるまで放っておかれた子供の遊びのようなものです。川の源を切断する確実な方法は泉を止めることです。連邦政府にはその勇気がありません。普通の風を吹いたつもりが嵐になりました。けれども最後に私たちが、栄光ある収穫を手にすることは誰の目にも明らかでしょう(大拍手)。

この試練の時を暗闇とは思いません。二世紀にわたる闘いが私たちの目を開かせ、連帯を結ばせ、今や受身の防御ではなく、敵を攻撃します。これは単純に戦略の変更です。すべてのことにおいて「神の指」が私には見えます。そうです、壁には手書きの文字が見えます。「平和ではなく刀剣を携えてきた。すべての枷を断ち切れ。虐待された人々を解き放て。民のうめく声が聞こえた。わたしはそこへ行き、かれらを救うであろう」(長いこと続く大拍手)。

現在の状況は、まるで外国で起きている戦争へ徴兵されているような感があります。

戦争をするのなら、奴隷制度は戦争と共に消えていかねばなりません。今、黒人とそのような戦争との関係を論じている場合ではありません。この問題に関して私たち黒人が何をどう考え感じているか、誰も興味がないでしょう。あなたがたは今、自分が強いと思っています。もっとも賢くもっとも強い人間は、たいていの場合もっとも無知でもっとも弱い。騙されてはなりません。あなたがたに危害を加えられないほど弱い人間などおりません。(謹聴!)　もしあなたがたに危害が加えられたら、私たちが友人であることをあなたがたは有難く思うでしょう。ライオンにはネズミが必要だという話をご記憶でしょう(拍手)。あなたがたは私たちの申し出を一蹴し、私たちの感情を無視しました。このことについて私たちはほとんど関心を示さず、たしかにこの闘いの無関心な傍観者です。けれども外観は人を欺きます。いびきを掻いている人が眠っているとは限りません(拍手)。

奴隷も自由民も、これまでの行動で思慮分別を発揮してきました。このようなとき人間は試されます。水先案内人の腕が試され、評価されるのは大嵐に遭遇した時です。外国との戦争があれば、黒人の兵力が必要になります。武器を持てる七万五千人の自由民と、七五万人の奴隷が、自由のために強烈な打撃を加える栄光ある機会の訪れに熱狂し、

「白人も尊敬する」兵力になるでしょう（拍手）。合衆国人民に義務を遂行させるのです。外国の諸国家が私たち黒人を遇するように、すなわち人間として遇するのです。そうなれば私たちは、私たちの血の最後の一滴まで、この国の自由のために捧げる覚悟があります（大きな拍手）。けれどもあなたがたが私たちの権利を拒否し続け、下僕としてしか私たちの力を必要としないのであれば、黒人は武器を取ることもしない愚か者より、さらに劣る者になり果てるでしょう。（謹聴！）ただあなたがたの脇に立ち、あなたがたが不当な成功を手にするのを祈念し傍観するのみです（拍手）。

　奴隷制度が関わるこの反乱は、特別な意味があるのです。そこから奴隷解放がなされねばなりません。この戦争には希望がないという人々に、私は同意しません。希望こそ、まさにこの戦争の意味なのです。私たちの大義は前進です。太陽もそうですが、雲が視界をさえぎることもしょっちゅうです。けれども私たちがじっと立ちつくしたままの状態で、戦争が終結することはありません。戦争開始時に比べて、最近になってもなお政府は、わずかしか奴隷制度反対に傾いていないのは事実です。国家の存続のために闘うかたわら、奴隷制度の首根っこを掴み、締めつけ、じきに息の根を止めねばなりません（大拍手）。エジプト人にとってのファラオ（王）が、奴隷所有者にとってのジェファソン・デイヴィスです。私たちにとってエイブラハム・リンカーンとその継承者ジョン・C・フリーモント(拍手)が、イスラエル人にとってのモーセです(拍手鳴りやまず)。私が間違っている可能性もありますが、結果が正しいことを証明してくれるでしょう。神、火薬、銃弾を私は信じています(大きな拍手)。勇気がくじかれてはならないのです(拍手)。第六番目の試練(生まれる苦しみ？　神が六日目に人間を創造したことと関連か)に耐えた私たちですから、第七番目の試練に遭い、くじけていてはなりません。国家の平衡感覚が問われる、この偉大な日を目撃できたことを神に感謝します。自分もそこに参加することを望みます(拍手)。この国家と連邦政府による私たちの扱いは屈辱そのものですが、今に始まったことではないのですから、私たちは乗り越えていくでしょう。危機にさいして私たちが欠乏することはないでしょう。連邦政府に勇気がないため、準備を整え援護しようと待ち構えている私たちを受け入れないのですから、私たちはじっと立ちつくしたまま、私たちが救済されるのを見守っています(拍手)。

6 法の前の平等

1874.5.17.

ジョン・マーサー・ラングストン

1829-1897

Equality Before the Law
★ *J. M. Langston*

John Mercer Langston (1829—1897)

1829年，裕福な奴隷主と奴隷女の息子として，ヴァージニア州に生まれる．父親の死により自由の身になり，オバリン・カレッジに学ぶ．アフリカン・アメリカンとして初めて，オハイオ州ブラウンヘルム町役場の官吏に選出される．以下の演説は母校オバリン・カレッジで，憲法修正第15採択の記念式典でのもの．

学長ならびに列席の皆様、この記念すべき機会に演説をするようご招待いただき、ありがとうございます。私は今、真理と人類のためにこれまで尽力してこられた著名な先生がたの前に立っていることを強く感じております。オバリン・カレッジは奴隷制度廃止運動のパイオニアでした。法の前の平等を黒人へもたらすために、真っ先に運動をしてきました。三〇年前、三月の最初の日に、向学心に燃える少年として初めてオバリン・カレッジに参りましたが、それは私にとって幸運なことでした。（中略）皆様がたが私に個人的にしてくださったことへの感謝だけではなく、皆様がたの努力のおかげで、今日、アメリカの黒人がアメリカ市民のすべての権利、特権、法的免除を持つ市民になったことに感謝いたします。（中略）

学長殿、四半世紀ほど前、いえ過去一五年の間に、アメリカの黒人は四足の獣や這いまわる生き物から、選挙権を持った人間に引き上げられました。この期間に、この国の奴隷制度擁護論者は否定され、国家じたいが野蛮な統治から解放されたのです。逃亡奴隷法を含む一八五〇年の妥協は、奴隷制度擁護の種々の法律と共に当時、最終決定と見なされていましたが、これらの法律維持を標榜した主要政党とともに、全面的に破棄、破壊されました。その代わりに私たちは今、改正された憲法を持ち、法律が非人間性や犯罪を是認し支持するように解釈され強制されることはなくなり、私たちすべての自由と権利を永久に保持することになりました。

まさに一日のうちに二種類の新しい人間が誕生しました。奴隷制度の死によって変化が起き、アメリカの黒人（カラード・アメリカン）は自由と法律が保証する新しい生活に入りました。いっぽう仲間の同国人（フェロー・アメリカン）には新しく、これまでとは違ったより良い目的、抱負、感情が湧き起こり、かれらの魂を占め、つき動かしています。この国の精神風土は、もはや奴隷時代の憎悪ではありません。元奴隷たちは自由と兄弟愛の感謝の念を抱いています。

闘争で犠牲になった人々、政府と連邦の救済に必要だった軍隊の比類なき勇気と忍耐、私たちの自由、世論の喚起、法律の再建を忘れることなく、今日、日常の仕事から離れて誠心誠意、私たちの解放を記念する式典に参加できることは誠に喜ばしいことです。奴隷制度廃止運動（アボリション）の成功がもたらした影響は幅広く、肌の色や人種による差別と関わりなく有益で神聖です。

昨年の七月四日、ベンジャミン・F・バトラー閣下は、マサチューセッツ州民を前に、フラミンガムで演説をしました。次のような内容の、適切で真実をついたものでした。

この時代にまたもう一つの、といってもあながち間違いではないだろうが、より大きな出来事が発生した。一七七六年の独立戦争で獲得したあらゆることを反故(ほご)にする反乱だった。新たに誕生した国家を打倒し、万民は生まれながらにして平等で、奪うことのできない権利、その中には生命、自由、幸福の追求の権利が含まれるという独立宣言を無視しようとしたのである。この反逆的な企みを潰すために勃発した戦争は、予想以上の努力と恐ろしい犠牲を払うことになった。今日のわれわればかりか、七六年の独立戦争を忘れがちな未来の世代の人間に、一八六一年、六五年を決して忘れぬ、強烈で鮮明な印象をこの戦争は残したのだった。われわれの先祖を苦しめたジョージ英国王や廷臣たちの悪行を忘れてしまうほど、奴隷解放令(一八六三年)、大統領暗殺(一八六五年)、連邦の復活、決して分離国家にならないとわれわれの信じる統一国家の再建が、われわれの記憶に深く刻まれることになった。

国家の法律は、自由と平等の権利を永久に保証し、進歩を約束するのみならず、世論とその文明の指標になります。現在の国家はもちろんのこと、過去の帝国の歴史はこの言葉が正しいことを証明しています。文学や科学は当然ですが、国家の法律がその国家の栄光を築き、その影響を永続させているのです。特にローマ帝国の場合に明らかです。ローマの文学や軍備もそうですが、その法律が帝国を不滅にします。ユスティニアヌス帝以来、あらゆる時代を通じて賢者や法律家、政治家は、ローマの法律学の優秀性と美しさを、喜びと讃美の念で認めてきました。市民法に関してケント裁判所長は巧みに語っています。「市民法はテヴェレ川のほとりで、ローマの政治家、執政官、賢者の知恵により創造され、間断なく成熟していった。古代社会で一三世紀から一四世紀の期間にわたり、最大多数の人々を統治し、西ローマ帝国の崩壊後、激しい栄枯盛衰を経て北ヨーロッパで復活し、高く評価され研究されたのは、その市民法が一般原理において多様性に富み、秀逸だったからである。この法律は今日、フランス、スペイン、ドイツ、オランダ、スコットランドばかりでなく、インド洋の島々、ミシシッピ川両岸、セント・ローレンス川両岸で教えられ施行されている」。法学者ドジェッソーの言葉は真実をついています。「ローマ帝国の大いなる宿命は、いまだ完遂していない。ローマ帝国は政治的支配を終えた後、今でもその理性によって世界を支配している」。ここアメリカを支配するローマの理性とは法律的論拠です。

過去一〇年間における、私たちの立法と法律の変化の跡をたどることは、愛国者にも博愛主義者にも関心があるでしょう。賢明な法律家や政治家なら、その変化に後悔したり恐怖を覚えたりしません。立法や法律の変化で特に奇抜な実験をしたわけではなく、私たちの法体系の基本であるローマの市民法や、普通法（コモンロー）の原理がそれを正当化しています。私たちの市民法は、コモンローが人種や肌の色による区別をしていないことを正しく伝えています。今日、イギリスやヨーロッパの他のキリスト教国でその区別はありません。私の知るかぎり、ローマの市民法体系でその区別はいっさいありません。

わが国で起きた法律の変更を、重要性に応じて順番に述べると、第一に州ではなく国家の法制定により廃止された奴隷制度が、州法による地方自治の制度という理由で正当化、あるいは擁護されることは、今後、我が国の歴史ではありえないということです。私たちは国家によって解放されたのですから、私たちの自由は、国家の強力な法律により守られ保護されます。私たちがどこへ行こうと、交通機関でも、意見表明でも、幸福の追求でも、空気のように法律が私たちを守ってくれます。法律という主導的基本的な現実に、連邦諸州や市民が、思慮と知恵を働かせ順応しています。憲法修正第一三の排除をまともに主張する正気の人間は、この国にはいないでしょう。

奴隷解放により生まれた場所が、私たちの国であると法律が規定しました。私たちは居住地、故郷を持つことになりました。奴隷時代の私たちには所有権がありませんでしたし、外側の世界に関心もありませんでした。国家も法的居住地もなかったのです。奴隷制度が存続していた時代は、自由黒人でも奴隷とさほど変わらない状態でした。そのため多くの場合、博愛主義および善意から発案されたのでしたが、自分の生まれ故郷を去り、どこか遠くの、必ずしも歓迎されない地域へ移住するように勧告されました。このような勧告は注目されずにはおきません。やがて国家規模の組織が結成され、その唯一の目的が、生まれ故郷を離れアフリカ居住を願う黒人を送還することになりました。アフリカ植民協会(アメリカ植民協会の誤り)の影響下で、精力的で進取の気性に富む勤勉で有能な黒人が、その他、何千人もの素朴な人々と共にかの地へ送還されています。

神の摂理により、自分の意志で国外離脱した人々は、リベリアに将来発展の可能性のある立派な政府の建設に尽力したことと思われます。植民協会の支援者は博愛主義の立場から、送還された黒人と現地のアフリカ人双方によかれと考えていたと思います。けれどもまた、奴隷の身分から解放されたアメリカ人が、生まれた土地の法的居住権を拒否され、国外退去を促され、それに同意せざるをえなかったのも事実です。国外退去はもはやこのように強制されません。アメリカ生まれの黒人やその他の住民は、すべて生誕の地が、この美しくすばらしい土地が、法律によって祖国になったからです。黒人や、生まれや帰化により合法的に自分の国になった人々にとり、この国の豊かで無尽蔵な資源、産業、商業、教育、宗教、法律、政府、自由な制度や連邦の栄光と永続性のすべてが、身近で永久の関心対象にならないはずがありません。

　奴隷解放とともに真の愛国者にとって命よりも大切なものが手に入りました。国（カントリー）と家庭（ホーム）です。この法律原則は指導的法律家や政治家からの大きな反対もなく、広義に解釈され応用され、受け入れられています。

　しかも法律は、民族性や肌の色とは無関係に、生誕地によって市民権が確定されることを決定し、この問題は究極的に私たちに有利に解決しました。市民権は誕生とともに確定されるのですから、それがなぜ法律上の難題に数えられるのか理解できません。しかもアメリカの法律です。けれども奴隷制度時代の指導的、代表的なアメリカの法律家の公式見解を読めば、この問題の存在が明瞭になります。かれらの見解では、私たちの肌の色、人種、隷属状態のすべてのために、あるいは一部のために、アメリカの黒人は、アメリカ合衆国市民であることも、市民になることもできないといいます。一八二一年一一月七日に遡り、モンロー政権のときに、連邦政府の司法長官だったヴァージニア州出身のウィリアム・ワート閣下が、「ヴァージニア州の自由黒人は、外国貿易及び沿岸貿易を取り締まる目的で、船舶を指揮する資格を有するという意味で、合衆国の市民なのかどうか」という財務長官の質問に答えて、何はさておき次のように言ったのです。「自由黒人と混血児(ムラート)は、白人と同様に年齢と居住年限の必要条件を満たさねばならない。出生・居住・忠誠条項が、憲法の名において、すべて合衆国市民として満たされていれば(白人の権利や特権はないが)、自由黒人とムラートはそのような(大統領・上院議員・下院議員)高官の地位につくことができる。そして国家の財布(財政)や刀剣(国防)を指揮することができる」。その後、合衆国憲法の意味解釈において、出生条項を満たしても黒人はアメリカ市民ではない、という巧みに仕組んだ議論を展開した後、ワートさんは次のように自分の意見をまとめています。「総合すれば、外国貿易及び沿岸貿易の取り締まり目的で船舶を指揮する資格において、ヴァージニア州の自由黒人は合衆国市民ではないと私は考えている」。

この問題は、一八四三年、当時の財務長官ジョン・C・スペンサー閣下が、公有地管理局長として連邦政府の司法長官H・S・リゲア閣下に、「当該の件において、一八四一年九月四日の土地先買権法による優先権は自由黒人にも適用されるのか」と意見を請うたとき、さらに討議されました。リゲアさんは問い合わせに答えて、「この件に関する私の見解は、合衆国憲法のもとで自由黒人がその最高の意味においてどこまで市民なのか、すなわち市民法の全域にわたってどの程度、市民なのか議論する必要はない。法令は、あらゆる住民（ドゥニズン）に土地先買権法による優先権が与えられることを明白にしている。市民になる意図があることを宣言した外国人は、即座に土地を所有することができる」と答えました。さらに続けて、「自由黒人は外国人ではない。(法定上、その反対の但し書きが明示されておらず)かれらは普遍的にドゥニズンの権利を享受する」。

学識ある司法長官のこの見解は、上記の土地先買権法により、自由黒人が優先権を享受するとしていますが、いっぽうで自由黒人を法律的に曖昧な状況に置き、アメリカの市民には階級の違い、度合いの違いがあるという間違った前提に立っているのは明瞭です。このような見解は、私たちがまだはっきり記憶している、ドレッド・スコット裁判の公式見解と一致します（一八五七年、奴隷だったドレッド・スコットが自由州に移ったことを理由に自由民を主張したが、連邦最高裁は、奴隷は所有物であり市民ではないという判決を下した)。

けれどもエイブラハム・リンカーンの大統領選出で明らかになりましたが、私たちの国の感情と確信に変化があらわれました。一八六二年九月二二日、リンカーン大統領は奴隷解放予備布告を出しました。同年一一月二九日、当時の財務長官サーモン・P・チェースは、当時の司法長官エドワード・ベイツに、一八二一年にウィリアム・ワートへ提起したのと同じ内容の質問をしました。「黒人は合衆国市民で、それゆえアメリカの船舶を指揮する資格があるのか」。エドワード・ベイツの論法と到達した結論は、前任者ウィリアム・ワートのものとは百八十度異なるものでした。またアメリカの黒人を「ドゥニズン」という変則的な立場に置き去りにしていません。言葉を尽くしたみごとな意見陳述は、その能力と学識、愛国心と博愛の心を証明し、「合衆国に生まれた自由黒人は合衆国市民である。連邦議会の定める法令によって、特に支障がない限り、沿岸貿易に携わる船舶の指揮官になる能力と資格がある」と主張しています。以下のように述べています。

1　いかなる文明国でも個人には生得の義務と権利がある。忠誠の義務と保護される権利である。これらは相補的で、個人と国家の絆を十全に強化し満足させる。個人が出生した国家が、その個人の国家であることは自明である。

2　われわれの憲法において、生まれついた市民は市民であることを証明する言辞を必要としない。あらゆる国家に共通し、社会体制の発生と共に古いことだが、その土地に生まれた人々はその国家を構成し、個人としてその社会体制の生まれながらの一員であるという普遍的原理を認識し、再確認するだけで十分である。

3　合衆国において、出生によって付与され課される政治的権利と義務はもはや否定できない。われわれの法律はそれらの創造と立法を要請せず、すでに万民に知られているものとして認識され前提とされている。既存であり生得であり、法律はそれらを認知せねばならない。

4　「有色人種」は、この国に生まれても合衆国市民になる資格はないと強調する人々がいる。憲法にこの問題に関する言辞は一字たりとも認められず、憲法に関するかぎり、証拠のない仮説である。

5　弁護不可能な肌の色による反対意見は断念しながら、なおアフリカ人種のニグロの子孫は、合衆国市民にはなれないと主張する人々がいる。肌の色ではなく人種が反対理由である。(略)確かに憲法はそれを禁じていない。肌の色と人種については沈黙している。

6　アフリカ人種のニグロは劣等人種と見なされ、その汚点がついた者は、永久に市民の資格がないとされる。劣等性と市民の間に絶対的排除の関係があることが理解できない。多くの場合、これらは相互共存するものと考えていた。

7　私たちの国籍は成文法によって創造され、私たちの政府は成文法によって存在する。法律がアフリカ人種の子孫を排除せず、法律用語が明らかに広くかれらを含めるかぎり、この国で生まれた人々は、アフリカ人子孫という現実が市民という現実と共存不可能で相互排除しないかぎり、不可避的に市民になる。

以上のように、出生に根拠を置いた市民という広い視点からの陳述が、特に自由黒人の場合は、奴隷解放令の発布された、一八六三年一月一日より以前から、憲法修正第一三の制定以前から、言明されていたことを考えると、またワートやリゲアが意見を述べたとき、この法律が字義通りに有効だったことを考えると、ベイツは法律に通暁していたばかりか、きわめて大胆であり、賢明だったと言わねばなりません。これらの提言はすべて承認され、修正第一四により合衆国憲法に含まれ、賢明で明確な判断力を持った人々によって、支持されているからです。

法律が命じる自由と、それによって是認され支持される市民権、認識され実践される忠誠の義務と保護される権利を持ち、政治的必然を考慮した介入がなかったとしても、アメリカの黒人は、投票権を付与されるまで長く待つことはなかったでしょう。憲法修正第一五は、第一三および第一四の論理的・法律的帰結です。上記のように政治的必然を考慮して、確かにこの修正条項の批准を急ぎました。けれども奴隷制度廃止運動が成功した結果、私たちの国では法律面の進展があり、修正条項の批准は必然でした。政治的、法律的に必然であることが認識されると、反対意見はほとんど消えました。公民権は適切で、当然のことと人々は受け入れるようになり、公民権を与えられた黒人が、政治面でそれを実践しても、広汎で組織的な反対の類いはありません。

アメリカの黒人の法的地位は、自由、公民権、政治的権利行使において大幅に変化しましたが、法律がアメリカ市民に当然保証している権利の行使と享受が、完璧に実行されているのではありません。いまだにアメリカの黒人に拒絶されている権利は、それを認めると社会的日常的平等が生じるから、という口実をつけられ、黒人がそれを求めると、個別的および国内的な反対意見に遭遇します。その口実は法律的でも論理的でもありません。社会的認識の根拠が、教養と賢明なる判断によって導かれ、自然の要請ではない単なる偏見や気まぐれを受けつけない姿勢を、私は健全なものと見なします。またキリスト教社会で、社会的認識は正当なる義務であると信じており、この議論を社会問題として検討することを望みません。アメリカの黒人が完全な平等の権利と特権を要求するのは、熟慮され受容された法律原理上、当然のことです。

故チャールズ・サムナー閣下が連邦上院議会へ提案した、いわゆる公民権法案に先だち、この国の黒人の状況と扱いを提示した閣下の書簡の、次の文言に注目していただきたい。

現在の公民権法の補足事項としての法案が、あらゆる市民の平等の権利を保証するように注意深く記載されることを望む。

1　公共運搬手段である鉄道、蒸気船、公共交通機関での平等の権利。

2　旅館の本来の意味からすべての宿泊施設での平等の権利。

3　認可された公共娯楽施設での平等の権利。

4 あらゆる公立学校での平等の権利。

以上のことは可能ですか。現存の公民権法の文言をできるだけ踏襲し、新しい法案が補足となるようにします。

サムナー上院議員のこのように明瞭な文言に見られるように、議員の判断では、この件やその他のすべての件で適用されるべきコモンローにもかかわらず、またコモンローに反して、すでに決着しているにもかかわらず、通例、公共運搬車両や旅館経営者が提供する宿泊施設、設備、特権や便宜、娯楽施設や公立学校の権利が、黒人市民には拒絶されています。これらの特権や便宜は、生活を有益に楽しむために不可欠な要素で、それなくしては市民権は多くの価値を失い、自由とは名ばかりになります。

「全ての人間は平等である」という法律の原理は、ローマのアントニヌスの時代に法律学者が世間に広めたといいます。フランス人はローマ人からこの法の精神を受け継ぎ、トマス・ジェファソンや革命の仲間は、学識、知恵、愛国心によって、この言葉を法律と政治の基盤にしました。アメリカの黒人に対して、その他の市民と同等の公立学校の権利は拒絶し、陸海における公共交通機関では不公平な取り扱いをし、一般宿泊施設では旅行者が期待できる便宜を受けられないようにしています。このようなアメリカの黒人への不当な扱いを検討し、かれらの平等への主張を弁護するために、私たちの父祖が築いた基本的で不変の原理と、その光のもとで私たちの法律が制定・施行されてきた歴史を、あらためて肝に銘じる必要があります。特に公共の乗り物、宿泊施設の責任と義務に関連して、この経緯は重要です。これらの問題に関して統制力を持つ原則を、私たちは市民法から借用してきました。市民法に明らかなように、この問題に関わる法律は、新規でも法的に未決なのでもありません。アメリカの黒人が法の当然の実践を望んだからといって、自然に反したり、場違いな要求をしているのではありません。

平等な学校教育を否定されている大方の黒人市民は、アメリカの法律の生命線である平等の権利と特権のもとに、学校教育の平等を要求しています。法律で保証されている自由の平等。法律で定義され保証されている市民権の平等。法律で規制され認可されている選挙権の平等。いったいいかなる理由のもとに、法律の信条が変質し、公立学校教育やその他の教育特権の拒絶を正当化するのでしょうか。法律がかく規定していると答えるなら、私たちの目は法律の文言の妥当性や、法の魂へ向かい、法律でないばかりか、法の基本条件にも反する法規の実践は無効であると、私たちは今そうしているように要求するでしょう。法律であって当然のことが、必ずしも成文化されていないのは事実です。けれどもこの問題に関しては、法制集に記載されたままに、法律として、市民や選挙投票人に向けて実行されねばなりません。それがもっとも正しく、最善の意味での法律です。

公立学校教育の徹底が、どのような利益をもたらすのかを論じるのはやめて、人権剝奪反対、公立学校賛成意見をいくつか述べてよしとしましょう。公立学校は恩典ではなく権利として、全市民が子供たちを通学させられるようでなければなりません。公立学校は政府が設立し支援しています。その基準は社会の人々が築くものです。誰もが同じように公立学校の特典と利益を享受する権利があります。学校組織を維持する資金は、税金であれ歳出予算であれ、どこから支出されようと公共の使用に取り分けられ、あらゆる市民のものです。公的資金であり、全市民に平等な共有財産である以上、いかなる法律原理であれ、恣意的な分類をしたり、特定の市民や特定の階層の子供たちから、こうした公的資金で賄われる特権を平等に享受する権利を奪ってはなりません。

わが国の子供たちの感情、大志、目標を分離することは、身分制度、憎悪、悪意の念を助長します。そして一方の側に劣等感を、他方に優越感を芽生えさせ、私たちは皆同じアメリカ人だという遍在する生きた原理と信念を教え、心に刻みつけるかわりに、排他的な考えを植えつけます。それでは私たちの公立学校の理想を実現することにはならず、私たちの法律や制度の基本的精神とは正反対に作用します。

分離学校システムは、ある人種に有利で、他の人種に不利な差別を耐えねばならず、一方は優越感を、他方は劣等感を抱きます。それぞれに生じる感情に耐えねばならない分離学校システムは、両者の調和がとれた共存を教育できず、私たちの政府が要請する義務と責任を、共通の国家利益のために遂行するように、教育することができません。

公立学校の目標は二つ。第一に子供たち全員、とりわけ貧しい子供たちに、適切な初等教育を施すこと。第二に在籍する生徒全員に同質で平等な教育を施すこと。このように教育された子供たちは、社会に出て職業に就いたとき、同じスタートラインに立っています。政府にはそういう教育を、あらゆる階級の子供たちに施す義務があります。

公共交通機関の義務と責任は、乗客の民族的背景や肌の色によって左右されてはなりません。法律によれば、人種的差異からこの人には義務と責任を果たすが、あの人には拒否するということを正当化したり、不履行を決め込むことはできません。公共運搬業者の契約は、基本的には共同体全体と関わっており、共同体の全員に対して平等と公平の義務を負っています。この点に関して法律の規定は明瞭、明確、十全です。その規定を簡略にまとめます。

第一に公共交通機関は、適正な条件・規則を遵守し、迷惑行動をせず、人格に問題がなく、自堕落でも挙動不審でもなく、運輸会社に損益をもたらさず、利益に抵触しない利用者であれば、すべてを受け入れねばならない。

第二に公共交通機関は乗客に対して、抑圧的で不適切な指示・規則を課してはならない。

公共交通機関の義務に関して疑うのであれば、証拠は山ほど挙げることができますが、その必要はないでしょう。私と賢明な会社側の弁護士との間に起きる唯一の対立点は、蒸気船、汽車、馬車の利用に際し、白人と黒人の乗客では黒人にきわめて不便で不利、不満足な状態の分離になっていますが、それを可能にする、この国の公共交通機関一般の規定が、はたして道理に適っているかどうかということです。これについて私は、当該の弁護士が法令と自分の良心に問うままにさせておきます。私たち黒人は、この問題に関する思考、感情、目標においてはるかに先を行っていますから、公共交通機関のこのような規定を正当と見なす者が一人残らずいなくなり、公共交通機関の規定が、コモンローの規則に従う日の近いことを信じています。このような特定状況への市民の不平の種は、想像でも感傷でもありません。市民の悲痛な体験じたいが現実の証拠ですし、一般に人々の意識の高揚がその表現に認められ、最近の判決や諸州の制定した法律が、この特定の差別は非合法、不公正であり、どの地域であれ、これ以上長く耐えられるはずのないことを物語っています。

宿泊施設の経営者に対する法律が、公共交通機関に比べて明白で厳密でないことはありません。かれら経営者は、自分たち自身の愚かな偏見や、根拠のない残酷な憎悪で、旅行者の宿泊の是非を決定してはならないことになっています。

かれらの義務は以下の法律文に明示されています。

- 宿泊施設は旅行者の便宜のためにあり、旅行者は旅行中に特定権利を保持し、法律によって特定の保護がなされる。
- 公共の宿泊施設の経営者が旅行者を客として受け入れず、料金の支払いが適切であるにもかかわらず、食事や宿泊を提供しない場合、苦痛を受けた者が告訴すれば、経営者は賠償金を支払わねばならない。王の法廷で告訴され罰金を課される。

- 宿泊施設の経営者は適当な部屋が空いているとき、適切な価格を支払う客に対して恣意的に受け入れを拒絶することはできない。受け入れは義務であり、虚偽の理由で宿泊拒否をすれば告訴の対象になる。

これらはコモンローと同じほど古い原則です。ローマの法学者ガイウスやパピニアヌスから受け継いでおり、じっさいコモンローより古いとも言えます。宿泊施設という公共建物の経営者が黒人に不利な差別をすること、旅行者に提供される通常の扱いに背くものは道徳的に間違いであり、違法です。世間は早晩、この判断をなさねばなりません。

時間があり、さほど横道に逸れるのでなければ、私たち黒人が、ある地方では陪審や研究機関、娯楽施設などの公共の場所、教会、墓地から締め出されている非人間的、不公平、違法の現実を喜んでお話しするのですが、今は、黒人排除が少なくとも著しい現象であること、それは人道面、法律面、キリスト教徒の観点からみて、弁明の余地もない差別であることのみ申し上げておきます(黒人の代表として人類の叡智に負けず劣らず、直感の重要性を強調します)。私たちは同じ市民として、選挙権を行使し、政府高官の地位に就く資格があり、そのための義務免除に対して同程度に、また同じ形の責任があり、共通の国家の進歩、発展に関心があり、皆と同じようにこの国の将来が類いまれな栄光に輝くことを願っています。それゆえこのような排除には驚愕し、擁護することができません。アメリカの黒人が上院議会の席を占める一方で、研究機関、劇場、教会、墓場では万民に容認される条件を拒まれる現実は奇妙千万です。

学長およびご列席の皆様、不満を述べ立てるのは私たちにふさわしい行動ではありません。すみやかに誤りを発見することが大切です。本日、私たちは、世論の感情の変化、国家の法令制定や法体系の改善を記念していますが、じっさい、それは並外れた賞賛に値することであり、選挙権と尊厳を付与された人間が一切の権利と特権を保護され享受することにおいて、すべてのアメリカ市民は法の前に完璧に平等であることを宣言し、保証しているのです。私たちにとって憲法修正第一三は、奴隷制度廃止と自由が永久に保証されたことを意味し、憲法修正第一四は、市民権の確立、合衆国市民から特権や免責を剝奪し、平等の保護を拒否する法律の施行を禁じています。憲法修正第一五は、合衆国およびすべての州は合衆国市民の投票の権利を人種、肌の色、以前の隷属状態を理由に、拒絶し剝奪してはならないとうたっています。これら国家の宣言が、私たちの自由と権利を認識し維持し恒久化しています。

他のだれよりもアメリカの黒人にとって、これら修正条項の言辞に無駄なところはありません。故チャールズ・サムナー閣下の言葉を引用すれば、「その影響下において、全市民によって市民権や選挙権が平等に享受されずには、何人たりとも創造されることはなく、何人たりとも生まれない。制度や機関はすべて誕生の意味を認識せずに設立されることはない。状況がどうあれ、両親がだれであれ、この土地に息づくあらゆる人間に共通する偉大な憲章がある。その人間は貧しく卑しく弱く、あるいは黒人のこともある。コーカサス人種、ユダヤ人、インド人、エチオピア人かもしれぬ。フランス人、ドイツ人、イギリス人、あるいはアイルランド出身かもしれぬ。だが憲法の前で、これらすべての差異が消滅する。その人は貧しくも弱くも卑しくもなく、黒人でもない。コーカサス人種、ユダヤ人、インド人、エチオピア人でもない。フランス人、ドイツ人、イギリス人、あるいはアイルランド出身でもない。すべての仲間と平等な人間である。公平な親であればどの子も平等に愛するように、州という親の子供たちの一人になる。当然ながらより高い能力のある者により重い義務を課すことがある。だがすべての人々が平等に歓迎される。州は神聖なる正義を模倣し、個人を問題にするのではない」。

私たち自身の国で自由が確立し、州法ではなくとも連邦法で、法の前の平等がすでに約束されているのですから、奴隷制度廃止に関する義務、自由と無償の公立教育機関を、アメリカ大陸に設立する義務を十分に考えねばなりません。特に専制的なスペイン統治で、奴隷制度が維持されているカリブ海の島では、奴隷制度廃止を宣言し、文明世界に共感とかれらの行動の正当性を訴え、「戦争の恐ろしい仲裁裁決権」にすべてを賭けています。あらゆる地域で奴隷制度が廃止され、自由が確立し法律で保証されるまで、私たちの大陸には平和も調和もありません。人々自身が自分たちのために、自分たちの政府を支持しています。その故郷が島だろうが大陸だろうが、抑圧されていれば、私たちのように「自由の新生」を獲得せねばなりません。「人民の人民による人民のための政府」は、即座にその力と土台になるでしょう。

私たちはキューバの闘う愛国者へ特に共感を覚えます。「アンティル諸島の女王」がスペイン支配から解放されるのはもうすぐでしょう。奴隷たちが自由民になり、キューバは自由を促進し、国家の偉大さと知名度を挙げるでしょう。あるいは一五〇万人の住民が、広大な豊穣の土地を持ちながら、国家の独立と統一を支持できなければ、その場合には、専制的抑圧政府の保護や併合を望まないようにさせるのです。キューバは私たちの国に地理的に近く、かの住民と私たちの血縁も深いのですから、独立革命で示された例にならい、私たちの困難に直面した英雄的祖先をフランスが援助したように、国際法と世界の歴史の前例から、私たちの国家が、自由と平等の権利を求めて行ったあらゆる誓約によって、キューバの抑圧され苦難に直面している人々は、自由と独立の闘争において、私たちの共感と支援を、当然期待し要求してよいのです。専制主義や抑圧への抵抗において、国家の存在と承認を求める人道的闘争がどこで起きようと、特にアメリカの黒人はかれらと共感し、言葉と具体的な援助で元気づけ、勇気づけ、助けることです。今日、私たちの共感の言葉をキューバの闘う何千の人々へ送りましょう。かれらの社会で（廃止は一八八六年）、またプエルトリコの社会で（廃止は一八七三年）、奴隷制度がじきに廃止され、自由の制度が確立し、良き秩序、繁栄、幸福が保証されることを願います。それが成就すれば、私たちの大陸アメリカが、自由と自由な制度へ貢献したことになります。そしてアメリカの人口を構成するさまざまな民族は、国家の偉大さと栄光を確実に享受するでしょう。自由と自由な制度は、私たちの大陸のように広大であるべきです。この大陸のいかなる国家にも、奴隷や抑圧された人々が存在してはなりません。「便宜主義の仮面を被った、正しいことと間違っていることの妥協」は、永久に消滅せねばなりません。私たちの家が二つに割れてはいけません（"house devided"はマルコ伝三25を引用したリンカーンの演説を踏まえている）。全米的大陸的広さの自由という建物に、新しい礎石を打ち込むのです。「その建造物を守り支える」人々は、その総合的な意味で、あらゆる人間は生まれながらに平等であること、生命、自由、幸福の追求への奪うことのできない権利を守り、保護するために政府が樹立されることを受容せねばなりません。

7 公民権法案

1875.2.4.

ジェイムズ・T・レイピア

1837-1883

The Civil Rights Bill

★*J. T. Rapier*

James T. Rapier (1837—1883)

アラバマ州フローレンスの裕福な農園主の息子に生まれ，子供時代は家庭教師について学び，後にカナダのモントリオール大学，スコットランドのグラスゴー大学で学ぶ．1872 年，アラバマ州第 2 議会区選出の連邦政府下院議員になり，1 期務めるが，再選を阻まれる．以下は，1875 年，公民権法案を支持する議会演説．

議長殿、私は公民権法案に関して、決議を遅らせるたぐいの議論が起きないように希望しておりました。過去七年間（一八六八年の憲法修正第一四の批准以降）にわたり、この問題は全米各地で討議されてまいりました。全米選挙戦でも二度にわたって取り上げられました。同時に行われた地域選挙でも、共和党支持に傾いている、気弱な白人男性を怖気づかせる効果がありました。私は大多数がこの法案に通暁し、その意味を理解していると確信しておりました。この法案はかつて皆を恐怖におとし入れた怪物（モンスター）でないことはわかっていると思っていました。社会生活において、人種のあらゆる境界線を消し、好ましい好ましくないにかかわらず、お互いに社会的に同等だと認めねばならないと言っているのではないのです。

私は声を大にして告白したいのですが、黒人がこの法案の通過をせきたてるのは、いささか気まずい。というのも黒人がこの問題に熱を上げ、即時の通過を望めば、デマゴーグによる挑発的な説明や、無知蒙昧の白人男性が早合点しているように、社会的平等をたくらんでいると非難されるからです。しかし法案の通過を望まなければ、それもまた気まずい。周囲で闘争が続いているのに沈黙すれば、ほかでもない当事者が無関心でいるとは、と非難されるのが落ちでしょう。友人たちはその人の政治信条から離反していくでしょう。船を飲み込む女怪物スキュラから逃れるために、海の渦巻きの女怪物カリュブディスに出くわしたようなものです。付け加えますが、この国における今日の黒人の立場は、恐ろしく変則的で馬鹿げており、だからこそ私はあえて申し上げねばならないのです。黒人の状況は比類なく、まったく独自のものです。法律はこの議場で立法者たる権利を私に認めています。しかし、いざ議場から富裕な私の大選挙区へ、代議士としての義務を果たしに出かけるとき、法律はもはや私にいかなる宿泊の保証もしてくれません。この議場で私はもっとも誇り高い方々と地位を同じくしておりますが、蒸気船や列車では最下層の白人の方々とさえ同等ではありません。これぞまさしく変則的で馬鹿げたことではありませんか。

法案支持の議論はすでに尽くされ、私が付け加えるほどのものは何もありません。これから私が申し上げる些細なことは、事例の繰り返しになるでしょう。私がこの演説の中で、上品とはいえない言葉づかいをしたら、なに、この問題についての反対演説で使われた言葉ほどには上品だと弁解いたしましょう。品位に欠けるとしたら、いやはやこの問題ほどではないのではと申し上げましょう。馬鹿げているとしたら、自分たちには手本を示す権利があると主張する下院の民主党員が、まさしく手本を示してくれたのですと弁明しましょう。

自分の名誉のために申し上げたいのですが、議場の同僚政治家が享受する普通の権利を、自分たちにも与えてほしいと、奴隷の身に生まれた者が、恭順の意を表して乞わざるを得ない状況を、私ほど残念に思っている者はおりません。この国は抑圧された人々の避難所だと一般に信じられていますが、間違った噂につられて、この国の海岸へいざなわれた外国人がここにいて、世界でもっとも気高い立法府の議員が、下院議員の責任からその議席に立ち、自分は議員でありながら、他の階級が尊重する公民権がない、と訴えるのを聞いていたら、私は自分の国を恥ずかしく思います。

外国人はこの国で、他のどの国でも学べないことを学びます。人間が自由であると同時に奴隷であるという現実です。換言すれば、公民権が否定されながら、政治参加権は享受することの矛盾です。ここでは自由な人々のために法律を制定する議員が、自らを束縛する奴隷の鎖をぶら下げています。それは外国からの移住者が背後に置いてきた苦悩より、はるかにひどいものです。ここでは他のどこにも見られないものを見ることができますが、それは「自由の人々の国、勇敢な人々の故郷」のアメリカで、社会的地位が身を守る外套にはならないということです。私は議員の仕事のために首府ワシントンへ来るたび、義務を終えて首府を離れるたび、この国で白人の犯罪者が受けるより、はるかにひどい無礼や侮辱にさらされております。

ひとつ具体的な話をしましょう。それほど前のことではありません。サウスカロライナ州の財務長官カードーゾーさんが、西部の旅行から任地へ戻るときのことです。アトランタを通る予定でした。寝台車の切符を買おうとしました。ところが切符を売ってもらえないのです。さらに一等車の切符も拒否されました。カードーゾーさんが乗客の権利を主張したものですから、殺すぞと脅されました。地位のある立派な紳士のカードーゾーさんは、不潔な喫煙車に下層民の群れと一緒くたにされるか、公務を遂行できないかという選択を迫られました。

たとえば今日、私と一緒に前科のある白人が、(罪状が何で、いつの事件で、刑罰で丸坊主にされた頭に、そろそろ頭髪が生えてきたのかどうかなど、一切問題ではありません)アラバマ州モントゴメリーへ出発したとします。道中ずっと元囚人は紳士として、この私は犯罪者として扱われるのは必至だと、矛盾を恐れずに申し上げます。寝台車の心地よいベッドはその男にあてがわれ、酔っ払いやリンゴ売り、鉄道作業員と一緒に、私は汚く粗悪なボックス席に追いやられるでしょう。しかも運搬中の腐敗の進んだ遺体のすぐ隣りに座れというのです。一等車の入り口には監視員が立ちはだかり、黒人は入れるなという至上命令を受けています。聖なる領域を守る姿勢は、エデンの園の門口で炎の刀剣を振りかざす門番もかくや、というほど完璧です。やさしく清らかな若い知的女性が、キリスト教および聖書を信じる国の唯一の許されざる罪、黒人という罪を犯していれば、このような状況で旅行せねばなりません。ここでは聖霊への罪は、それが何であれ、有色（カラード）という罪に比べれば取るに足りない。何らかの理由で宿泊せねばならない場合、支払い可能であれば、元囚人にはホテルの最上の部屋があてがわれます。いっぽう私は間違いなく拒否され、飢えと寒さに悩まされながら、いつ到着するかわからない汽車を駅舎のあたりで立って待つのです。私の健康は脅かされ、私を殺して盗みを働こうと、つけ狙う追いはぎから身を守るすべもありません。

反駁される恐れはないと確信しますが、テネシー州の紳士から聞いた、また別の事実を紹介しましょう。それによると、ワシントンからモントゴメリーまで千マイル以上の道のりですが、その間には、私が泊まれるホテルや食事のできるレストランは、一軒もないというのです。この議場に、心ない方はいらっしゃいますか。やさしい感情のかけらもなく、この野蛮な習慣をそのまま維持し、規制の必要はないとおっしゃる方がいらっしゃるでしょうか。私は、規制すべきであると考えますし、議会がその場であると考えます。法的根拠は憲法修正第一四であり、その結果、アメリカで生まれた者はすべてアメリカ市民になりました。合衆国憲法第四条第二節が、「各州の市民は他州の市民と同等の権利がある」と明記していることにも根拠があります。この条項を分析したブライトリーさんの記述を読みましょう。この人はこの法律の権威です。いくつかの権利を詳説した後、以下のように要約しました。「政府による保護。生活と自由の享受。それにはあらゆる種類の財産を所有する権利、幸福と安全を追求する権利、商売・農業・仕事・その他の目的で他州へ移動・移住する権利を伴う」。

この条項には、何らの妨害も受けずに列車に乗る権利が含まれているのは明らかです。南北戦争以前、伝染病に罹患(りかん)しているわけでもないのに白人が、汽車の一等車や蒸気船の一等船客の切符を拒否され、船の甲板か貨車に押しやられたとき、もしその場所で何らかの事件が起きれば裁判沙汰になり、どんな陪審でも原告に損害賠償金の支払いを命じる評決を出すことは、弁護士だったら誰でも知っています。この状況で事故が起きても起きなくても、権利侵害訴訟が起こされれば、評決結果は誰の目にも明らかです。公共の乗り物、蒸気船や鉄道会社が尊重せねばならない権利を白人は持っています。その同じ権利を私は今、黒人のために要求します。

議長殿、たった今、読み上げた合衆国憲法の条項から推断される内容が、最近の憲法修正条項成立以前に、黒人に適用されたかどうかは問題ですが、黒人との新しい関係では必ず適用されるべきだと、知性を備えた人なら同意するはずです。それゆえ私は助言を受けて、地方議会ではなく連邦議会へ救済を求めて参上いたしました。私たちの苦悩は全米にわたり、地域に限られてはいないからです。連邦議会は立法権をもち、連邦政府の義務は、市民の間で何らかの不正や忌まわしい差別がないよう監督することです。州政府ではなく連邦政府に助けを求めるのは、私が忠誠を尽くす第一の対象であり、その法律の遵守が強要され、市民と政府の間には暗黙の契約があり、生命と財産が守られるという約束があるからです。私はこれまで要求されたことを粛々と履行してきましたが、連邦政府も同様に、議会を通して契約を履行するよう要求します。日常生活における私の生命と財産は他人の慈悲に委ねられています。ホテル所有者、鉄道の車掌や蒸気船船長が、他の旅行者には与える宿泊を私には拒否し、なおかつ免責されるのであれば、事態はこれからもそのままでしょう。連邦政府が市民に当然の権利を保証できないのであれば、公民権・参政権のすべてを享受する他の階層の市民に課された義務を、その市民に課してはならないのです。

議長殿、私は他の人間が保持する社会的特権を拒否されているかぎり貶められていますが、政治的に同等の地位にありながら私が侮蔑された地位に留まっていれば、議場にいらっしゃる下院議員の皆様がたもまた貶められているにひとしい。偉大な国家の立法を担う皆様がたの姿勢にしては、何と奇妙なことでしょうか。私が皆様がたの立場へ上がることを許さず、皆様がたが私の立場へ降りていらっしゃるとは。議長殿、この国は、あなたが信仰する無限の神の犯罪のために、貧しく有限な人間が責任を負う、唯一のキリスト教国だとお考えになったことがありますか。その通り。私は黒人である罪を白状しろと命じられますが、この件に関して私は相談されてなどいなかったのです。相談され、私の未来が十分に説明されていれば、私はこの福音国家に生まれたくないと申し立てたものを。このような非人間的な扱いをするのは、かれらが知的に道徳的に、黒人は白人より劣等だと考えているからです。何年か前にこの理由が示され、真実として受容されたのでしょう。しかし今では誰一人として、黒人が文化の高い要求に応じる能力がないとは信じていません。そのように信じるのは、自分自身の生得の資質が平均的人間より以下の者だけです。この理由が妥当ではないことを、私は演説を終える前に明らかにするつもりです。

議長殿、人間の心には他人を抑圧して喜びを感じる、臆病者の性向があります。この卑しい欲望を満足させるために、安全を剝奪できる人物を犠牲者に選びます。世界の諸国では、一般的にユダヤ人がその犠牲者になってきました。この国ではその目的にもっとも適ったのが黒人です。他に比べ生まれつき劣等だったからではなく、安全を剝奪しやすい人物であるため黒人は対象になりました。黒人が精神的文化の高い要求に応じる能力がないと敵が信じているどころか、明らかにその反対で、白人たちは黒人の進歩を実にまめまめしく阻止しています。白人の器量が狭ければ狭いほど、黒人の知的・精神的進歩を妨げようと躍起となります。黒人が進歩したときの結果を恐れるという、単純ですが納得できる理由からです。白人は黒人が人間として紳士として、高い精神的基準に到達するのを望んでいないのです。

重大な点に注目してください。あるとき立派な身なりの黒人が、オーガスタからモントゴメリーへ向かって旅をしました。乗っていた汽車が食堂のある駅で停まりました。

駅舎の群衆は、この男が身なりもよく、立派な顔立ちで、礼儀正しかったので、こいつは紳士だとみなし(それは偉ぶったかれらには耐えがたいことでした)、すぐに口汚くののしり始めました。議長殿、この紳士は荷物収納庫へ行って、自分のトランクをすべて開け、トランプ、ファロ賭博用の資金、さいころなどを見せなければ解放されないのです。どういう意味かおわかりですか。かれら白人群衆に、自分は黒人の精神的・知的標準を向上させるために運動している活動家ではない、と証明せねばならないのです。そうして初めてかれらは、この男に平安を与えます。弱い精神の持ち主で、それを気にしている人間には、器量が大きくそれをよくわきまえている人間と比べると、より強い偏見が巣食っているのを私は常日頃見ています。ヘンリー・ウォード・ビーチャー(一八一三―一八七ストウ夫人の弟)は後者で、次のように語っています。「黒人を解放して自由にさせよ。自分は黒人と人生の競争をするのにやぶさかではない」。ビーチャーにはこう述べる力量がありました。すべての白人にはできないことです。前者だったら何というでしょうか。「黒人と小学校の間に万里の長城を築け。誇りやまともな野望を抱かせないように。知性の高みや有益な目標へ導く道から外し、人生の出世街道で人種の優秀性を決定する競技へは、黒人が参加しないようにしろ」。かれらの言葉ではなく行為によって、生まれつき白人より劣等だと公言する私の反対者が正直者かどうか、文明社会が判断してくれるでしょう。この階層の白人が、公民権法案の通過に反対しても、誰も驚きません。黒人に同じ機会が与えられ、汽車に乗る権利、旅行中に同等の便宜が与えられたら、かれら白人は、黒人より優秀だとどうやって証明できるでしょうか。

議長殿、ケンタッキー州出身の紳士が――ベックさんですが――南部、特にケンタッキー州の人々は、憲法で保証されていると見なされる権利のすべてを黒人に喜んで与えると言いました。誰もこの発言を疑っていません。難点は、国家法で保証される権利を、私がすべて受ける権利があるのをかれらが認めないことです。数州の民主党の政綱を読み、この結論に到らざるを得ませんでした。再建法や憲法修正条項の合憲性を信じると、どの州の民主党政綱が断言しているでしょうか。反対にかれらは、黒人の状況改善を促進する、あらゆる方策の合憲性を問題にしています。憲法について民主党はかなり懐疑的になり、黒人の向上を目指す、あらゆる具体策を違憲だと主張しましたが、受け入れられず負けました。それで今は、憲法の合憲性を問題にしているありさまです。せいぜい同意しているのは、男性の参政権に関する現在の法律に従うことで、最終的に議会で撤回されるか、最高裁で違憲判決を受けるのを待っているところです。

この点に関して、アラバマ州民主党の政綱の内容を紹介しましょう。

アラバマ州の保守的民主党は、現在、州政府を支配する急進的侵入者から政府を奪回する闘争に臨むにあたり、その基盤として以下のことを採択し宣言する。

1　合衆国憲法に従い、その遂行に関連する法律に従う。またアラバマ州憲法および法律に、それらが有効で廃止されないかぎり従う。（2以下略）

ケンタッキー州出身の紳士の言葉を、私は字義通りに受け取ります。しかし修正条項が合衆国憲法に公式に付け加えられてもなお、この紳士の州やその他の諸州で、黒人が白人に不利な証言をすることが許されないのはなぜか、と問うことはできるでしょう。黒人は教育されねばならないというのであれば（これもまた権利です）、黒人学校の校舎が焼け落ちたのはいったいなぜか、神の慈悲のみ使いとして暗黒の地域に光をもたらそうとやって来た教師たちが追放され、地域によっては殺されたのはなぜか。黒人の投票権を信じているのであれば（憲法が保証するもう一つの権利）、クー・クラックス・クラン(南北戦争後、南部諸州に結成された秘密結社。白人至上主義で黒人を威圧)が組織され、アメリカ市民の権利である投票を阻止するのはなぜなのか。黒人にその権利があると、かれら自身が認めていることではないですか。

口にする信念と現実とは、残念ながら同じではありません。憲法等により私の権利が保証されているのを、かれらは喜んで認めていると私が信じられるようになるには、両者を理性的に調和させねばなりません。この紳士はケンタッキー州が黒人に無条件で投票を許可し、寛大だと自慢しています。いっぽうマサチューセッツ州では、州憲法が読めないかぎり、同じ権利の行使は認められていません。この比較に紳士は不満でした。議長殿、紳士の州では黒人に投票をまったく許可していません。ケンタッキー州の憲法は、いつ黒人に選挙権を与えるように修正されたのですか。ケンタッキー州の州憲法やその他の州法とは関係なく、合衆国憲法修正第一五のみに基づいて州民は投票しているのです。白人人口に影響を及ぼさずに実行できたら、かれらは今日にでも黒人の選挙権を剝奪します。マサチューセッツ州は「議会の法律」を待ってから、州民全員に権利を付与したのではありません。南北戦争以前から、州憲法によって読み書き能力のある男性全員に選挙権がありました。それが法の前の平等です。だれが不満を抱いたでしょうか。今日、修正された合衆国憲法には、ケンタッキー州がその州憲法に同様の修正条項を入れることを妨げるものは、何もありません。州憲法改正会議が開かれるときには、その件に一言も触れられないだろうと私はあえて断定します。州民の黒人への配慮からではなく、州内に住む五万人の無知な白人を尊重するためです。その州を通過するときに、かれらの多くが駅舎の周囲に集まって、ひっきりなしにあの決まり文句、「くそったらしいニグロのやつめ、ちっとも働きゃあせん」と罵っているのを耳にします。

しかし将来、ケンタッキー州で改善を見ても驚くにはあたりません。今日の黒人と同様、外国人が嫌われた時代があったのを覚えています。州民の過半数が、自分たちに付与された権利を外国人に与えることに反対でした。この七年間に黒人が遭遇したように、政治的信条が原因で、州の各都市で外国人が襲撃されました。今日、何が起きているでしょうか。そのとき法律の保護を剥奪されていた人間が、ケンタッキー州選出の議員としてこの議場にいます。正義の精神が回復した証拠ではないでしょうか。そうであれば近い将来、今は権利剝奪されている階層が、ケンタッキー州の利益代表として、この議場へ送り込まれるという予想にも、妥当性があるのではないでしょうか。

議長殿、この法案の通過に強く反対している議員がまだおります。国内におけるその議員の地位と政府との特殊な関係から、私は演説を終える前にぜひとも言及しておきたい。ジョージア州選出の紳士――スティーヴンズさん――のことです。長い年月ここから姿を消していましたが、去ったときと同じく、州の権利を尊重するという古い考えを抱いて、ふたたび下院へ戻って来ました。一歩も進歩していません。しかしこの紳士にとって残念なことに、アメリカ人は進歩しました。私たちの基本法である憲法の弁護者として、この紳士はふさわしくないと考えています。この紳士は州権を尊重するという結論に達し(というのは分離ですが)、国家の旗のもとから離れ、連邦ではなく州を選び、そのために長く血なまぐさい戦争が勃発しました。戦争の結果は大多数の人々が熟知しています。ところがこの紳士ときたらブルボン王朝のごとく戻ってくると、以前の主張を繰り返し、以前の信条を後生大事に掲げています。何年もの間、巧みに唱え推し進めていた信条が、戦争により奴隷制度とともに一掃されたことには気づいてもいないようです。奴隷制度を仮の王国の選ばれた貴重な礎石とし、そこで自分が二番目の支配者たろうとしたのです。

議長殿、私たちの大多数は、キャッツキル山脈で二〇年間眠り続けたという、リップ・ヴァン・ウィンクル(ワシントン・アーヴィングの作中人物)の芝居を観ています。戻ってきたリップ・ヴアン・ウィンクルは、小さかった木々が育ち、大木になったのを目にします。フォーリング・ウォーターズ村は、思い出せないほど改善されていました。リップ・ヴァン・ウィンクルの足許で遊んだり、背負われて村に戻ってきた幼児は、大人の男女に成長し、所帯を構えていました。ニコラス・ヴェッダーなど友人はほとんど、旅人が永久に戻って来ないという三途の川を渡ってしまいました。もっとも悲しかったのは、自分の子供の「ミーン」が、父親を覚えていなかったことでした。昔日の記憶を取り戻そうと苦しむリップ・ヴァン・ウィンクルを見て、だれもが涙を流しそうになりました。しかしこれはお伽ばなし。ジョージア州出身の紳士の生活と行動は、リップ・ヴァン・ウィンクルの性格を実に愉快になぞっています。事実は小説よりも奇なり。何年間も姿を消していた後で、昔ながらの考えを引きずってこの議場へ戻って来ましたが、その間、私たちは世界で類例のない戦争を経験し、その結果、国家は革命的な変革を経たのです。この紳士はまさに生ける「リップ・ヴァン・ウィンクル」です。

　繰り返しますが、この紳士が今でも主張する「州の権利」は、先ごろの内戦の焦点になりました。戦闘の轟音、負傷者の叫び、瀕死の重傷者の呻き声の中で、賛否(プロ・コン)はかまびすしく論議され、北軍兵士の勝利の叫びで結論に達しました。その結果、この紳士を除くすべての人々に明らかになりました。この紳士へ情報としてお伝えしますが、この問題を訴える声は議場から、人間の知る最高の審判の場である戦場へ移され、まさにそこで、国家の権利は州の権利を凌駕すること、法の前の自由と平等は、国家の司法権と重なることが確認されたのです。さらにお伝えいたしますが、現在、懸案の法案はそれを実行に移すばかりです。

この紳士を気の毒に思いますが、この大きな変化を理解する能力がないのです。かつて下院を去ったとき、黒人はまだ隷属状態でした。議事堂から石を投げたら届く距離にある奴隷市場で、かれらは売買されていました。あまりに近いところにありましたから、昇る日の光を受けた議事堂に立つ自由の女神の影が、奴隷の控え場所に落ち、哀れな奴隷には希望の日はなく、明るい未来はないことを強烈に印象づけました。当時、黒人がこの議場に入り、自分にもっとも関係する議題の討論を傍聴することは許されませんでした。ウェード、ギディングズ、ジュリアン議員などの気高い励ましの言葉が、黒人の耳に入ることは許されませんでした。当時は、国家の首府のいかなる場所においても、市当局の特別許可がないかぎり、黒人が三人以上集まるのはご法度でした。ところが今回、紳士が戻ってみると、奴隷の控え場所はなくなり、そこには学堂が建設されていました。議事堂の自由の女神が国家の恥に泣きながら、その輝かしい顔を覆い隠す必要はありませんでした。今では満足し誇りに満ちた表情で、再生した自由の国を見つめています。黒人の集会を制約した法律はもはや効力を発揮せず、それどころか国家の祝日には、堂々とした黒人の一群、ズアーヴ兵の派手な兵服を着た元義勇兵のパレードを目にするでしょう。

一二年前に、この町でこのような光景が展開したらどうだったでしょうか。当時なら、黒人兵一人でも狼狽したに違いありません。議会は休会になり、政府は別の場所に安全を求め、大統領は戒厳令を敷いたでしょう。軍隊や海兵隊は守備を命じられたでしょう。その他に何が起きたか想像もつきません。しかし今日では、そのような光景が、現状にさざなみを立てることさえありません。この紳士には耐えがたいことでしょうが、黒人は聴衆の中にいるばかりか、討論の参加者になっています。黒人の驚くほどの変化を理解する能力が、この紳士に欠落しているのには同情しますが、新しい秩序を理解せず、順応もできない人物は、憲法修正条項に関して市民に教える能力はないと私は強く主張します。社会変革が起きているなかで、自分の目標に固執する姿勢はご立派ですが、この紳士の見解は間違っています。

元南部連合の統治者が、ジョー・ジョンストンの南軍戦争記の怒りをかわし、ヨーロッパへ逃げている間、もっとも厚顔無知な人間ですら羨むほどの大胆不適な副官が、議場へ姿を現し、議会を通して国家を州の権利支持へ向かわせ、南北戦争の結果、国家がせねばならない仕事を軽減しようとしています。それ以外の目的はありません。懸案の法案に関するこの紳士の演説を読んでください。その議論は狡猾です。率直というより巧妙です。法案の必要性や正当性を否定はせず、州にも同様に究極的な司法権があると主張しています。この紳士の黒人の権利に関する主張を、私は他の方々のように誠実だと積極的には認めません。この件に関して正直であるなら、どうしてジョージア州議会にそれを提案しなかったのでしょうか。この法案に記された権利を、いくつかの州がその州内のあらゆる階層の州民に保証していたなら、私たちはこの議場に来る必要などなかった。機会は十分にあったのですが、かれらはその義務を遂行せず、連邦政府がこの件に関して乗り出さざるを得なかったのです。

議長殿、アメリカの黒人の歴史を概観する時間的余裕はありませんが、この国が黒人をまともに扱ってこなかったことは、たっぷり強調せねばなりません。黒人はあらゆるものに金を支払ってきましたが、その額はこれまでに受け取ったものよりずっと多い計算になります。今日の自由がどれほどのものであれ、それに対して黒人は、過去二百年以上の強制労働で何度も支払いをすませてきました。黒人に許される程度の市民権に、市民に求められるなかでもっとも高い代償を払い、限度まで血を流してきました。独立戦争から南北戦争まで、いかなる紛争においても黒人は著しく貢献しました。私たちはよく覚えています。この間の戦争で、北部諸州の大義を維持するには軍隊がすっかり疲弊し、政府が厳しい状況に陥ったとき、病気や銃弾で夥しい数の兵士が死に、軍隊の補充に難渋したとき、多数の代替兵士を前線へ送り込んだ汽車が同数にものぼる傷病兵を送り返してきたとき、北軍勝利への疑いが、政府の中のもっとも楽観的な議員の間にさえ大きく広がったとき、強靭な男たちが、恐怖をつのらせカウンセリングを受けたとき、生涯ずっと庇護を受けてきた者が国家の一大事に際して義務遂行を躊躇(ちゅうちょ)したとき、流血の戦争続行よりも共和国の星(州をさす)が落ち、国家の大地図から消えたほうがましかと疑念を抱いたとき、陰鬱と絶望が広まったとき、最後の希望の光が私たちの政治的地平線の向こうへ消えたと思われたとき――まさしくそのようなときに、黒人は自発的に前にすすみ出て、国家の犠牲になろうと身体を差し出し、胸をはだけ、国家の命を狙った、あの南部連合の兵士の銃剣を受けたのです。ジョージア州選出の紳士は、その政府の二等航海士でした。

議長殿、黒人兵士の剛勇さが、多くの戦場で試されました。今日、ポトマック川からメキシコ湾まであらゆる山や丘の近くや谷間に、黒人兵の骨が白くさらされています。死者の沈黙は法の前の万人の平等を雄弁に物語っていますが、それは私の乏しく貧しい言葉をはるかにしのぐ説得力を現に備え、いっそうの説得力に満ち満ちたものにちがいありません。

議長殿、自分の人間性が完全に評価されないかぎり、私は満足いたしません。妥協するつもりはありませんし、いかなる妥協も気が進みません。この議場の皆様がたより少ないもので満足すると申し上げれば、ここにいらっしゃる方で、私にいくばくかの敬意を抱いてくださる方々の気持を踏みにじることになります。そして自由民の権利を、私自身が理解し評価していないという最大の言質を与えることになってしまいます。私の政敵はそうやって私を非難します。人間としての完全な権利を少しでも欠くならば到底、喜んでなど受け入れられません。カインの額の印のように、明瞭に永久に刻まれた劣等性の印を受ける候補者には、金輪際なりたくありません。そのような印を刻まれるとしたら、国家は私の激しい抵抗に逆らって刻印せねばなりません。

議長殿、生まれ故郷のこの国で私が享受できない権利を味わうために、自由民の気持を知るために、昨年、私は故郷を離れ、六カ月間、外国を旅してきました。マストに外国の旗をたなびかせた船の甲板に足を踏み入れたとたん、私の肌の色の差はかき消えました。私が汽船の乗客になったために、船が航路を変えたことなどありません。通常の日程で航海は終わりました。自分の国より外国で、私は異邦人の扱いをされたことはなく、ホテルに近づいたとき、面前でドアがぴしゃりと閉められる恐れを感じたことはありませんでした。議長殿、私はこの屈辱にひどく傷つけられるのです。男らしさは矮小化され、市民としての矜持が失われます。

先日、建国百年（一八七六年）の法案が討議されたとき、私は賛成の一言を述べるにやぶさかではありませんでした。しかしどうやって。奴隷時代の腹立たしい鎖をぶら下げながら、私はいかなる格好で、国家の自由を祝う百年祭に現れたらいいのでしょう。現状では私はその祝日を喜ぶことができません。バビロンの川のほとりで捕囚になったユダヤ人が、いつものように歌えないのと同様です。ユダヤ人がいつの日か故郷に戻ることを望んだように、私は自由民の完全な権利を享受する日を待ち望みます。かれらがエルサレムを忘れられないように、私も自分の人間性を忘れ去ることはできません。

結局のところ、問題は以下のようになります。私は人間であるか、そうでないか。人間であれば、この国で他のあらゆる階層の人々が享受する権利、特権、法的免除を私も受ける資格があります。人間でなければ投票権も、この議席に座る権利もありません。投票権がなければ、この議場の二割の議員はここにいる権利がなく、反対に議席を占めることは法律違反です。黒人に投票権がなければ、上院の八分の一は、議席を占める資格がまるでない議員で構成されていることになります。投票権がなければ、南部の知事六人がその地位の侵略者と見なされます。

これがこの議論に見られる論理的結論です。すなわち黒人は人間ではなく、他の人々に許される権利を持つ資格はなく、それを逃れられない。しかし、促されて私が自分の主張を伝えると、「それは政策としてよいのか」とたずねられます。私の答えはこうです――「政策は問題外だ。政策には関係がない。市民との関係に政策はない。すべての市民には一つの法律があるばかり。この件で唯一の適用されるべき基準は正義。神性は分割できない。正義もまたしかり」。いっぽう私は、他人の偏見を尊重すべきだと言われます。議長殿、私ほど論理にかなった知的偏見を尊重する者はおりません。たとえば、私は了解しうる宗教的偏見を尊重します。しかしながら、ある人種の男性を侮蔑し、同じ人種の女性に好意を抱き同棲するという偏見を、どうやって尊重できるでしょうか。昨年、ワシントン特別区の自由民病院産科病棟へ入院を余儀なくされた、貧しく不幸な黒人女性四人のうち三人までが、父親が白人の赤ん坊を出産しました。その父親たちがここにいる議員だとしたら、公民権法案に断固反対するだろうと、私はあえて申し上げます。この種の偏見に対して尊重の念が欠けているのはおかしなことですか。多くの白人男性は、私を不快にさせて最大の喜びを感じているようです。かれらにとっては積極的な楽しみであり、あらゆる機会を捉えて楽しもうという算段です。

私はこれまで一度も、白人であれ黒人であれ、友人になってくれと強要したことはありません。これからも強要しません。私はだれからも付き合いを強要されたくありません。ある人が路面電車に私と一緒に乗るのをいやがり、個人的に乗り物を雇ったからといって、私は反対しません。ここからボルティモアまで私と一緒に汽車に乗るのがいやで、特別列車をチャーターしたからといって、誰が文句を言うでしょうか。このように自分の偏見を押し通しても、それはいたって人間らしいことで、不満の原因にはなりません。しかし公共の乗り物の車両から私を追い出し、私が好まない無礼な人々、丁寧な言葉に慣れた耳に聞き苦しい喋りかたをする乗客ばかりの不快な車両へ追いやられたら、それこそは徹底的に人間らしくない行為で、自尊心をひとかけらでも持つ者であれば、黙っているわけにはいきません。

議長殿、これらすべては「カースト」制度樹立への欲望から生まれています。私たちの自由の国には不適切な、反共和主義的発想です。ヨーロッパには、王子、公爵、領主などが存在し、中産階級や百姓と対比されます。さらに東へ行くと、司祭階級バラモンがいて、賎民シュードラや労働者の上に位置しています。そのような国々では、人間が家柄や地位によって区別されます。誰もがその習慣を理解し、不満を述べません。哀れで無知なかれらは私たちの状況に同情し、高貴な憐れみの心で私たちを見下します。私たちには明確な区別の境界線がなく、それゆえ私たちの社会を野蛮だと見なします。海の向こうの友人が、私たちには立派な家系がない、貴族が存在しない、と考えて自己満足し喜ぶのを止めさせましょう。さいわいなことに私たちには家系も階級も両方あるのです。私たちのその格差は肌の色(必然的にバラモン階級は除外されます)で、それはかれらの家系よりずっと露骨です。ここでは飲ん兵衛の白人は、飲ん兵衛の黒人と(どこでもそうでしょうが)同等でもあるのですが、じっさいはまったく素面(しらふ)のきちんとした黒人よりも優秀と見なされます。ここでは無知な白人男性が無教養の黒人男性と同等でもあるのですが、多くの教養ある黒人男性より上位に立つのです。ここでは高貴な男性が百姓女と同棲しますが、同じ階層の男性が食事をしようとレストランへ入ると、両手を挙げてびっくり仰天します。黒人男性が注文すると、高貴な家庭の子孫はレストランを出て、愛人の黒人女性の腕のなかへ逃げ込み、不満をたらたら述べます。「いまいましい黒ん坊（ニガー）」が、白人の座っているテーブルへやってくるとは、何と厚かましいことかと。

外国人は何と貧しく単純な考えの持ち主でしょう。紳士の間で求められる礼儀作法は、自分たちの専売特許だと思い込んでいます。それは幻想だとありがたいことに私は知っています。そのような外国人がここにいて、議場にいるヴァージニアの旧家出身（それがこの国では最高位にあたると聞きましたが）の議員が、大胆に質問した同僚に、「白人に話しているのですが」という口調で答えるのを聞いていたらと思います。私たちの習慣を破って、ジュビリー黒人合唱隊を、昨夏、グラッドストーンさんが――社会的地位でしか個人を判断しない人です――自宅に招いたとします。あるいはドブロイ公爵がここにいて、この巧みな言葉が、貴族的な旧家に連なる人の口からこぼれるのを聞いたとします。そうしたら、自分たちの礼儀知らずに恥じ入って頭をうなだれ家に帰り、書斎へ直行して、チェスターフィールドの著した礼儀作法書をひもとくのではないでしょうか。このような馬鹿げたことに直面した外国人が、私たちの区別の仕方を嘲笑しても不思議ではないのです。

議長殿、この法案には民主党が賛同するただの一行もありませんが、かれらは学校法案に関してかまびすしく騒ぎたてています。この法案が成立したあかつきには、南部諸州の公立学校制度はいったいどうなるのかと、至急電（ウナでん）がひっきりなしに送られています。それには驚きません。いっぽうで待ち望んでいたことです。学校法案にはどれほどの効力があるのでしょうか。百パーセントか部分的にか、税金でまかなわれる学校制度が存在する州の全児童は、平等に学校教育を受ける権利があると法案は述べているだけです。教室が全児童に十分に行き渡らないときは、どの児童も教室が十分にある学校へ通う権利がある。学校法に記載されているのはそれだけです。法案に賛同した議員に、黒人の利益になるよう企図された条文を教えてもらいたいものです。悪影響を及ぼすのを予測し損ねた条文は、どれでしょうか。黒人が解放されると国は荒廃し、自分の身の回りのことに責任を取れない黒人は、結局は飢え死にするだろうとかれらは断言しました。それは誤りでした。再建法が通過し、私の州の黒人たちは、アラバマ州が連邦に復帰すべきかどうか投票で意志表明するように言われました。すると白人は、あなおそろしと両手を挙げ、黒人が投票するなら、自分たちはこれからさき決して投票しないと宣言したのです。ところが現状はどうでしょうか。そう宣言した人々の何人かが共和党の要職につき、私たちの政策や候補者のために声を嗄らして叫んでいます。生まれ変わった魂の情熱で、私たち共和党の政策を賞賛しています。議長殿、その熱狂に感嘆するばかりで、私は自分の信念を疑い、生ぬるい態度を恥ずかしく思うほどです。わが党に入らなかった人々は、黒人が投票するように最大限の努力をしています。かれらが昼夜わかたず黒人の住む小屋を訪問しているのを目撃しました。そして、昔の馴染みじゃないか、投票しようよ、と説得しています。

議長殿、民主党は政治的偏見のために、何が何でもこの法案に反対しようという魂胆です。一八六八年の選挙運動で、ジョー・ウィリアムズという粗野で評判の悪い黒人の男が、南部での民主党の選挙運動員に雇われました。モントゴメリーにやって来て私たちを啓蒙することになりました。モントゴメリーで最上のホテルに投宿しました。私などはとても宿泊させてもらえないホテルです。集会では民主党幹部会の議長が、この男を学識があり上品で雄弁な紳士であると紹介しました。アラバマ州北部のシーモア・アンド・ブレア・バーベキュー店で話すことになりました。これまでにこの地域で開かれた集会ではもっとも盛大で、聴衆の大多数は婦人でした。そこでウィリアムズさんは演説をしました。同僚で本物の民主党員スロスさんから聞いたことなので真実です。スロスさんはこの集会の準備委員会の議長でした。光栄にもスロスさんが、「友人の」ウィリアムズさんを紹介するときの、あの輝くような表情を、これまでの人生で私は見たことがありません。このときかれらは粗野で下品なよそ者に、民主党員であるために好意を示したのです。ところがかれらは、私が共和党員で、かれらの神の前で跪かないがために、クー・クラックス・クランとかたらって、昼夜わかたず山でウズラを追うように、私たちを狩りたてます。具対例は枚挙にいとまがありませんが、我慢しましょう。時代が下ってグリーリーの選挙戦のときです。聞いたところによると、ノースカロライナ州で民主党の選挙運動員に雇われた黒人はどのホテルにも宿泊できたばかりか、特別待遇されたといいます。ルイジアナ州では黒人の著名人がグリーリーの政策に賛同しました。選挙戦が終わり、マッケナリーの州政府は、ワシントンの大統領に陳情団を派遣する必要を感じ、この黒人著名人がその一人に選ばれました。出発前にニューオリンズに到着すると、南部でもっとも貴族的なセント・チャールズ・ホテルへ連れて行かれました。

一行は出発し寝台車に乗りました。この著名人はどこの食堂でも他の委員とまったく差別なく扱われました。モントゴメリーに到着したとき、ニューヨークへ向かうため私も駅におりました。車掌は私に寝台車ばかりか、一等車も拒否しました。私たちのこの差はいったい何でしょうか。政治信条の違いのみです。それを証明するために、この出来事の数カ月前にこの黒人著名人は、フレデリック・ダグラス一行と共に、特権を拒否されていたと指摘するだけで十分でしょう。たった今、黒人著名人はふたたび正しい政党に復帰したために、この法案が通り制定されなければ、南部でふたたび寝台車に乗ることはないと私は断言します。状況が問題を変える、という言いまわしは、まったくもって真実です。

　議長殿、私たちの国を抑圧された人々の避難所（アサイラム）と呼ぶのは間違っています。あらゆる所で私は除け者として扱われています。問題全体を解決するには、公の場所で肌の色ゆえの差別を禁じる法律を施行し、違反者には罰則を与えることです。誰も個人の生活に介入する法律の制定は求めていません。公の場所での権利享受を保証する法律の施行を求めます。このように私が要求すると、世論を待たねばならないと言われます。法律で強制することではないというのです。世論は力であり、多くの場合、それ自身が法をなすのも認めますが、法律と必然性の法則が世論をつくる事実を見逃してはなりません。この間の戦争では黒人兵の入隊が嫌がられました。入隊してからは、同じ戦場で黒人と闘うことが嫌がられました。ところがどちらも必然が生じると、世論が結論を導き出しました。白人の父親は、自分の息子が助かるなら、黒人が火薬の餌食になるのに反対しませんでした。白人女性は、自分の夫が南部の草原で埋葬されるのを避け、自分と小さな子供たちのもとへ戻って来るなら、黒人が一緒に隊列を組んで行進し、同じ戦場で闘うのを厭いませんでした。

再建法も憲法修正もなかったら、南部の世論はいったいいつ私に投票権を与える妥当性を提示したでしょうか。法律によらずに世論が政府に働きかけ、この国の政府代表として黒人を外国政府へ派遣するのはいつの日でしょうか。善意の人々が、今日、普通法(コモンロー)のもとで、黒人はあらゆる権利を有すると言っています。それに対して私は、その種の法律はこの国の私が住む地域の黒人に対して、ほとんど尊重されていないと申し上げます。私たちが関心を払う唯一の法律は、きわめて現実的な力を持つ非コモンローであります。繰り返しますが、私の権利を保証する法律を、あなたがたの成文法へ組み入れるなら、世論はすぐについてきます。

議長殿、この法案の制定を信じております。それがことの必然であり、この問題に関するあらゆる法律制定がこれで終了するからです。この法律は社会的平等を意図していません。それは不可能です。ある人間がある人間を、社会的に同等と認めねばならぬ、と強制する法律の施行が可能だと信じる愚かな議員はこの議場におりません。もしそのような人物が存在しても、この議場にいてはならない。間違った建物に送られて来たのでしょう。社会的同等を認める法案であれば、私もノースカロライナ州の黒人紳士と同様、強く反対します。この紳士は、その交友関係や教養から、鳥の王者、誇りと力の表象、国家の紋章である白頭ワシの代わりにカラスを、崇高と美徳の基準に選ぶことでしょう。私はそのような人々をたくさん見てきましたが、いくらなんでもそのレベルまで引き下ろされたくはない、と伝えましょう。

議長殿、州と国家の権利問題で人々の考えがいかに食い違っていても問題ありません。しかし一つだけ、私たち皆が同意している権利があります。個人の権利です。それには自分と家族の友人を選ぶ権利、自分の家に来ることができるのは誰か、来られないのは誰かを選択する権利が含まれます。この権利は神が授与し習慣が是認したもので、だれにも個人の決定を覆す力はありません。この法案を法律として制定するのです。そうすれば私の人種の人間性と市民権は完全に保証され、この件で弱りきった国家に休息が与えられます。さらに過去五〇年間、義務を果たしてきた政治機関から解放されることになるでしょう。自分の政治的立場からくる不安から解放されると、自分の選択ではなく必要から、やむなく政治家になっていた何百人という私たちは、政治の領域から離れるでしょう。そして別のもっと楽しい仕事を求めます。安心することができれば善良な市民となり、私たちの国家の利益のために、自分の能力を発揮することが、黒人の義務と関心になり、目的になります。

8 南部の黒人女性
——女性軽視と女性に必要なもの

1883.8.15.

アレグザンダー・クラメル

1819-1898

The Black Woman of the South : Her Neglects and Her Needs ★ *A. Crummell*

Alexander Crummell (1819—1898)

アフリカの王族を父親に自由民の黒人を母親に，ニューヨーク市で生まれる．ニューハンプシャー州カナーンの人種統合学校に通う．1844年，マサチューセッツ州監督区で監督派教会の牧師に叙任される．リベリアで20年間宣教師として活動した後，合衆国に帰国．ワシントンDCにセント・ルーク監督派教会を設立．1883年，有色人種教会関係者会議を開催．1897年，アメリカン・ニグロ・アカデミーを設立．以下の演説は，ニュージャージー州オーシャン・グローヴにあるメソディスト監督派教会で開かれた自由民援護協会でのもの．

今日このごろ、女性の威厳、特権、栄光について、いたる所でかまびすしく論議されています。ヨーロッパの国々では、何世紀も続いた蔑まれた低い地位から女性たちが立ち上がり、新しい地位とより高い職業を求めて成功しています。この新しい改革の結果、今日では古い大学の教室に女性が座っている姿を目にします。文学界では男性作家のライヴァルになり、芸術の偉大な創造者になり、高い志を抱いた市民政治の参加者になり、偉大な改革運動家になり、文明と人間の再生へ向けて崇高な目的を持つあらゆる運動の先導者・代理人・補佐になっています。

これらの進歩の路線で、アメリカの女性は地球上の同胞姉妹より、はるかに先を行っています。アメリカの女性が受けている特権、自分たちで求めて手にした権利は、世界中のどの階級の女性と比べても類を見ないものであります。そのような状況でありますから、今日、私がここに参りまして、このアメリカの女性の一般的な優越性には、大きな例外があるという現実をお話ししても間違いではないと考えます。その例外とは南部の黒人女性です。

＊＊＊＊＊

南部の田舎や農場の人口の大部分は、純粋な黒人の血を引く者によって構成されています。そのことは、また別の悲劇的な事実を提示します。すなわち、この多大な黒人人口が、アメリカへ連れて来られてから二百年間、文字を知らず無教育のままに放置されている現実です。この間、黒人は知的栄養失調状態に陥っています。特に南部の黒人女性の場合は、その症状がより深刻です。黒人男性はときおり、貶められている卑しい状態から脱け出ることがあります。男性に有利に働く要因がいくつかあります。支配者である主人の召使という立場、かれらと法廷に出席する機会、政治集会に一緒にいる機会、食卓の椅子の背後から会話を聞く機会、従者として主人と一緒に旅行する機会、主人の館で本を読む特権など、寛大な主人の場合にはこれらすべての機会によって、黒人男性はあちこちの分野で出世することが可能になり、優越的な立場へ引き上げられることになります。しかしそのような幸運が、農園の黒人女性に訪れることはなかったのです。

南部の黒人女性は、遺産として永遠に受け継ぐ暗闇と、無教養状態にとどめられています。

＊＊＊＊＊

少女時代に、黒人女性の繊細なやさしさが乱暴に踏みにじられました。畑で、粗末な丸太小屋で、印刷室で、工場で、女性は下品で無知な男の相手になるために放り出されたのです。繊細で控えめな態度や、やさしく穏やかな態度でいる機会など黒人女性にはありませんでした。少女時代から粗野な情欲の不運な犠牲者でした。女性の美徳はことごとく踏みにじられました。貞節本能が頭をもたげると、自己の人格を守るために、雌トラのように激しく闘わねばならなかったのです。自分の徳を守る自己主張をすれば身体的苦痛や苦悩を味わいました。成人女性になると、あらゆる女らしいやさしさは、乱暴に犯されました。結婚年齢になると――奴隷制度のもとでは常に早いうちからその年齢と見なされていましたが――黒人女性は農場の畜牛のようにつがわされ、愛情を感じる選ばれた夫の連れ合いになるのではなく、畑や奴隷市場へ送り出す人間＝牛を繁殖させる養育者になったのです。その相手と一緒に毎朝、畑の労働者として骨折り仕事に携わるのです。男の仕事は女の仕事であり、重い鍬を振り上げ、鋤を使いこなし、作物を取り入れます。黒人女性は、「木の伐採人であり、水を汲む人」になるのです。朝早くから夕方まで、仲間と一団になって重労働に携わり、怒鳴り散らされ、酷い鞭に怯えました。綿花摘みもします。精糖所でもタバコ工場でも働きます。疲労や病気であてがわれた仕事に遅れが出ると、罰として、すでにやせ細りボロボロになった肉体に、否応なく鞭が飛んできました。

その家庭生活はひどく惨めなものです。粗末な小屋に住み、貧しい食事をとり、かろうじて身が隠せるほどの服を着て、固い板の上でみんな一緒に寝ます。

このように獣のような重荷を背負いながら、不安に満ちた妊娠期間を過ごしますが、普通の文明化された生活なら、妊婦には安らぎと平安と心配りがなされるところです。奴隷制度のもとでは、そのようなくつろぎの時間はありません。多くの畜産業者でさえ、自分の畜牛だったら耐えられない劣悪状態のもとで、奴隷の子供たちはこの世に送り出されます。かくして黒人女性は子供たちの母親になります。ところが母親になってからも、保護者としての責任で子供たちをしつけ、支配をすることはできません。自分の子供が自分のものではないのです。母親もその夫も子供も、すべて別の人間の財産です。親子の聖なる絆はいつでも突然にぷつんと切られ、残酷に裂かれます。今年、一人の夫がいても、来年は、奴隷市場で売られて夫と別れ、別の男と引き合わされるのです。家族の神聖な義務などありません。結婚の絆も認められません。家庭の喜びやいとしい感情はありません。このようなことのすべてが、南部の黒人女性には認められなかったのです。それどころかやさしい感情は鈍化させられ、女らしい繊細な感情や女の恥じらいは忘れさせられ、ひどく粗野なふるまいが代々、受け継がれてきました。しかしこのように恐ろしい状況であったにもかかわらず、神の摂理と御意の奇跡でしょうか、試練に遭いながら多くの美徳がこの粗末な丸太小屋の中で保存され、多くの女らしさややさしさが黒人女性の胸の内に潜んでいます。それは奴隷所有者自身がよく知っていることです。

あなたがたは今、不思議に思っているかもしれません。「このような悲惨な記憶を、今なぜ持ち出すのか。すでに死滅した残酷な状況を話して、私たちを悲しませるのか」。私の同胞の皆様、残念ながら決して死滅してはいないのです。思い出してください。

人間の邪悪さは、死んでも生き延びるのだ。

（シェイクスピア『ジュリアス・シーザー』三幕二場）

怪物のようにおぞましい邪悪行為、構造的に機能する制度の邪悪行為は、その制度じたいが消滅してからも長らく生き延びるのです。ヨーロッパへ行くとわかりますが、古くから存在する国家や王国には、封建制度の名残りが見られますし、その死んだはずの果実がまだ生き続けています。奴隷制度の場合も同様です。自由になって一八年が経ちますが、黒人女性の心や身体から、すべての死滅したはずの印を取り除くにはいたっておりません。奴隷解放後、確かに生活状態は変わりました。しかし黒人女性が、この地の除け者であるという意識はまだ残っています。私たちは現実に黒人女性や外国からの移民を軽蔑しています。外国からの移民の中には、祖国で社会の底辺にいて、牛馬につながれ畑を耕していた者もいます。かれらは粗野で教育がなく、下品で無知蒙昧な人々です。しかしこの地にやって来たからには、かれらの劣悪状態は終わったのです。

私たちの国に着き、かれらの枷は外れた。

（ウィリアム・クーパー「務め」より）

アメリカの暮らしに接木されたかれらは、すぐにこの地が与えるあらゆる贈り物と立派な資源を共有します。

ところが南部の黒人女性の場合は違うのです。法律上、自由になったにもかかわらず、解放は黒人女性を守るような何らの効果も及ぼさず、その貶められた社会生活を改善するにいたっておりません。

奴隷解放令が発布されたとき、どの小屋でも「開け、ゴマ！」という囁き声を聞いたことでしょう。ところが黒人女性の質素な住居や貶められた人格に関するかぎり、瞬時にその荒れ果てた小屋を優雅なものに、その家庭の猥雑な環境をきちんと品のある美しいものに変換する、不可視ではありますが、恵みにあふれた天才は存在しなかったのです。

現実は、「奴隷解放の日」に黒人女性は疲労困憊しており、どん底状態だったのです。たしかに息子たちにはさまざまな良い変化をもたらしましたが、女性の社会的・家庭的な状況にはほんの小さな変化があったのみです。解放後も、無教育で無作法で無知な母親のままです。都会から遠く離れ、昔ながらの農園に付随した小屋に住み、不機嫌で不満を抱いた主人階級のそばにいましたが、かれら主人階級は、奴隷が解放されて自分たちの財産が奪われた、と今でも感じているのです。「美しいヒューマニズム」が、粗末な小屋に訪れてくるはずもなかったのです。黒人女性の目に知識の光の輝きはありません。家族に魅力を与え、女性の繊細さや洗練によって、国家の文明を維持する立派な家庭生活は現実になっていません。黒人女性はいまだに男性と同じように、荒々しく卑しい労働に従事しています。頑健な夫とともに今でも厳しい畑仕事についています。住居には、おそらく六人から八人くらいの子供たちが住んでいますが、二部屋しかありません。家具といえば粗野なものです。衣類はほとんどなく、粗末な布地のぼろきれのつぎはぎだらけです。そして母親も子供たちもたいてい帽子を被っておりませんし、靴を履いておりません。縫い物を習ったことはほとんどなく、奴隷時代の畑仕事のためにきちんとしておく習慣がなく、片付けもきちんとやっていません。じっさい、乏しい食事、粗末な衣類、粗野な住まい、下品な作法、下品な仲間、下品な環境、黒人・白人両方の下品な隣人、そうなのです、何もかもまったく、感覚を刺激し情熱をほとばしらせる宗教にいたるまで、下品で無知で非常識ですが、南部の田舎の村に住む、黒人女性一般の暮らしはそのようなものです。

これが黒人女性の現状です。同じ地域の少女の暮らしを見てみましょう。それもまた似たり寄ったりのもの。大きな町では、白人男性が昔の奴隷時代を忘れておらず、

「異人種混合（アマルガメイション）」を心の底から嫌っているにもかかわらず、今でも黒人少女は永遠に、男の欲望の対象だと考えています。大きな町や都会の黒人少女は公立学校に通い、立派な教育を受けています。南部の黒人学校教師一万五千人のうち、半分以上が奴隷解放令後に教育を受けた若い黒人女性です。粗末な小屋に住んでいる無知な少女たちばかりか、教育を受けたこのような若い娘たちでさえ、南部社会の悪魔的状況の対象になり、追いかけられ誘惑され辱めを受けます。黒人男性には白人男性の権利がなく、黒人女性には白人男性が尊重する徳などないと見なされているのです。

さてこの堕落の広がりに注目してください。私が都会や町や大きな村に住む黒人女性のみの話をしていたのであれば、悲しく憂鬱な物語で終わります。しかし私は何百万の女性の現状を話していたのです。一八八〇年の国勢調査によれば、南部諸州には、アフリカ人の血を引く女性は、あらゆる年齢層を含めて三三二万七六七八人います。そのうち一二歳から二〇歳までの少女は、六七万四三六五人で、二〇歳から八〇歳までが一五二万二六九六人です。観察眼の鋭い私の友人が、「この数は驚くべきものだ！」と言いました。この女性たちのほとんどが田舎に住んでいること、粗野で無知のまま成長すること、以前の主人が、代々続く劣悪状況を打開する努力をほとんどしていないことを考えると、この人々の哀れな状況がよく見えてきます。黒人女性の多くが不可避的に遭遇する、未来の状況が予測されるのです。それを阻止し、南部の黒人女性の状況が改善されるためには、多大な努力を特別に払わねばなりません。

アメリカ人の精神は現実的な性質を備えています。功利主義が博愛主義の中にさえ組み込まれてきます。それゆえ、黒人女性に特別の関心を払って、アメリカ国家に特別な利益がもたらされるのだろうか、という問いがなされても私は少しも驚きません。

問題のこの側面を少し考えてみましょう。これから私がお話ししようとすることは、アメリカ人へ向けて語られたことはありません。しかし私も黒人でありまして、地球上でもっとも関心を抱かせる女性の階級の一つが黒人女性であると主張しても、弁明の必要はないと考えております。私は黒人女性を特異な堕落した人間としてではなく、その本質において、生得の本能と特質を持つ人間としてお話するつもりです。

ある賢明な観察力鋭い、心やさしい博愛主義者の言葉を繰り返しましょう。その名前と評価、演説はよく知られています。著名なチャニング博士（ウィリアム・エラリー・チャニング一七八〇―一八四二。牧師・奴隷制度反対者）が、以下の発言をしたのはちょうど四〇年前のことです。「私たちは人類家族において最上の人種のうち、一つの人種を隷属状態にしている。黒人は人類のなかでもっとも穏やかで、やさしい人々である。外側からの改良に特に影響されやすい……。性質は愛情豊かで、感動しやすく、それゆえ白人より宗教的改革に寛大である……。アフリカ人は私たちよりはるかに柔和で、辛抱強く愛情深い特質を備えている」。

南部の黒人女性の真の性格を認める必要がなければ、私はこのような言葉を口にするのをためらいます。黒人男性を弁護するために、私は今日ここに立っているのではありません。かれらは男です。弱ければ壁にぶち当たらねばなりません。男ですから。自分で闘い道を開くのです。心身ともに強ければ、自分の責任は取れます。しかし同胞の母親・姉妹・娘のために、私は話す権利があります。南部の悲惨な状況を考えるとよけいにそうです。奴隷解放の日からほとんどだれ一人として、かれらのために声を上げた人がいないのですから、かれら黒人女性を讃美し、その優秀さを称えるのは私の義務であり、特権であると感じています。黒人女性は素朴で暗愚かもしれませんが、南部の黒人女性は地球上の女らしさの女王です。生得の資質がかれらより優秀な女性がこの地上にいるとしたら、私はどこでその女性を発見できるのか知りません。というのも、私は強調したいのですが、やさしい気持、生まれつきの純粋なつつましさ、私心のないこと、性格の暖かさ、深い人間性、寛大な献身、暖かく母性的配慮の点で、この地上で黒人女性を越える女性はいないからです。

　この見解を支持する言葉はあちこちで聞かれます。私たちの敵自身が証言者です。何世代にもわたって広くそして絶え間なく、黒人は愚弄され、馬鹿にされ、嘲笑されてきました。あなたがたの中には、西インド諸島やアフリカを旅行したコールリッジやトロロップ、バートン（リチャード・バートン　一八二一—九〇。英国の探険家。タンガニイカ湖を発見）の日誌や敵愾心に満ちた批判を覚えていらっしゃる方もいるでしょう。そして多くの方が、一八四七年の民族学の哲学的論考、ハントとグリドン（ジェイムズ・ハント　一八三二—六九、ジョージ・R・グリドン　一八〇九—五七はともにエジプト学者）の人を馬鹿にしたような論文（「自然界のニグロの位置」。黒人の身体的特徴と知性の低さを結びつけた）を覚えていらっしゃるでしょう。これらすべての場合において、冷笑、侮辱、愚弄は必ずや黒人男性へ向けられ、黒人女性に向けられてはいません。反対に黒人女性はどこでも賞賛され自慢されています。黒人男性は愚かで唇が厚く、鼻が平たく、偏平足の、頭が空っぽの動物だと言われました。ヒヒと人間の中間にいる動物で奴隷にしか適さないと！　ところが黒人女性たちはどこでも、奴隷制度のただなかにいたときでも、やさしい面が評価されています。子供の乳母をしてきました。小さな子供たちの世話も、子供の悲しみを受けとめることも黒人女性に委ねられてきました。西インド諸島や南部諸州の何千、何万の人々が立ち上がり、黒人女性のやさしさ、忍耐強さ、愛情深さについて語っています。世界中探してもかれらほど道徳心高く、やさしく、穏やかで愛情があり、いつも変わらない献身の持ち主と評価される女性はいません。私自身の母親、いとしい姉妹のことを思い起こしても、それは真実だと断言できます。

ミシュレ（一七九八―一八七四。フランスの歴史家）が次のように賞賛しています。「どの民族よりも黒人女性は情愛深く、多産である。若々しい血のせいばかりでなく、心の豊かさゆえだと認めねばならない。情愛深い女性のなかでもっとも情愛深く、善良な人間の中でもっとも善良である（黒人女性に助けられた旅行者に聞いてみるとよい）。善良さは創造性に富む。実りをもたらす。聖なる行為の祝福である。女性が多産であるというのは、女性にやさしさがあるからであり、心を満たしている大洋のような善良さゆえだと私は考える。（略）アフリカは女性である。その諸人種は女らしさに溢れている。（略）中央アフリカの黒人部族の多くが、女性によって支配されている。黒人女性は愛らしく親切であり、同時にまた知性的である」。

アフリカ人女性が旅行者に寛大であるというミシュレの言及は、マンゴ・パークの旅行中の出来事を思い出させます。アフリカの女性たちがマンゴ・パークに食事を与え、栄養をつけさせ救ったのです。男たちはマンゴ・パークを退けました。牛と一緒の餌を食べることさえ許しませんでした。それでマンゴ・パークはほとんど意識を失い、疲労困憊し絶望して、遠くの小屋の前まで行くと地面に横になり死を待ちました。気の毒に感じた一人の女性がマンゴ・パークに食事と牛乳を運んでくると、すぐに回復しました。その後、マンゴ・パークは、やさしく気遣ってくれた穏やかな女性たちの、慰安と心尽くしについて語っています。マンゴ・パーク自身の言葉を紹介しましょう。「このように絶望しきっている見知らぬ者を親切にもてなしてくれた私の有徳の恩人は、マットを指差し、心配ないからそこに寝なさいと言い、そのときまでびっくりして立ったまま私をじっと見つめていた家族の女たちに、木綿を紡ぐ作業を続けるように命じた。女たちはその仕事を夜遅くまで続けていた。仕事の気晴らしに歌をうたっていたが、その一つは、即興で私を題材にした歌だった。その歌は若い娘の一人が歌い、まわりの女たちはハミングしていた。甘く哀調に満ちた旋律だった。歌詞を文字通り訳すと次のようになる。『大風が吹き、雨が降る。哀れな白人の男が意識を失い、疲れきってやってきて、わたしたちの木の下に座っている。牛乳を持って来てくれる母親はいない。とうもろこしを挽いてくれる妻はいない。白人に憐れみをかけよう。母親がいないのだから』。ここで私の個人的体験をお話してもよろしいでしょうか。西アフリカに二〇年近く暮らしましたが、現地の女性の美質に触れ、その魅力を感じました。土地の女性たちはいわゆる「異端」の状態にありますが、多くの部族のなかで、あの特別なやさしさ、穏やかさ、従順さ、控えめな態度、そして特に母親としての心遣いを目にして本当に嬉しく思いました。母親としての心遣いがアフリカの少年を勇敢にし、自分の母親を守る大人に成長させるのです。

私はシエラレオネで「文明開化」した黒人女性に会いました。まったく同じ性質を認めることができたばかりか、学校教育や文明によって精神的に豊かで、キリスト教徒の情緒や感情の美点によって高められ、威厳を備え、洗練され、清められていました。外国旅行の思い出の中で、フリータウンで出会った家族たち、女性の友人たちほど喜ばしい記憶はありません。

フランス人旅行者は、ハイチの黒人女性を大いに賞賛しています。「町で文明生活のあらゆる魅力を知った。ポルトー・プランスの黒人女性のしとやかさは忘れられない」と記しています。

フランス政府によって、フランスから残酷にも国外追放になった黒人について、一八〇二年、ワーズワースが感動的なソネットを書いたのは、かれらの繊細でやさしい資質をすぐに認め、刺激されたからにちがいありません。

フランスの土地を追われ、一人の女がカレーから
私たちのところへやってきた　美しい衣装を着て
きらびやかな淑女のように　一人のニグロの女が
ところがあやまちを恐れる女のように下を向き。
おとなしく　望みも助けもなく見捨てられたように
女は座り　気がつかれても視線を逸らさず
その交わされる言葉はすべて
重くけだるい――だが同時に
その目と顔には沈黙と不動の表情が。
目には熱帯の炎が残り
心から勝手に離れて燃えている
豪華な衣装の輝きに重なり
追放された者をあざけるように――ああ神よ、やさしく!

汝、地上よ、この苦悩に満ちた人種に心を寄せよ！

（「自由へ捧げるソネット」9）

私は黒人女性が軽視されている点だけではなく、その必要とするものについて語らねばなりません。そのことを考慮すると、黒人女性を野蛮や抑圧状態から引き上げるための方法が見つかるかもしれません。

＊＊＊＊＊

紳士淑女の皆様、奴隷解放の日以来、北部の寛大なキリスト教徒が、この国における黒人の知的訓練のために何百万ドルも寄付してきました。南部にカレッジや大学が設立され、そこで何百人という若者が勉強しています。この点における皆様がたの教会の業績はすばらしく、他に類例を見ないほどです。その効果は抜群で、アメリカの黒人全員を元気づけてくれます。これらすべての寛大で高貴な努力への報いは、黒人女性の向上にあります。今までのところ、あなたがたの高貴な博愛精神は、大部分が南部の男性に向けられています。かれらに優越感を与え、より高い志を抱くように刺激を与えています。しかし真の文明が花開くのは、女性の身体のあらゆる部分に高貴な理想が行き渡り、その洗練された嗜好が文化によって豊かに育ち、美しいものを求める気持が満たされ広がり、その特異で繊細な資質が最高度に高揚されるところまで、女性の生活が到達したときです。そのときにこそ、これらすべての資質が十分に成熟し、磨きをかけられ、認められたときにこそ、黒人女性の聖なるあらゆる影響力が、何万もの家庭の暖炉のまわりを囲み、自由民の質素な丸太小屋が、南部の黒人女性の向上し洗練された魅力と影響力によって、キリスト教の洗練と、家庭の優美さを備えたホームになるのです。

9 アトランタ博覧会演説

1895.10.18.

ブッカー・T・ワシントン

1856-1915

Atlanta Exposition Address

★ *B. T. Washington*

Booker T. Washington (1856—1915)

ヴァージニア州フランクリン郡で奴隷として生まれる．解放後，家族と共にウェスト・ヴァージニア州へ移住し，その後，ヴァージニア州東部のハンプトン普通科・農業科学校に入学(1872年)するまで同地で育つ．1875年，卒業するとハンプトンその他で教え始め，タスキーギ普通科・工業科学校の初代校長になる．公人としてまた公民権運動の指導者としての出発は，ジョージア州アトランタで開催されたアトランタ・コットン・ステート・アンド・インターナショナル博覧会における次の演説による．

会長、理事および市民の皆様。

南部における人口の三分の一は黒人であります。この地域の物質的な恩恵、また市民としての、あるいは道徳的な恩恵を求める企業は、われわれの人口のこの構成要素を無視して大成功を祈念しても、それは適わぬことであります。会長および理事の皆様、私の属する人種、すなわち黒人大衆の心の内をお伝えいたしたく存じます。この壮大な博覧会の組織者たちほど、博覧会準備のあらゆる段階において、アメリカのニグロの価値、男らしさをかくも適切に、寛大に、認識したことはないのであります。その認識ほど、われわれが自由を獲得した解放の始まりからこれまでに起きた出来事で、二つの人種の固い絆をたしかにしたものはないのであります。

そのことばかりでなく、ここで提供される機会はわれわれに、産業進歩の新時代の到来を告げております。われわれは無知で経験不足だったために、自由になった暁の数年間、われわれの新生活を基本の一歩から始めるのではなく、頂点から始めてしまったのであります。基本になる土地を獲得し、手に技術を獲得する前に、連邦議会や州議会で議席を求めたのであります。酪農や家畜を飼い始めるより、政治集会や街頭演説会に参加したいと考えたのであります。

何日も海上で漂流していた船は、突然、友好的な船を発見したのであります。この不幸な船のマストから、「水、水をくれ！　渇きで死にそうだ！」という合図が読み取れ、友好的な船からは返答がすぐに来たのであります。「その場にバケツを下ろせ」。絶望的な船から二度目に「水、水をくれ！」という合図が送られたときにも、「その場にバケツを下ろせ」という返事が来たのであります。三度目、四度目の水をくれという要求にも、「その場にバケツを下ろせ」という応答が来たのであります。絶望的な船の船長は、ついに指示に気がつき、バケツを下ろしたのでありますが、するとアマゾン川の河口から採って来た、新鮮なほとばしる水を一杯にしたバケツが戻って来たのであります。

自分たちの生活改善を見知らぬ土地でせねばならぬ黒人や、南部の白人と友好的な関係を築く重要性を過小評価している黒人には、こう言いたいのであります。「その場にバケツを下ろせ」――バケツを下ろして、周囲のあらゆる人種と男らしく友人関係を結ぶのであります。

農業、機械、商業、家事労働、専門職のあらゆる分野にバケツを下ろすのであります。

かくなる関係において、南部がその他のいかなる罪を負っていたにしろ、純粋に単純に仕事の話であれば、黒人が商業面で男にふさわしい機会を与えられるのは、南部をおいて他にない、としっかり心に留めておかねばならぬのであります。その絶好の機会を提示しているのが、何あろうこの博覧会であります。われわれが直面する最大の危険は、奴隷から自由へ大きく跳躍したその昂揚の中で、われわれの大半は手による生産物に頼って生きるのだという一事を見逃し、はたまた、平凡な労働に威厳と栄光を見出し、平凡な日常の仕事に能力と技術を注ぐにしたがい繁栄する、表面的なものと実質的なもの、生活における必需品と安ピカ物の飾りの違いを認識するにしたがい繁栄する、ということを忘れた現状を見逃しているところにあります。畑を耕すことに詩を書くのと同じ威厳が備わる、ということが理解できなければ、いかなる人種といえども、繁栄は望めないのであります。われわれは人生の基底(ボトム)から出発せねばならないのであります。頂上(トップ)からではありません。さらに、われわれに与えられた機会を不平不満で曇らせてはならぬのであります。

「その場にバケツを下ろせ！」

外国の地で生まれ、異なる言語、文化習慣の人々が南部の繁栄のために流入してくるのを当てにする白人には、許されれば黒人へ向けたのと同じ言葉、「その場にバケツを下ろせ！」と申し上げたく思うのであります。八百万の黒人の中にバケツを下ろすように。黒人の習慣には馴染みで、裏切られればあなたがたの家庭が破壊されることを意味した時代に、かれら黒人が忠実で愛情豊かなことについては、すでに実験済みであります。ストライキや労働闘争もなく、あなたがたの畑を耕し、森林を伐採し、鉄道を敷設し、都市を建設し、土地の内臓から貴重な宝石を採掘し、南部の進歩のこの壮観な展示を可能にするのに貢献のあった人々の中に、バケツを下ろすのであります。われわれの中にあなたがたのバケツを下ろし、今、あなたがたがここで行っているように、頭と手と心の教育のために援助し奨励するのであります。かれら黒人はあなたがたの余った土地を買い、あなたがたの畑の不毛な地域に花を咲かせ、工場を起動させることになるのであります。

このようにしながら、あなたがたとあなたがたの家族は、過去にそうであったように、世界一の忍耐力を備え、忠実で法律を遵守し、不平不満を口にしない人々に囲まれる未来を確実にすることになるのであります。過去においてあなたがたの子供たちの子守りをし、あなたがたの父母の病床に付き添い、しばしば涙をためながら墓場までついて行ったように、将来において、謙虚に、外国人には真似のできない献身をもって、あなたがたを守るために必要とあればいつでも命を捧げる覚悟で、われわれはあなたがたのそばに立つのであります。そして両人種の利益が一致するように、われわれの産業、商業、市民、宗教生活をあなたがたのものと組み合わせるのであります。純粋に社会生活の領域では、われわれは人間の指のように分離しておるのでありますが、相互の進歩の基盤となるあらゆるものは、手元のように一つであります。

高度の知性と進歩以外に、われわれを防御し守ってくれるものは何ひとつないのであります。黒人が十分に成長するのを妨げる行為がどこかでなされたなら、それを刺激剤、促進剤にして、もっとも有用な知性ある市民に仕立て上げるのであります。そのようにして支払われた努力は、千パーセントの配当をもたらすのであります。これらの努力は一石二鳥であります——与える者を、またその利益を得る者を祝福するのであります。人間の法律、神の掟を通して、不可避のものから逃げる術はないのであります。

不変の正義の法律が
抑圧する者に抑圧される者を結びつける

罪と苦痛がしっかり交じり合い
われわれは相並び宿命へ向かう。（B・T・ワシントン自身の言葉。今日の法学者がしばしば引用する）

千六百万本近くの黒人の手が、あなたの重荷を持ち上げようと手を貸すか、あるいは重荷をさらに重くしようとするか、なのであります。われわれは南部の無知と犯罪の三分の一あまりを担うか、あるいは南部の知性と進歩の三分の一を担うか、なのでありま す。南部の商業や産業の繁栄に三分の一の貢献をするか、あるいは社会の発展への努力をすべて停滞させ、下落させ、遅延させ、紛れもなく死んだ社会であると証明することになるか、なのであります。

博覧会関係者の皆様、われわれの進歩の展示で、われわれは乏しい努力の成果を披露いたしておりますが、期待しすぎてはならないのであります。三〇年前にあちこちで、キルトやかぼちゃやニワトリなどを（あらゆるところからかき集めて）所有しはじめたことに始まり、そこから農業の道具や馬車、蒸気機関車の発明、新聞、書籍、塑像、彫刻、絵画の生産と創造、薬局や銀行経営へ到った道が、茨の道でなかったはずはないのであります。

われわれ独自の努力の結果を展示することに、われわれは誇りを感じておりますが、われわれの教育のために南部諸州のみならず、特に北部の博愛主義者が祝福と激励の絶え間ない流れを作って与えてくれた贈り物がなかったなら、われわれのこの展示が皆様がたの期待をはるかに下回ったはずであることを、一瞬たりとも忘れることはないのであります。

われわれ黒人のなかで賢い者は、社会的平等を要求する動きが、全くの愚かさに過ぎないと十分に理解しておるのであります。あらゆる特権をわれわれも享受することになる社会の進展が見られるとしたら、それは人工的に強制するのではなく、厳しく間断ない苦闘によるものであらねばならぬのであります。世界市場に何らかの貢献のある人種は、程度はどうあれ、排除され続けることはないのであります。法律のあらゆる権利をわれわれが享受するのは、重要であり正しいことであります。しかしながらわれわれが、それらの権利を行使できるように、準備万端整えていることのほうがはるかに重要であります。たった今、工場で一ドル稼ぐことは、オペラハウスで一ドル使うことにくらべ、無限の価値があるのであります。

結びとして、繰り返させていただきたい。過去三〇年間でわれわれにかくも希望と元気を与え、われわれをあなたがた白人に近づけてくれたのは、まさにこの博覧会が提供しているこのたびの機会なのであります。三〇年前、実質的にはお互い徒手空拳のまま出発し、あなたがたとわれわれの苦闘の結果を示す祭壇に、私はあたかも跪くようにして、南部の戸口に神が横たえた、複雑な大問題を解決するあなたがたの努力が、常に忍耐強く同情をもって、われわれ黒人を援助してくれたことを、誓いの言葉として捧げるのであります。これだけは心に留めておきたいと考えておるのですが、農業、林業、鉱業、工場、出版、美術の生産物の展示館が表象するものにおいて、多くの良きものが生まれ出てきていますが、それよりもさらに高いもの、物質的な恩恵を越えたところに、地域の差異や人種間の憎悪や疑惑を消滅させ、絶対的正義を実践する決意で、法律の命令をあらゆる階級の人々が積極的に遵守するような、より高い善が生まれ出て来ることを神に祈るのであります。

われわれの物質的繁栄の上に、それが実現されるのでありますれば、われわれの愛する南部に、新しい天地が開かれるのであります。

10 世界の国々へ

1900.7.25.

W・E・B・デュボイス

1868-1963

To the Nations of the World

★ *W. E. B. Du Bois*

W. E. B. Du Bois (1868—1963)

マサチューセッツ州グレイト・バーリントンに生まれ育つ．テネシー州ナッシュヴィルのフィスク大学から学士号，ハーヴァード大学から博士号を取得．アトランタ大学教授．『黒人のたましい』など人種関係に関する著作を多数出版し，ナイアガラ運動，全米有色人種向上協会の設立，公民権に関する雑誌『クライシス(危機)』の創刊に重要な役割を果たし，公民権支持者として活躍．ブッカー・T・ワシントンの妥協主義に断固反対した．ガーナに移住し，晩年，ガーナ国籍を取得．首都アクラで死去．以下の演説は，ロンドンのウェストミンスター・ホールで開催された，第1回パン・アフリカン会議のときのもの．

一九世紀が終わろうとする今年(こんねん)、現代の世界の中心都市に、アフリカ人の血を引く男女が集合し、人類の中で肌の黒い人種の現状と展望に関する厳粛なる討議を、まさに始めようとしております。二〇世紀の問題は皮膚の色の境界線(カラーライン)の問題になります。カラーラインの問題とは、人種の差異が――主に肌の色と毛髪の質にあらわれますが――近代文明の機会と特権を共有する権利を、最大限どれほど、世界の過半数を占める人々に拒否する基盤になりうるのかということであります。

確かに今日、ヨーロッパの基準に照らしますと、肌の色の黒い人種は文化面においてもっとも進歩が遅れております。しかしながら、過去の歴史において、常に最低の文化だったのではありません。古代や近代の世界の歴史には、人類でももっとも黒い人種のなかに、決して見下せない能力や才能があることを示す例がふんだんに見出されます。

とにかく現代世界では、世界の果てが相互に隣接するようになってきているのでありまして、何百万人のアフリカ、アメリカ、西インド諸島の黒人、またその他の地域に住む多くの黄色人種や茶色の肌の人種とともに、その人数からも、その直接的接触からも、肌の色の黒い人種は、未来において世界に多大な影響を及ぼすようになるのであります。今日、文化の領域において、黒人やその他、肌の色の黒い人々に、教育と自己発展の最大にして広汎な機会を与える方向に進むのであれば、黒人同志の連携と影響力が、世界で有益な結果を生み出し、人類の進歩を促進することになるのであります。しかしながら注意を怠り、偏見を持ち、強欲や不正のために、黒人世界が搾取され、略奪され、剝奪されるのであれば、その結果は致命的ではなくとも、きわめて嘆かわしいものになるのであります。それは黒人にとってのみならず、キリスト教文明の千年の歴史が抱いてきた正義・自由・文化の高い理想にとって嘆かわしいものとなるのであります。

それゆえ今、文明の理想実現のために、平和の信奉者の願う、より広いヒューマニティのために、世界大会に集まった私たちアフリカの男女は、真摯な気持で以下のことを訴えるのであります。

一つ、階級・カースト・特権・生まれによる差異が、奮闘している人間の魂の生命・自由・幸福の追求を妨げないように、これまで巧みにかわしてきた、その緩慢ではあるが確実なる進歩において、社会が逆行することのないようにする。

一つ、白人と黒人の間で、その人間の価値や能力にかかわらず、肌の色や人種が差異の特徴にならないようにする。

一つ、アフリカの住民が黄金への欲望の犠牲者にならないように、かれらの自由が奪われ、かれらの家族生活が堕落させられ、かれらの正しい向上心が抑圧され、進歩の道がさえぎられ、かれらの文化が奪われないようにする。

一つ、無情な経済的搾取や低開発国の政治的転落は、過去において実に頻繁に見られたが、未来においては、キリスト教伝道師企業が身につけている外套が、それを隠す偽装とならないようにする。低開発国の主要な過失は、キリスト教会への献身的信仰に依存していることである。

一つ、黒人の自由の、現代における最初のチャンピオンであるイギリスに、ウィルバーフォースやクラークソン、バクストン、シャープ（以上、奴隷制度廃止論者）、ビショップ・コレンソ（宣教師。南ア・ナタールの主教）、リヴィングストン（宣教師・探検家）の仕事を認識評価させ、できうるかぎり早急に、アフリカや西インド諸島の黒人植民地に責任ある政府の権利を与えるようにさせる。

一つ、ギャリソンやフィリップス（ともに米国の奴隷制度廃止論者）、ダグラス（本書*4*を参照）の精神がアメリカで死滅しないようにする。偉大なる国家の良心が高まり、アメリカの黒人への不正や不公平な抑圧を非難することを望む。さらに参政権を与え、人格と財産の安全を保証し、奴隷制度から人間回復まで一世代で九百万人を育成した偉業に対し、偏見なく認識評価することを願うものである。

一つ、ドイツ帝国、フランス共和国ともに偉大なる過去の歴史にたがわぬようにさせる。植民地の真の価値は、植民地自体が繁栄し進歩することにあることを記憶しておかねばならない。黒人と白人を区別することなく、正義、公平の態度で臨むことこそ繁栄の最初の一歩である。

一つ、コンゴ自由国を世界の偉大なる中心的黒人国家にする。その繁栄が現金や商業発展だけで数えられるのではなく、黒人の幸福と真の発展によって繁栄が保証されるようにする。

一つ、世界中の諸国がアビシニア(エチオピア)、リベリア、ハイチなどの自由黒人国家を信頼し、その自立性を尊重するようにさせる。これらの国家の住人や、アフリカの独立部族、西インド諸島やアメリカの黒人、およびあらゆる国家の黒人臣民は、勇気を奮い起こし、たゆみなく努力し、勇敢に戦い、そうすることによって自分たちの明白なる権利が、人類の偉大なる兄弟たちによって評価されるように世界に証明する。

かくして文明世界の偉大なる権力へ向かい、大胆にも自信を持ち、人類の寛大なる精神を信頼し、われわれの時代の正義感を深く信じ、われわれの大義の正当性を、寛大に認識させるようにする。

以上。

11 合衆国の首府で黒人であることの意味は何か *1906.10.10.*

メアリー・チャーチ・テレル

1863-1954

What It Means to be Colored in the Capital of the United States ★ *M. C. Terrell*

Mary Church Terrell (1863—1954)

両親は元奴隷で，メンフィスの著名な実業家の娘．オハイオ州オバリン・カレッジから学士号，修士号を取得．社会活動家，教育者，作家，全米黒人女性組織の創立者の一人で，初代会長．以下の演説はワシントンDCで開催された，ユナイテッド・ウィメンズ・クラブでのもの．

ありがとうございます。

ワシントンDCは「黒人の楽園」と呼ばれています。合衆国の首府に与えられたこの渾名は、ハンディキャップを背負った人種が、迫害や拒絶を皮肉っているのか、あるいは、南北戦争直後に元奴隷所有者が、奴隷監督も鞭もなく、黒人が生まれてはじめて、まるで自由人のように歩きまわるのを見たのか、歴史は何も教えてくれません。たしかなのは、ワシントンDCを「黒人の楽園」と呼ぶほど誤った命名はないということです。内容が真実を照らすかどうかで、命名の適性を判断する場合ですが。

一五年来、私はワシントンで暮らしておりますが、最初にここへやって参りましたときでも、楽園とはほど遠い場所でした。以来、まったく私たちにとって耐えがたい場所になるように、あらゆる努力がなされているように見えます。黒人女性である私が、ある晩、見知らぬ場所のよそ者としてワシントンへ足を踏み入れたとします。私は何マイル歩いても歩いても、体を休める場所を見つけることはできないでしょう。たまたまここに住んでいる黒人を知っているか、偶然、知り合いに出会って、黒人専用の下宿屋を紹介してもらうかしないかぎり、一晩中、町をうろつきまわる破目に陥るでしょう。アメリカ・インディアンや中国人、フィリピン人、日本人、その他の有色人種(カラード)は、支払いさえできるならホテルに宿泊することができます。黒人だけがまるで、らい者のように、国家の首府から追い出されるのです。

　黒人女性の私が、議事堂からホワイトハウスまで歩いて行くとします。お腹はぺこぺこですが、食事代はたっぷり持っています。ところが白人専用のレストランですと、奥のついたての陰に座るのをいさぎよしとしないときには、一口たりとも食事を供してくれるレストランは見つかりません。黒人女性の私は、建国の父祖(ファーザーズ)のお墓をお参りすることができません。この国は人間の心の中にある自由への愛を基本に成立し、すべての人々に平等の機会が保証されることを表象(あらわし)ています。すなわちそれは町の中心地——議事堂とホワイトハウスの中間当たりから出発する電車の中で、黒人差別のジム・クロウ車両に座るようにと強制されたりしないことを意味しています。ところがこのような侮辱を拒否すると、私は刑務所へ入れられ、ヴァージニア州の法律に違反したかどで罰金を払うことになります。(略)

　黒人女性の私が、ワシントンのいくつかの白人教会へ行くとします。神の聖なる場所

に期待する、人間的な歓迎を受けることはいっさいありません。（略）

報酬は雀の涙ほどですが、召使のような仕事を喜んで引き受けるか、あるいは資格のある看護師かお針子か、かなり困難ですが公立学校で教師の職を見つけることができないかぎり、真面目に生計を立てる道はありません。私に学歴があろうと、有能な女性がいかに必要とされていようと関係ないのです。白人女性が携わることのできるさまざまな職業に私がつこうとすると、目の前で扉はぴしゃりと閉まってしまいます。

ワシントンの一軒の劇場から、私はもろに門前払いを食らいました。その他の劇場では、限定された座席数が黒人用として確保されていますが、白人専用席には絶対に座れません。（略）

カトリック系の大学を除き、黒人が入学できる白人の大学は、首府に一つもありません。（略）二、三年前にコロンビア大学法科大学院が黒人学生を入学させました。ところが南部出身の白人学生の意見にしたがって、大学当局は黒人学生全員を退学させました。

少し前のことですが、短篇作品を書いてすでに文学界で注目されていた若い女性が、ワシントンの新聞に掲載された熟練の速記者・タイピスト募集の広告を見て応募しました。応募者は面接の前に自分の仕事の見本と、経験の度合いと技術の速度に関する質問事項に答える書類を提出することになっていました。応募書類を整えて提出したこの若い黒人女性は、経歴・技術ともに応募者のなかで抜群で、面接に来るようにという会社からの手紙を受け取りました。若い女性が訪ねると、会社の面接官は、その人種的背景が外観からはわからず、単刀直入に黒人か白人かとたずねました。真実を伝えると、面接官は、大変残念だがと言い、あなたのように有能な人を見つけるのは難しいが、この会社では雑役婦のような卑しい仕事でないかぎり、黒人を雇うことは問題外なのですと率直に伝えたのです。(略)

黒人女性はワシントンの商店やデパートなどで、雑役婦のような仕事、その仕事ですらなかなかないのですが、それ以外の職はないのです。そればかりか客としても、店員や店長から実にしばしば無礼な扱いを受けます。(略)

白人教師も黒人教師も同じ教育委員会のもとにあり、白人生徒と黒人生徒は同じ教育制度のもとにあることになっていますが、公立学校の黒人教師への偏見はさまざまな形であらわになっています。一八七〇年から一九〇〇年まで黒人学校には黒人の校長がいました。この時期には料理・裁縫・体育・実技・音楽・美術の指導主任たちは黒人でした。ところがどういうわけか六年前に変更がありました。黒人の指導主任は職を解かれ、一つの例外もなく役職を追われて、白人教師に職が回されました。（略）

今では、公立学校の黒人教師は、いかに能力があり優秀であっても、主任や監督、校長の地位につけないことを知っています。この政権が大胆な改革を行わないかぎり、補佐の地位どまりで、そのため低賃金に甘んじています。（略）

首府に黒人差別のジム・クロウ列車を走らそうと、議員たちは精力的に動いています……。アラバマ州選出のヘフリン下院議員は、この間の冬にワシントンDCにジム・クロウの路面電車を通す法案を提出しましたが、イースト・ブルックランド市民組織の会長から、「人種分離の路面電車実現を支持します。可能な限り早い時期に、貴殿が法案を通過させることを心から望んでいます」という手紙を受け取りました。ブルックランドはワシントンの郊外にある町です。

黒人労働者がまともな暮らしをするのは容易なことではありません。ある職業組合に入会することはできますが、組合によってはまったく排除されています。組合の人間はこの事実を否定していますが、黒人であるために組合に入れない熟練工から私は個人的に聞いて知っています。ところがかりに組合加入が認められたとしても、巧みな裏技を使われて、黒人熟練工が利益を得るのはまれなことが多いのです。職に空きがあるという噂が流れ、黒人労働者が応募すると、必要な人数はすでに集まっていると組合幹部から言い渡されるのは日常茶飯のことです。白人労働者がすべて職を確保するまで、白人のために職は空けておかれます。白人の手が足りなくなるまで、黒人はぶらぶらしていなくてはなりません。(略)

私たちの仲間が合衆国の首府にあって、偏見という祭壇で犠牲の供物になっている例は、いくらでも挙げることができます。黒人の成功への道を妨害する障害物が、克服できないほど数多くあります。(略)

努力を積み重ねたいという気持が突然に打ち砕かれたとき、人生がいかなるものになり変わるか、たとえアメリカの白人に共感する心と、広い心があったにしても、決してわからないでしょう。努力への動機を失い、私たちは日々恐ろしい影に覆われて暮らしていますが、多くの黒人の若者を破壊しているのは、この動機の欠如によります。そして世界中を振りかえっても、肌の色のみが原因で起こる抑圧や迫害が、合衆国の首府において見られるほど、憎悪に満ち、おぞましいかたちで露呈している場所はないでしょう。この国の政府が拠って立ち、いまだに信じていると公言する原理と、国旗の保護のもとで日常的に実践されている原理との間隙は、きわめて広く、また底深いのです。

12 この残忍な殺戮

1909.5.8.

アイダ・B・ウェルズ゠バーネット

1862-1931

This Awful Slaughter
★ *I. B. Wells-Barnett*

Ida B. Wells-Barnett (1862—1931)
両親は奴隷．ミシシッピ州ラスト大学，テネシー州フィスク大学で学んだ後，ジャーナリストの道を歩み，賞賛を浴びる．『メンフィス・フリー・スピーチ』紙(共同所有者でもある)，『シカゴ・コンサヴァター』紙，『ニューヨーク・エイジ』誌に寄稿し，リンチ反対運動を一人で展開し有名になる．ここに掲げる演説はジョージア州アトランタで開催された全米有色人種向上協会(NAACP)第1回年次大会のときのもの．

過去四半世紀のリンチの記録を慎重に検討することは、アメリカ人にとりとても役に立つことです。リンチの記録は三つの特徴的な事実を伝えています。

第一に、リンチはカラーライン(デュボイスの用語。皮膚の色の境界線の問題)による殺人だということ。第二に、女性に対して犯罪がなされたという申し立ては口実にすぎず、本当の理由ではないこと。第三に、リンチは国家的犯罪であり、国家による防止策が必要なこと。

リンチがカラーラインによる殺人という根拠は、過去二五年間の記録に見出されます。さらにそれより数年前までの、フロンティア法が生きていた時代には、処刑された犠牲者の過半数が白人でした。けれども後に裁判所や権限のある裁判官が極西部にまで来るようになりますと、リンチの習慣は急速に衰え、白人の犠牲者の数は減り、リンチ事件も間遠になりました。

西部でリンチの習慣が終焉を迎えるころ、南部で新しい暴徒集団の活躍が始まりました。これはまったく政治的な活動で、脅迫と殺人によって有色人種の投票を阻もうとしたのでした。クー・クラックス・クラン、「真夜中の急襲者」、「黄金の輪の騎士団」などなど、さまざまな名称の集団のもとに何千人もの暗殺者が徒党を組み、何千人もの黒人を殴打し、銃撃し、殺害し、テロリズム支配を広めたのです。二、三年もすると目的は達成され、黒人の投票は抑止されました。それでも暴徒のリンチは続きました。

一八八二年、五二人がリンチされた年から今日まで、リンチはカラーラインによっていいます。暴徒の殺害件数は増加し、一八九二年には二百人以上がリンチの犠牲になり、統計によると三、二八四人の男女・子供がこの四半世紀の間に殺されています。一八八九年から一九〇八年を含めた一〇年間に、リンチ件数は九五九件になりました。このうち一〇二人が白人犠牲者で、黒人犠牲者は八五七人でした。文明化された諸国、未開の諸国を含めて、他国で犯罪者を焚刑にしているところはありません。星条旗のもとのアメリカで、人間の全燔祭（ホロコースト）がなされているのです。二八人が火あぶりの刑に処せられましたが、そのうち一人は女性で二人は子供でした。これはアメリカの文明に対する恐ろしい告発です。この国が黒人（カラーライン）を懲らしめている陰惨な報復実態の証拠です。

キリスト教国でどうして暴徒による殺戮が許されているのでしょうか。この恐ろしい殺戮の原因は何なのでしょうか。この問いへの返答は毎日のように繰り返されています。

「ニグロがリンチされたのは女性を守るためである」という、相も変わらぬ破廉恥な嘘が繰り返されています。ショトーカの講演会で、リンチのチャンピオン、リンチ犯の弁明者であるジョン・テンプル・グレイヴズは、「今日、かれら群衆は、南部の女性と、世間を激怒させ、黒人種を消滅させる、おぞましい犯罪との間に立ちはだかるもっとも強力な防波堤である」と演説しました。これがリンチ主義者の変わらぬ答えで、かれらの口実です。これが真実でないことはだれもがよく知っています。リンチをする臆病者は殺害に享楽を味わい、その後で、女性への献身という理由をつけて世間に罵倒されることから逃れようとするのです。それでも真実には力があります。リンチの記録がリンチ犯の偽善とその犯罪を明らかにしています。

イリノイ州スプリングフィールドの暴徒は二日間、荒れ狂い、全州の民兵が集合を掛けられ、二人の男がリンチされ、何百人もの人々が住まいから追い出されました。それもこれもある白人女性が、自分を襲ったのは黒人だと言ったからです。一人の狂った暴徒が牢屋へ行き、この白人女性の犠牲になった男をリンチしようとしました。ところが男を発見できなかったために、町中を略奪し焼き払い、無実の二人の男をリンチしました。後に、警察によって白人女性の告発は狂言だったことがわかると、この女性は取り消しの文書を公表し、告訴は取り下げられ、牢屋に入れられた犠牲者は釈放されました。リンチされた二人はすでに死んでいます。そして何百人もが家を失い、イリノイ州は名を汚したのです。

女性への犯罪が原因でリンチが起きるという説明を、最終的に完全に論駁するものとして、リンチの記録の一部を引用します。二八五人が以下のような理由でリンチされました。

原因不明九二人、原因なし一〇人、人種偏見四九人、異人種間結婚七人、密告一二人、脅迫一一人、酒場経営三人、詐欺行為五人、ヴードゥー教信仰行為二人、悪い評判八人、不人気三人、人違い五人、不適切な言葉づかい三人、違約行為一人、侮蔑の手紙二人、駆け落ち二人、馬に毒を盛る一人、井戸に毒投入二人、白帽団員によって九人、自警団員によって一四人、インディアンによって一人、密造酒作り一人、証言拒否二人、政治的理由五人、口論一人、隔離規則への不服従二人、子供を平手打ち一人、州裁判で証人になったこと三人、黒人を保護したこと一人、証拠を出させないこと一人、窃盗罪一人、白人女性に手紙を書くこと一人、白人女性に求婚一人、娘を捨てたこと一人、天然痘一人、犯罪者を匿(かくま)ったこと二人、政治的摘発の脅迫一人、自己防衛六人、残虐行為一人、

女性へ侮蔑的言辞五人、白人男性と喧嘩二人、黒人群居地の設立一人、投石一人、喧嘩一人、賭博一人。

防止策はあるのでしょうか。それとも国は内外で、国家の構成員を守れないと告白するのでしょうか。リンチの不名誉を消滅させるために、いくつか防止策が提示されてきました。ところが何年たっても、訴えや抗議にもかかわらず、男女・子供の虐殺は続いています。防止の手段として教育が提案されました。無知な人間を殺すことは、学者を殺すことと同様に重大な犯罪です。たしかに教育された者のリンチはあまりありません。ところがいったん騒ぎが始まると抑えられなくなるのは、アトランタやイリノイ州スプリングフィールドのリンチ事件でも明らかです。

世論を喚起すれば少しは効果がありますが、犯罪をそれだけで止めることはできません。毎年、統計数字が刊行物になり、集会が開かれ、決議されていますが、それでもリンチは止みません。世論の風潮が暴徒の習慣をたしかに弱めはしますが、スプリングフィールドの町を騒乱状態にした無責任で残忍な犯罪者を、教育によっても世論の喚起によっても凶悪な犯罪から思い留まらせることはできませんでした。かれらは町のあるところで、法律を遵守している無害の市民を殴打して殺し、またあるところでは六〇年間も正直で誠実で真面目だという評判で、家族を養い財産を築いた男を拷問し、銃殺したのです。

唯一の確実な防止策は法律に訴えることです。人間の生命は聖なるもので、この国の市民は、第一に合衆国の、第二に所属する州の市民であることを、法律違反者は胆に銘じねばなりません。この国は内外において自国の存在を主張するのみならず、連邦の市民を守らねばならないのです。手に負えない法律違反で州法が無視されたときには、政府の強い力が州境を越えて届かねばなりません。星条旗のもとにいる個人が外国を旅行するときと同様に、保護せねばならないのです。

連邦政府によるアメリカ市民の保護がリンチの防止策です。アメリカで外国人がリンチされることはめったにありません。間違ってリンチされると、政府はすぐに損害賠償をします。カリフォルニア州で最近起きた排日運動では、各州政府の反逆からこの国を守るために、連邦政府の権力を行使せねばならないことが確認されました。何千というアメリカ市民が殺されても、大統領は効果的な抗議行動を起こさないというのに、日本生まれの住民が少しばかり侮辱されたときには、ワシントン政府はすぐに行動を起こし、脅かされた虐待行為が実践されないように阻止しました。政府が外国人を侮辱から守ることができるのなら、市民の生命を救う力を持っているはずです。

連邦議会で具体的な防止策が何度となく提案されてきました。ニューハンプシャー州選出のゴーリンガー上院議員は、議会で提出された決議の中で、「議会が適用できるリンチ防止策があるかどうか突きとめるための」調査を要請しています。上院委員会は、マサチューセッツ州出身の前司法長官A・E・フィルズベリーが書いた、州政府が市民や外国人を守ることができない場合には、連邦政府がリンチ犯を訴追することができるという法案を考慮中です。これら二つの決議は、リンチ問題について、国家の注意がこの点に向くように求められていることを示しています。

最後に、あらゆるリンチ事件の詳細を調査し、印刷物として刊行する部局の設立までの道すじがこの会議で見えてきたら、正しい方向へ動き出したと言えるでしょう。それで一般大衆は、影響力のある市民団体が、それぞれのリンチ事件の詳細を、より広く一般大衆に知らせる義務を認識したことを知るのです。影響力ある市民団体が、国家の名誉のために、リンチ反対の意見を全米各地で公表する努力をしていることを知るのです。最後に、これもまた大変重要なのですが、リンチ事件発生の前後において、リンチ犯の従犯にならないように、国内の日刊紙に影響を及ぼそうとしていることを知るのです。

最大の暴動のなかには、また暴徒によるもっとも残虐な焚刑の犠牲は、かれら困り者の集団を代弁する日刊新聞によって暗示され教唆されています。リンチをほのめかす犯罪記事を掲載する新聞が、「リンチをするぞという脅迫の言葉を耳にした」とか、「罪ある者が捕まえられれば、リンチされるだろうと恐れられている」とか、「リンチしろ、という叫びが聞かれるが、今のところ実行されていないのは、音頭取りが現れないからである」という記事に対する法的・道徳的責任を取って拘束されれば、リンチ防止策へ大きな一歩が踏み出されることでしょう。

多くの勧告の中から知恵が生まれてくるものです。無垢な男女・子供の殺戮によって提示された重大な問題に対して、正直で勇敢なそして愛国心のある法律を遵守する市民集団が、犯罪を即座に公平に、法的手続きを経て罰したいと願い、暴徒の慣行から生命・自由・財産が安全であるようにしたいと願っているのです。

リンチが特定地域に限られているように見えた時代がありますが、今は全米的です。私たちの国家を衰退させる胴枯れ病に感染させ、私たちの法律を侮蔑し、私たちのキリスト教を汚しています。「だれにも悪意は持たずに、慈悲の心をすべての者に」という気持で、アメリカの土地の隅々まで「この国の法律」を効果の及ぶ、至上の法律にする、その仕事に取りかかろうではありませんか。無実の人々の盾になり、罪ある人々へ敏速で確実な罰を下すことになるのです。

13 ユニヴァーサル・ニグロ向上協会の原則　*1922.11.25.*

マーカス・ガーヴィー

1887-1940

The Principles of the Universal Negro Improvement Association ★ *M. Garvey*

Marcus Garvey (1887—1940)

ジャマイカの島で生まれ育つ．その名が知られるようになったのは，1914 年，ジャマイカでユニヴァーサル・ニグロ向上協会およびアフリカ共同体連盟を設立したとき．組織の設立を耳にしたブッカー・T・ワシントンは，共闘を望み，ガーヴィーをアメリカ合衆国へ招く．残念ながらガーヴィーの訪米前に，ワシントンは死去．ガーヴィーはアメリカ合衆国にユニヴァーサル・ニグロ向上協会(UNIA)支部を設立し，20 世紀の公民権運動で最大の影響力を持つとともに論議を呼ぶ指導者の一人となった．

五年以上前に、ユニヴァーサル・ニグロ向上協会（ＵＮＩＡ）は、進歩を目指す新しい黒人が、自分の感情を表現する運動として産声を上げた。この組織は、他の人種や世界の民族と敵対するのではなく、自尊心を養い、人間としての権利を世界の四億の黒人を代表して主張するものである。

われわれは平和・調和・愛・人間的共感・人権・人間の正義を代表する。だからこそわれわれはかくも激しく闘わねばならない。いかなる集団であれ、人権が否定されれば、正義が否定されれば、ＵＮＩＡはそこに運動の理由を見出す。そして今日、世界のあらゆる人々の中で、不正にもっとも苦しんでいるのは、人類だれにも属するはずのこれらの権利をもっとも否定されているのは、四億の黒人集団である。この不正のために、われわれの権利の否定のために、われわれは人類共通の問題に対し、常に正しい側に立って闘う一人の人間の指導のもとで前進する。独立革命で闘ったように、南北戦争で闘ったように、米西戦争（一八九八年）で闘ったように、一九一四年から一八年の戦争でフランスやフランドル地方の戦場で闘ったように闘うのだ。メソポタミアの高原で闘ったように。

UNIAの指導のもとで、世界中の四億の黒人を先導し、黒人解放のために、われわれの父祖の地の救済のために闘うのだ。

われわれは黒人の間の新しい思想を代表する。それを進歩思想と呼ぼうが、反動思想と呼ぼうが、私は関知しない。政府のなかで独立を求める人々には、なるほどわれわれは反動的かもしれない。自由を求める人々に進歩思想と見なされるのなら、それならこの国の黒人にとって進歩思想の集団を代表することになるだろう。われわれUNIAの信条は、他人によいことはわれわれにもよい、ということだ。政府が価値あるものであるのなら、政府が評価され、役に立ち、他人を庇護してくれる存在であるのなら、それならわれわれも政府に対して実験してみようではないか。とはいってもわれわれを権利なき市民、あるいは配慮を欠いた臣民のままにしておく政府のことを言っているのではない。他の諸人種が自分たちの政府を管轄するように、われわれ黒人が管轄する、そのような立場にわれわれを置く政府を意味している。

なんら理不尽なことを唱えているのではない。この国の偉大なる英雄であり父祖であるジョージ・ワシントンが、われわれにこの偉大な共和国を与えた、偉大な民主主義を与えたアメリカの自由のために闘ったことは、理不尽ではなかった。フランスの自由派にとって、フランスの民主主義とフランスの共和主義を世界に与えるために王制と闘うことは、理不尽ではなかった。ロシアに自由の鐘を鳴らすようにトルストイを促した大義はなんら不当ではなかった。それは世界に社会民主主義国家ロシアをもたらした。この実験はおそらく人類にとって恩恵であり祝福となるだろう。この国の独立を求めて闘うようにワシントンを促し、フランスの自由派に共和国建設を促した大義が不当なものでないとすれば、UNIAが世界中の四億の黒人をわれわれの国の解放を求めて闘うように促すのは、決して不当な動機ではない。

それゆえUNIAは教会建設への動機を唱道してはいない。人々の精神的要求を満たすに十分な数の教会がすでに存在しているからである。それにわれわれは、すでにすばらしい仕事に関わっている人々と競い合おうとは考えていない。賞賛に値する努力をしているソーシャル・ワーカーは十分にいるし、新しい社会福祉施設や、YMCA、YWCAを作るつもりはない。政治にも関与しない。すでに地域には政治家や民主党、社会党、ソヴィエトなどたくさんあり、政治問題はかれらが考慮している。国内政治にも関与しない。教会建設、社会改善にも関与しない。われわれが関与するのは国家建設である。

この組織の原則を唱道するために、われわれはこれまで周囲の黒人からも、外側の人間からもあまりにも誤解され、あまりにも不正確に解釈されてきた。人類の福利のために変革をもたらすあらゆる改善運動は、運営を引きうけ、不幸な人々を指導し、一時的に不利な立場に置かれた者に指令を発する人々が、誤って組織を代表してしまう傾向がある。社会運動であれ政治運動であれ、あらゆる運動においてその傾向は見られる。それゆえユニヴァーサル・ニグロ向上協会の指導的立場にあるわれわれは、ニグロ向上協会の目的・目標が遂行されるかぎり、このように間違って諒解されたり誤解されても、少しも戸惑わない。この偉大な運動を注意深く好意的に理解すれば、この運動が狭い人種の中だけの向上や発展を求めているのではなく、社会や政府にとってきわめて破壊的で有害なことがらを暴露していると気がつくだろう。

この組織に対して、世界中の何百万の人々の心に生じた誤解を解きたい。ユニヴァーサル・ニグロ向上協会は、より広い兄弟愛を表している。ユニヴァーサル・ニグロ向上協会は、黒人のみならずあらゆる人種の人権を表している。ユニヴァーサル・ニグロ向上協会は、黒人のみならず、白人、黄色人種、茶色い人種の権利を信じている。ユニヴァーサル・ニグロ向上協会は、白人には配慮される権利があり、黄色人種には配慮される権利があり、茶色い人種には配慮される権利があるのは、アフリカの黒人と同様であると信じている。アフリカの黒人はヨーロッパの白人や、アジアの茶色や黄色の人々と同様に世界に貢献してきた事実にかんがみ、ユニヴァーサル・ニグロ向上協会は世界の文明の中に黒人の場所が割り当てられることを、白色人種・黄色人種・茶色人種に要求する。四億の黒人の権利を要求しているだけである。すでに述べたように、他人種の社会や政府を破壊したり分裂させようとしているのではない。四億のわれわれが一致団結して、侵略者の手から祖国を解放しようと、断固たる決意をしている。われわれユニヴァーサル・ニグロ向上協会は、四億の黒人を統一して、その産業経済・政治・社会・宗教の解放を求めようと、断固たる決意をしている。

われわれユニヴァーサル・ニグロ向上協会は、世界中の四億の黒人を統一して、自分たちの感情表現をしようと決意している。われわれユニヴァーサル・ニグロ向上協会は、自分たちの文明を構築するために、世界中の四億の黒人を統一しようと決意している。その努力を通して、合衆国の千五百万人とアジア、西インド諸島、中南米の一億八千万人と、アフリカの二億人を統一したいと希望している。われわれの父祖の地アフリカ大陸の政治的自由を求めている。

を求めていない。ユニヴァーサル・ニグロ向上協会は、合衆国内やその周辺に別の政府を樹立すること砕しようと考えてはいない。ユニヴァーサル・ニグロ向上協会は、政府の組織されたシステムを粉は黒人たちを統一して自分たちの国家を建設しようとしている。その理由は。われわれでそうするように強いられているからだ。世界中アメリカだけでなく、ヨーロッパだけでなく、大英帝国だけでなく、黒人がいるところはどこでもそうするように強いられている。

今日、政府について論じることに、われわれの中には違和感を覚える者もいるだろう。平均的な者は、ある国家の市民であったり臣民であったりするので、政府についてそのように論じることはない。こう不思議がるかもしれない。「これ以上、どんな政府が必要なんだ」。われわれはフランス人でありイギリス人でありアメリカ人である。だがわれわれユニヴァーサル・ニグロ向上協会は、黒人の間における国籍問題を真剣に検討した――このアメリカ国籍、このイギリス国籍、このフランス・イタリア・スペイン国籍について。そしてわかったことは、支配集団の人種的理想と抵触する場合には、われわれの国籍はまったく意味をなさないことを発見した。われわれの興味が支配集団の興味と衝突すると、われわれには何の権利もないことを発見した。平和な時代には、何もかもがうまく行っているが、それでも黒人はどこへ行こうと、どこにいようと、仲間の市民と見なしている人々と共通の、われわれ自身の権利を持つことは困難である。憲法によって法律によってわれわれのものだという考えが見られない。ところが困難な時代になると、さきの戦争（第一次世界大戦）時にそうだったように、かれらは大目的を前に、われわれはみんな仲間だという。イギリス人だろうがフランス人だろうが、アメリカの黒人だろうが。国家を救うためにわれわれは何もかも忘れるべきだと命令される。

このようにしてわれわれは多くの国家を救ってきた。そしてその働きのためにわれわれは命を失った。何百何千、いや何百万の黒人が、国家を救うという昔ながらのあのカモフラージュのために命を失い、土中に埋められている。われわれは大英帝国を救った。われわれはフランス帝政を救った。栄光に満ちたこの国を幾度となく救った。それなのにわれわれが犠牲の代わりに受け取ったのは、ときには命を賭したわれわれの行動に対して受け取ったのは、今あなたがたが受けている仕打ちだけだ。私が受けているものだけだ。

あなたがたや私は、アメリカで大英帝国で、その他、白人世界のどこでもよい暮らしはしていない。頭脳優秀な黒人がどこでもうまくやっていけないように、われわれはうまくやっていない。なぜか。自分を満足させ、自分の地位を強化させる方向へ世界を導いてきた他の人々によって、指導され教育され指揮されることで、われわれが満足してきたからなのだ。過去五百年間、かれらに安定を与える方へのみ導く人種に従う、追随の人種であることにわれわれは甘んじてきた。

ＵＮＩＡは旧弊を覆す。もはや追随の人種であることを止める。われわれ自身をわれわれが導く。これからは何かがなされるとしたら、それがこの一つの国を救済することであれ、政府を救済することであれ、われわれはまずアフリカを救済する手段を考える。なぜか。なぜアフリカなのか。なぜならアフリカは諸国の大きな標的になっているからだ。国盗り人の大きな獲物になっているからだ。今日、アフリカは最大の商業的・工業的・政治的標的として立ち現れてきている。

ユニヴァーサル・ニグロ向上協会と、この国や世界中の他の国の運動組織との違いは、ユニヴァーサル・ニグロ向上協会が政府からの自主独立を目指している点である。他の組織は、黒人を現存の政府の第二次的な構成員にしようとする。われわれがアメリカの組織と異なるのは、かれらが黒人を偉大な文明の中で、第二番目の存在として従属させようとしている点である。アメリカで黒人が最高の野望を実現することはありえないと、かれらは考えている。アメリカで黒人は憲法で保証された権利を得ることはないと、かれらは考えている。大英帝国の黒人の向上を促進しようとしている組織はすべて、大英帝国の黒人は憲法の権利の高みに到達しないと見なしている。アメリカの憲法の権利ということで私は何を意味しているのか。この国で黒人が自分の野望の高みにいて――アメリカで憲法の権利のすべてを黒人が獲得するとすれば、この国の大統領になるにしろ、ニューヨークの掃除夫になるにしろ、黒人はこの国で他のだれとも同じ機会が持てるようでなくてはならない。大英帝国の黒人が、憲法で保証された権利をすべて持つのであれば、イギリスの首相になれる権利がなくてはならない。ロンドンの町の掃除夫になれる権利がなくてはならない。かれらはわれわれにそのような政治的平等をすぐに与えてくれるだろうか。あなたがたや私はアメリカ合衆国に百年あまり生きることができるだろう。そしてわれわれの子孫たちは二百年、五千年と生きることだろう。ところが黒人と白人がいて、多数派がいつでも白人側にあるのなら、この国ではあなたがたや私は決して政治的平等を獲得しない。それならどうして向上心に燃える黒人は、あの最高の野望を公言するあらゆる準備を整えたあとで、国の中で人種差別によって自分自身を貶めたままにしておくのか。隣りの男のように私が教育を受けていたら、隣りの男のように準備ができていたら、他の男のように私も最上の学校、大学で勉強していたら、国家の最高の地位を求めて相手と互角に闘える機会が当然あってよいではないか。私には感情がある。私には血がある。他の男と同じように私には感覚がある。私には野望があり、私には希望がある。人種差別によってなぜかれは私を抑圧するのか。そしてなぜ私は向上する権利を譲ってしまうのか。かれを自分の永遠の主人にしてしまうのか。この点でＵＮＩＡは他の組織とは違う。私は自分の野望を無にすることを拒絶する。黒人は皆だれかに順応するために自分の野望を無意味にするのを拒絶する。それゆえＵＮＩＡは、アメリカが二人の大統領を擁するほど大きくないのなら、イギリスが二人の王を擁するほど大きくないのなら、われわれはこの件に関して争うつもりはない。アメリカには一人の大統領にしておこう。イギリスには一人の王にしておこう。フランスには一人の大統領にしておこう。われわれはアフリカで大統領を一人持つことにする。ユニヴァーサル・ニグロ向上協会は今後、フランスの社会・政治システムに介入しない。だが今日の取り決めによってＵＮＩＡはこれからわれわれが樹立する以外のアフリカの社会・政治システムを認めることを拒否する。

われわれはだれに対しても憎悪のプロパガンダを説いているのではない。われわれは白人を愛する。われわれは人類すべてを愛する。他人なくしてわれわれは生きてはいかれないと感じているからだ。黒人が白人にとってそうであるように、白人は黒人の存在にとって必要である。われわれは互いに逃れることのできない関係にある。ヨーロッパにとって必要なものがアフリカにはある。アフリカにとって必要なものがヨーロッパにはある。まったく公平な取り引きによって白人と黒人が同席するのであれば、われわれはそれから逃れることはできない。アフリカには石油・ダイヤモンド・銅・金・ゴム、その他ヨーロッパ諸国が必要とするあらゆる鉱石がある。アフリカとヨーロッパの間には公平な交換システムが確立できるはずである。そうすればわれわれはだれも憎むことができない。

しばしば問われるのは、黒人を救済し国を解放するには何が必要かということである。人的資源が必要なのか、科学の知識が必要なのか、教育あるいは情熱が必要なのか。それなら世界の四億の黒人はすべて備えている。

第一次世界大戦中、ドイツの意志を世界に、そして人類に押しつけようとする皇帝の狂気の決意を阻止するには、連合の共同意志が必要だった。皇帝の狂気の野望をくじいた人々の中には、二百万の黒人が含まれ、砲列部隊を横切って人々を移動させたことをいまだに忘れていない。われわれのなかでヴェルダンのマルヌ川でドイツの砲撃に遭遇した者は、われわれの総司令官の言葉を忘れてはいない。あのように狂奔し突き動かされてわれわれは、アメリカから飛び出して行ったが、白人のアメリカ市民は闘いを拒否し、「私たちは戦争を信じません。私たちはアメリカ市民で、たしかに国家は危険にさらされていますが、私たちは戦争に参加しません」と言っていた。かれらの多くが、「私たちはドイツ系アメリカ人です。だから闘えません」と言い、多くの白人男性が大義に応えず、あらゆる言い逃れをして戦線へ行かなかったとき、四百万の黒人男性が言い逃れもせずに動員に応じた。民主主義のための戦争と説明されたからだった。世界の弱者を救う戦争だと言われたからだった。われわれはウッドロウ・ウィルソン（第二八代大統領。民主党）を気に入っていたのではなかったが、大統領が説明したことは、われわれに人間として訴えるところがあったからだ。人道の大義に関わって助けを必要とする場合はいつでもどこでも黒人は駆けつける用意がある。

キリストの時代から今日にいたるまで黒人たちはそうしてきた。全世界が神の子と言われるキリストに背を向けたとき、世界が「磔刑（たっけい）にかけろ」と大声で叫んだとき、世界がキリストを足蹴にし、つばしたとき、十字架の重みを引き受けたのは、黒人のキュレネ人シモンだった。なぜか。人道という大義に心動かされたからだ。黒人のシモンは重い十字架を背負い苦しんでいるユダヤ人を見て、すぐに助けようと思った。それで十字架をカルヴァリの丘まで運んで行った。一九〇〇年前のキュレネ人シモンの気概にあふれ、われわれもウッドロウ・ウィルソンの求める、より大きな人道主義に応えたのだ。そのためにアメリカや西インド諸島から一万人以上の黒人が、喜んで戦線へ赴いたのだ。そのためにアフリカから二百万人の黒人が急いで駆けつけたのだ。われわれはフランスやフランドル地方、メソポタミアに集結した。われわれは毅然と戦った。白人がヴェルダンのマルヌ川でひるんで戦線から後退したとき、ドイツ部隊の突撃から逃げ出したとき、黒人の猛烈な攻撃隊は連続砲撃の前に立ちはだかり、突撃隊の前に立ちはだかり、かれらは再び、「今晩、旧市街じゃあ大騒ぎ」と叫んで気勢をあげた。

われわれはフランスに赴いてからさまざまな第一線の戦場で、二、三カ月の間、大騒ぎになるほど武勲をあげたのだ。ドイツ軍隊をライン川の向こうへ押し戻し、ドイツから皇帝を追い出し、ポツダム宮殿からオランダへ追放した。われわれは戦争時の勇敢さを忘れてはいない。われわれはリベラルな精神を持ち、フランス、メソポタミアその他の戦場でこれまで常に助けてきた白人のためにわれわれの生命の血を流したのだから、われわれは自分たち自身のために闘うことを忘れてはいない。世界が再びアフリカに自由の機会を与えてくれたときには、四億の黒人がアフリカの戦場で行進をするだろう。赤・黒・緑（パン・アフリカニズムを象徴する色）の国旗のもとで。

そうだ、われわれは黒人のアメリカ市民として、黒人のイギリス臣民として、黒人のフランス国民として、黒人のイタリア人、黒人のスペイン人として行進するのだ。だがわれわれはより大きな忠誠心、人種の忠誠心を抱いて行進する。われわれは父祖の叫びに応えて行進する。父祖たちはわれわれ自身の国をわれわれの母国アフリカを救済せよと叫んでいる。

われわれはアメリカの恵みを忘れずに行進する。文明の恵みを忘れずに行進する。われわれの過去の平和の歴史を胸に抱いて行進する。たしかにその歴史がわれわれの防具の胸当ての役割を果たすのだ。闘いの大義が正しいと知らなくては、十分に闘えるはずがないではないか。背後には奴隷制度の歴史があり、守ることも闘うこともできなかった人種を苦しめてきた血なまぐさい大殺戮の歴史があることを知らずに、栄光に満ちた闘いはできないではないか。力強い人種として国家としてわれわれ自身を、今後、永久に守り、われわれ自身を確立する栄光ある機会のために闘おうではないか。もはや決して他の人々から軽蔑されないために。われわれの民族のために、人種のために、闘う機会が到来したときには、その戦闘こそ栄光に満ちている。

われわれはアフリカにいる何百万人に向かって砦(とりで)を守れと言おう。われわれは四億の兵力を携えて行進する。

14 黒い肌の私ってどんな感じ

1928

ゾラ・ニール・ハーストン

1891-1960

How It Feels to Be Colored Me

★ *Z. N. Hurston*

Zora Neale Hurston (1891—1960)

フロリダ州イートンヴィル生まれ．ハワード大学，バーナード大学に学んだあと，人類学者フランツ・ボアズのもとで民族学を研究．小説『かれらの目は神を見ていた』は黒人のヒロインの恋愛と精神形成を描いている．黒人民話集『騾馬と人と』，小説『山の人モーセ』，自叙伝『路上の砂塵』など．次のエッセイは，作家アリス・ウォーカーの編集による著作集『笑っているときの私が好き』に収録されている．

私は肌の色が黒いけれど、情状酌量してもらおうなんて思わない。このアメリカで、母方の祖父が誇り高いアメリカ・インディアンの酋長でなかったのは、私だけかもしれないけれど。

自分が黒人になった日のことを覚えている。一三歳まで私はフロリダ州イートンヴィルという小さな黒人町に住んでいた。まったくの黒人町。出会った白人といえばこの町を通ってオーランドに行く人か、そこからやって来ては通り過ぎていく人ばかり。フロリダの白人は、埃まみれの馬を駆って、北部の白人観光客は、砂埃りの田舎道を自動車に乗ってバタバタと通り過ぎて行った。町の黒人は南部の白人を見分けることができたから、かれらが通り過ぎてもサトウキビの茎を噛み続けていた。北部人の場合は違っていた。臆病な住人はカーテンの陰からそっと警戒しながら見つめていた。勇気ある住人はポーチに出て、白人観光客を眺めては楽しんだ。かれらも黒人町を見て楽しんでいた。

町の住人にとってフロント・ポーチは勇気の試される場所だったが、私にとってはまるで見物席だった。お気に入りの場所は門柱のてっぺんだった。生まれたときから芝居好きの人間にとってそこは前舞台だった。私は見世物を楽しんだばかりでなく、役者にその気持を伝えるのにもやぶさかでなかった。通り過ぎる白人に声をかけた。手を振ってみて、向こうが手を振り返してくれると、私はたとえばこんな風に話しかけた。「ごきげんいかが。ありがとう。どこへ行くの」。するとたいてい車も馬も止まってくれて、おたがいにほめあい奇妙なやりとりをした後で、私はフロリダ奥地の方言で「ちょいとそこまで」かれらに付いていった。もちろんちょうどそのとき、家族の者がポーチに出てきて見つかってしまえば、交渉はあえなく決裂した。それでも私が「フロリダへようこそ」と挨拶をした最初の住人なのだから、マイアミ観光局はそのことを特記しておいてほしい。

私にとってこの時期の白人がどこか違っていたとしたら、それはかれらが町を通り過ぎるだけで、この町に住みはしないということだった。私が「台詞を暗誦」したり、歌ったり、「パース・ミー・ラ」という子供の踊りを踊って見せると、かれらはとても喜んで気前よく硬貨をくれた。変な気持になった。私はいろいろやって見せたかったのだから、本当はそれを止めるのに賄賂が必要だったのだ。かれら白人にはそれがわからなかった。黒人はだれもお金をくれなかった。それどころか楽しみを求める私の性向を嘆いていた。それでもわたしはみんなの「ゾラちゃん」だった。私はかれらの仲間、近くのホテルの、この田舎の、みんなのゾラだった。

一三歳になったとき家族の中に変化があった。私はジャクソンヴィルの学校へ送られることになった。夾竹桃の咲く町イートンヴィルを去り、みんなの「ゾラちゃん」に別れを告げた。ジャクソンヴィルで川汽船を降りると、もはや以前のゾラはいなかった。急激な変化を体験したように苦しかった。もうオレンジ郡のゾラではなくて、いまや小さな黒人娘になった。それを具体的に知った。心の中に感じ、鏡の中に発見した。色あせしない茶色の肌。こすり落とすこともできなければ、そこから逃げ出すこともできない。

それでも私は決して、悲しく痛ましい黒人ではない。大きな悲しみが私の魂の中に積もり積もっているわけではなく、目の奥に潜んでいるのでもない。まったく気にならない。自然の成り行きで、どういうわけか汚くみじめな役割を与えられ、いつも傷つけられていると感じる黒人の、お涙頂戴学校の生徒ではない。私の人生は狼狽(ろうばい)と闘いの連続だけれど、肌が少しばかり色で染まっているかどうかに関係なく、世間は強い人間のものだということを見てきた。まさか私は世間に向かって泣いたりしない。だって私はオイスター・ナイフを研ぐので忙しいんですもの。

だれかがいつも私のそばで、あんたは奴隷の孫娘だよ、と思い出させる。ところがそう言われたって私は落ち込まない。奴隷制度は六〇年も昔のこと。手術は成功、患者はよくなっているわ、ありがたいことに。奴隷になるところをアメリカ人にしてくれた恐ろしい闘争によって、私は「位置について！」と号令をかけられた。再建時代は「よーい！」と言った。私の前の世代が「どん！」と叫んだ。私はフライングをしてしまうけど、コースを前方にして立ち止まり、後ろを振り返ってめそめそしない。奴隷制度は文明のために支払われた代価で、それは私の選択ではなかった。これはすばらしい冒険で、祖先によって私はその代価を支払っている。この地球上で栄光への道を歩む、これほど大きな機会を持った者はひとりもいない。勝ち取るべき世界ばかり、失うものは何もない。考えるだけでわくわくする。何をしても私は二倍の賛辞を浴び、あるいは二倍の非難を受ける。アメリカの大舞台で真ん中に立ち、観客はこれから泣くのか笑うのかまったくわかっていない。

私の隣りの白人は、もっと困難な状況にいる。私が食事をしようと席についても、隣りに椅子を寄せてくる茶色の亡霊はいない。寝ている私に足を絡ませる黒い幽霊もいない。すでに自分が持っているものを保つゲームより、獲得ゲームのほうがはるかに面白い。

私はいつも自分が黒人だと感じているのではない。今だってしょっちゅう、私は聖遷ヒジュラ(ムハンマドがメッカからメディナへ移ったこと。西暦六二二年)の前、イートンヴィルにいた無意識の「ゾラちゃん」になる。くっきりした白色の背景に投げ出されたとき、私は黒い肌をもっとも強く感じる。

たとえばニューヨークのバーナード女子大学で。「ハドソン川の波打ち際で」、私は人種を感じる。千人の白人の中で、私は波打たれる黒い石。波打たれても洗われても私は自分自身のまま。水で覆われても私はそのまま。そして波はまた私の姿をさらす。

ときにはそれが反対になる。白人がひとり私たちのただ中にいる。その強い対照は私にとって同じようにくっきり映る。たとえば白人と一緒に隙間風の吹き込むニュー・ワールド・キャバレーの地下で、私の肌の色は現れる。お互いに通じあう、取りとめもないことを喋りながらキャバレーへ入っていくと、ジャズ・ミュージシャン兼給仕が私たちを席に案内する。ジャズ・オーケストラの常道だが、突然、音楽が始まり、給仕はすぐに飛び込んでいく。まわり道せずまっしぐらに。その音楽のテンポと陶酔のハーモニーが胸を締めつけ心臓を裂く。楽団は猛々しくなり、後ろ足で立ちながら原始的な獰猛さで音の薄布を攻めたて引き裂き爪を立てる。すると背後にあったジャングルが現れる。私はその異端の音に耳を押しつけ狂喜する。心の中で激しく踊る。体の中で大声を出し、ウォーと叫ぶ。頭上高く槍を振り上げ、狙い定めてヒューと投げる。私はジャングルの中、ジャングルのしきたりを守って生きている。顔を赤や黄色に塗って、体を青く染めあげる。心臓が陣太鼓のように打つ。何かを殺したい。傷めつけたい。何だかわからないけれど何かに死を。ところがちょうどそのとき演奏が終わる。楽団員は口を拭い、手を休める。最後の音とともに、私は文明という薄板張りへゆっくりそっと戻って行く。連れの白人は席にじっと座ったまま、静かにタバコを吸っている。

「いい音楽だね」と、テーブルを指で叩きながら言う。

音楽だって。紫色や赤色の大きな斑点のような感情の動きが男に触れることはない。私が感じたことを、男は耳で聞いただけ。遠くにいる男を私の目は捉えているけれど、二人の間に横たわる、大洋や大陸の向こうにぼやっと見えているだけだ。そのとき男の白さがさらに青白くなり、私の色は鮮やかさを増す。

私から人種が消えるときがある。私は私。たとえば帽子を斜めに被り、四二丁目にあるニューヨーク公立図書館の前に陣取るライオン像のように傲慢な気持で、ハーレムの七番街をぶらぶら歩く。あのきらびやかな女優ペギー・ホプキンズ・ジョイスがシカゴのミシガン大通りを、豪華な衣装を身に着けて上流階級の貴婦人のように大型車の中で足を組んでも、私の気持は変わらない。そのとき宇宙的ゾラが生まれ出る。私はいかなる人種にも、いかなる時間にも属さない。自分自身の運命の数珠玉(じゅずだま)を繰る永遠の女。

アメリカ市民と黒人という別々の感情は持っていない。私はただ「大きな魂」の断片で、その領域で揺れ動く。私の国で、正しかろうが、そうでなかろうが。

ときおり差別を感じるけれど怒ったりはしない。私はただびっくりするだけ。えっ、私と一緒にいる楽しみを捨てるっていうの。それは私の及ばぬところ。

でも私はたいてい、壁に掛かっている、ごちゃごちゃ中身の詰まった茶色い袋のように感じている。白色や赤色や黄色の袋と一緒に壁に掛かっている。ひっくり返して中身をあけてごらん。高価なものやがらくたが一杯。第一級のファーストウォーター・ダイアモンド、糸のついていない糸巻き、ガラスの破片がいくつか、紐、壊れて処分された扉の鍵、錆びた剃刀、歩くことのなかった道やこれからも歩くことのない道のためにとってある古靴、どんな釘だろうと耐えきれない重さに曲がってしまった釘、香りを少し残している干からびた花一輪か二輪。あなたの手には茶色の袋。あなたの足元にはそこから出てきたごちゃ混ぜの品々。袋のがらくたと同じように、空っぽにして一つの山を作って捨てられたら、袋はまたさほど変わらない中身であらたに一杯になるだろう。少しばかり色ガラスが増えたとしても問題ない。そもそもおそらくそうやって、「袋を詰める偉大な人」は詰めたのだろう。そうじゃないかしら。

15 アメリカの民主主義は私にとって何を意味するか

1939.11.23.

メアリー・マクラウド・ベシューン

1875-1955

What Does American Democracy Mean to Me ?

★ *M. M. Bethune*

Mary McLeod Bethune (1875—1955)

元奴隷の娘で，ノースカロライナ州コンコードのスコシア・セミナリー，後にイリノイ州シカゴのムーディ・バイブル・インスティテュートで勉強する．1898年アルバータス・ベシューンと結婚し，フロリダ州デイトナ・ビーチへ移る．後に黒人少女のためのデイトナ普通学校および産業学校(現在はベシューン・クックマン・カレッジ)を創設．精力的な指導者で多数の組織に関わり，1935年，フランクリン・D・ローズヴェルト大統領により全米青年行政の少数集団問題会議の議長に任命された．以下の演説はNBCラジオの討論番組で，各討論者はそれぞれにとってアメリカの民主主義が何を意味するのかを問われたときのもの．

私と一千二百万のアメリカの黒人にとって民主主義は、私たちの国家が向かっている目標地点です。それは夢であり理想であり、最終的に実現することを心から揺るぎなく私たちは信じています。私にとってそれはキリスト教に基づくものです。私たちの人間としての運命を自信を持って預けることができるのです。偉大な民主主義への神のお導きによって、私たちは暗い奴隷状態から自由の光のもとへ出てきました。私たち黒人の八割は文字が読めませんでしたが、機会を与えられて識字率が八割になりました。ひどい貧困状態から百万カ所の農場と七五万軒の住宅を所有するようになりました。公民権の全面的剝奪状態から政府へ参加できるようになり、奴隷状態からアメリカ文化への貢献者と見なされるようになりました。

民主主義の恩恵をさまざまに受けるようになった私たちは、国家に豊かな贈り物をもたらしました。私たちの労働でアメリカを建設し、私たちの信頼で強化し、私たちの歌で豊かにする手助けをしてきました。私たちは、ポール・ローレンス・ダンバー（詩人）やブッカー・T・ワシントン、マリアン・アンダースン（オペラ歌手）、ジョージ・ワシントン・

カーヴァー（植物学者）を送り出しました。かれらは実り豊かな最初の収穫ですが、私たちにさらに新しく広い場が開かれたら、もっと多くの収穫が期待されるでしょう。

黒人には平等の機会という民主主義の扉が広く開けられていません。深南部（ディープ・サウス）では黒人児童は、アメリカ人児童平均数の一五分の一しか教育を受ける機会がありません。黒人労働者の大多数は、農業や家事労働の手伝いなど底辺の仕事に従事し、貧困にあえいでいます。保護も受けていません。黒人工場労働者を見ると、特定の組合への入会を拒まれ、たいていの場合、苛酷な肉体労働や低賃金の仕事につかされています。かれらの住宅や生活環境はみすぼらしく健康に悪い状況です。リンチ暴動の恐怖のなかで暮らしていることが多いのです。憲法で保証された投票権を剥奪されていることも多いのです。市民の自由を拒絶され、辱めを受けることもしょっちゅうです。正義と良識が、このような状況の存続を認めるはずがないと私たちは信じています。

黒人と白人がお互いに尊敬し合い理解し合うようになる、根本的変化が訪れる未来を信じることは、信仰の目覚めによっています。完全な平等を否定して私たちの国家への責任を十分に共有したがらず、相互理解を遅らせてきた時代もありました。それでも私たちはアメリカの民主主義の理想が攻撃されれば、いつも忠誠を誓って理想を擁護し、血を流したこともあります。ボストン・コモンで発生した事件(一七七〇年三月五日の英軍と市民の衝突)のときのクリスパス・アタックス(黒人指導者。英軍に殺されたた三人のうちの一人)がそうでしたし、フランスの戦場でも闘いました。法のもとにおける平等という民主的原理のために、機会均等、投票権の平等、生命・自由・幸福の追求のために闘ってきました。自由の中から誕生し、すべての人間は平等に造られているという原理に捧げられた、一つの国家を維持するために闘いました。そうなのです。私たちはあらゆる不完全性を備えたアメリカのために、現在のアメリカのためではなく、将来なりうると私たちが信じているアメリカのために闘ってきたのです。

おそらく最大の戦闘が目の前で繰り広げられています。新しいアメリカへの闘いです。恐れを知らず、自由で、統一され、道徳的に再軍備したアメリカで、一千二百万人の黒人が仲間のアメリカ人と肩を並べて、新しい自由の誕生を見たこの国で、人民の人民による人民のための政府が、この地上から消えてしまわないように闘うのです。この夢、この理想、この熱望、これこそが私にとってのアメリカの民主主義が意味するものです(拍手)。

16 私には夢がある

1963.8.28.

マーティン・ルーサー・キング・
ジュニア *1929-1968*

I Have a Dream
★ *M. L. King, Jr.*

Martin Luther King, Jr. (1929—1968)

著名な公民権運動指導者．社会変革の有効な手段は，非暴力と受動的抵抗であると説いた．バプティスト派牧師の息子で，父親の跡を継ぎアラバマ州モントゴメリーにあるデクスター・ストリート・バプティスト教会の牧師になる．以下の演説は，1963 年，公民権を求めるワシントン大行進でリンカーン記念堂前階段で開催された野外集会でのもの．この中で主張した原理原則を発展させるためにキングは人生を捧げた．1964 年，ノーベル平和賞受賞．1968 年，暗殺．演説を締め括る「とうとう自由に(Free at last!)」の言葉が，墓碑に刻まれている．

今日、皆さんと、アメリカ国家の歴史に残る、自由への大行進を共にしたことを嬉しく思います。

百年前、偉大なるアメリカ人が奴隷解放令を発布しました。その象徴的な影の中にわれわれは今、立っています。この重要な解放令は、それまで圧倒的な不正の炎に焼かれていた、何百万の黒人奴隷に希望の光をもたらしました。虜囚の長い夜に終わりを告げる、喜びに満ちた夜明けでした。

ところが百年たっても、黒人には自由がないという悲しい現実に直面しています。百年後、黒人の人生は、いまだに人種差別の手枷足枷によって歪められ、鎖に縛りつけられています。百年後、黒人は物質的繁栄の大洋の只中で、貧困の孤島に暮らしています。百年後、黒人はアメリカ社会の隅っこで惨めな人生を送り、自分の国で亡命者になっています。われわれが今日ここへ集まったのは、ひどい状況を世間に訴えるためです。

われわれがアメリカの首府ワシントンへやってきたのは、小切手を換金するためと言っていいでしょう。われわれの共和国を建設した人々は、格調高い憲法や、独立宣言を書き、アメリカ人だれもが受け取り人になる約束手形に署名しました。この手形には、奪うことのできない生命、自由、幸福の追求の権利を、すべての人間に約束すると記されています。

この約束手形は有色人種に関するかぎり、いまだに不履行です。この聖なる義務に敬意を表すかわりに、アメリカは黒人に、不渡り小切手をよこしました。「資金不足のため」と付箋がついて、小切手は戻ってきました。「正義の銀行（バンク・オブ・ジャスティス）」が破産しているとは信じられません。「機会」を貯蔵しておくこの国の巨大な金庫に、資金が不足しているなど信じません。それでわれわれは今日、この小切手を換金しようとやって来たのです。要求すれば、自由の富と正義の安全を与えてくれる小切手です。この神聖な場所にやって来たのは、アメリカに「ナウ・イズ・ザ・タイム——たった今」という、緊急の要請であることを印象づけるためです。もはやクーリングオフ期間とか、鎮静剤で緩慢に、などとのんびりしている時期ではありません。「たった今」こそ民主主義の約束を実現するときです。「たった今」こそ、人種差別の暗く荒涼とした谷間から起き上がり、人種正義の太陽に照らされた道を歩くときです。「たった今」こそ神の子みなに平等に、機会への扉を開けるときです。「たった今」こそ人種への不正行為という流砂から、兄弟愛の堅固な岩場に国家を引き上げるときです。

この瞬間の緊急性を見過ごし、黒人の固い決意を見損なったら、国家は致命傷を負うでしょう。黒人が当然の不満を抱く、うだるように暑い夏は、自由と平等の、活気に溢れた秋の約束がないかぎり過ぎ行くことはありません。一九六三年は終わりではない。始まりです。黒人はかつて怒りを爆発させねばならなかったが、今や満足しているだろうと希望的観測をしている人々は、国家がいつものように動き始めたら、激しく目覚めさせられるでしょう。黒人が市民権を獲得する日まで、アメリカには安息も安定もありません。反乱の旋風が、国家の基盤を揺さ振り続けるでしょう。正義の輝かしい日が訪れるまでは。

正義の宮殿へもっとも近い入り口に立つ、われわれの仲間に言わねばなりません。当然の権利がある場所を、われわれが獲得する過程で、不当な行動に、罪の意識を抱く必要はありません。自由への乾きを、恨みや憎悪の入ったコップから飲んで癒(いや)すようなことは止めるのです。われわれの闘争は、威厳と自制心をもって、志たかく進めなければなりません。われわれの創造的な抗議を、身体的暴力に貶(おとし)めてはいけません。身体的暴力に、精神的力で対峙する、荘厳な高みに、繰り返し上ろうとせねばならないのです。

最近、黒人社会を包囲している驚くほど戦闘的な姿勢を取る集団によって、われわれがすべての白人に不信感を抱くようになってはいけないのです。今日ここに、白人も集まっていることでおわかりのように、白人同胞の多くは、われわれの未来とかれらの未来が、深く結びついていることを理解するようになっています。かれらの自由が、複雑にわれわれの自由と絡みあっていることを認識し始めています。われわれは、一人で歩むことはできないのです。

われわれが歩むとき、それは前進なのだということを胆に銘じておくことです。戻ることはできない。公民権運動に身を捧げている人で、「あなたがたは、いつになったら満足するのですか」と聞いてくることがあります。口に出せないほどおぞましい警察暴力の犠牲になっているかぎり、われわれは満足しません。われわれの体が旅の疲れで消耗しているのに、ハイウェイのモーテルや都会のホテルで宿泊を拒否されるかぎり満足しません。黒人が移動できるのが、基本的に小さなスラムから大きなスラムに限られているかぎり、われわれは満足しません。ミシシッピの黒人が投票できず、ニューヨークの黒人が投票する政治家がいないと感じているかぎり、われわれは満足しません。そうです、われわれは満足していない。正義が水のように流れ出し、大きな川になるまで、われわれは満足しないでしょう。

今日ここにきた人々が、多くの試練や迫害を体験したことに、私が気づいていないのではありません。なかには狭い刑務所の独房から、直接来た人がいるでしょう。自由の追求のために嵐のような迫害を受け、体が変形するほど殴打され、警察暴力によって打ちのめされた地域からやって来た人がいるでしょう。あなたがたは、何かを生み出す創造的苦悩を経験してきた人々です。不当な苦痛はかならず償われる、という信念で活動し続けてください。

ミシシッピへ戻りなさい。アラバマへ戻りなさい。サウスカロライナへ戻りなさい。ジョージアへ戻りなさい。ルイジアナへ戻りなさい。近代都市のスラムやゲットーへ戻りなさい。この状況は何らかの方法で変わりうるし、変わるのだという信念を持って。絶望の谷間でもがくのは、止めようではありませんか。

今日、私は仲間の皆さんへ伝えたい。たった今は困難や苛立ちを感じていますが、それでも私には夢があると。この夢はアメリカン・ドリームに深く根ざしています。

私には夢がある（アイ・ハヴァ・ドリーム）。いつの日かこの国は立ち上がりその信条、「これらの真理は自明の理である。すなわち万民は生まれながらにして平等に造られている」という信条に沿った国家になるのです。

私には夢がある。いつの日か、ジョージアの赤い丘で、元奴隷の息子と元奴隷所有者の息子が、兄弟愛の同じ食卓につくのです。

私には夢がある。いつの日か、不正と抑圧の熱で暑くうだる砂漠のミシシッピ州でさえ、自由と正義のオアシスに変貌するのです。

私には夢がある。私の四人の子供たちがいつの日か、肌の色ではなく、人格の中身によって判断される国家に住むようになるのです。

私には今日、夢があるのです。

私には夢がある。いつの日か、州権優位論と連邦法の実施拒否を口にする知事のいるアラバマ州が、黒人の少年や黒人の少女が、白人の少年や白人の少女と兄弟姉妹になって手をつなぎ、一緒に歩くような状況に変貌するのです。

私には今日、夢があります。

私には夢がある。いつの日か、あらゆる谷間は高く上げられ、あらゆる丘や山は低くならされ、起伏のある土地は平原になり、曲がった場所はまっすぐになるのです。神の栄光は示され、あらゆる人間が皆一緒にそれを見るのです。

これがわれわれの希望です。この信念で、私は南部へ戻って行きます。この信念で、われわれは絶望の山から希望の石を切り出すのです。この信念で、われわれは不協和音で騒がしいこの国を、美しい兄弟愛のシンフォニーへ変貌させるのです。この信念で、われわれは共に働き、共に祈り、共に闘い、共に刑務所へ入り、共に自由を求めて立ち上がるのです。いつの日か、自由になることを知りながら。

今日は、神の子みなが、新しい意味を込めて歌うことができる日です。「わたしの国、それは汝の、自由の甘美な国、わたしは汝を歌う。わたしの父親たちが死に、巡礼者が誇りに思う国、あらゆる山あいから、自由を響かせよ（レット・フリーダム・リング）」。

アメリカが偉大な国家になるように運命づけられているなら、これが現実にならねばなりません。さあ自由を響かせよう。ニューハンプシャーの雄大な山の上から。自由を響かせよう。ニューヨークの大きな山から。自由を響かせよう。ペンシルヴェニアの高くそびえる山から。

自由を響かせよう、コロラドのロッキー山脈の雪で覆われたてっぺんから。

自由を響かせよう、カリフォルニアのなだらかな山の頂上から。

そこからだけではありません。自由を響かせよう、ジョージアのストーン・マウンテンからも。

自由を響かせよう、テネシーのルックアウト・マウンテンから。

自由を響かせよう、ミシシッピのすべての山から、すべてのもぐら塚から。すべての山腹から、自由を響かせよう。

われわれが自由を響かせると、あらゆる村から集落から、あらゆる州や都会から、自由を響かせると、その日が来るのが早まるのです。神の子みなが、黒人の男も白人の男も、ユダヤ人も非ユダヤ人も、プロテスタントもカトリックも、一緒に手をつなぎ、馴染みの黒人霊歌の言葉をうたい上げるのです。「とうとう自由に（フリー・アット・ラースト）！　とうとう自由に。神よ、ありがたいことだ、神よ、われわれはとうとう自由だ！」と。

17 投票権か弾丸か

1964.4.3.

マルコム X

1925-1965

The Ballot or the Bullet
★ *Malcolm X*

Malcolm X (1925—1965)

ネブラスカ州オマハにマルコム・リトルとして生まれ，ミシガン州ランシングで波乱万丈の少年時代を過ごす．自宅はクー・クラックス・クランに焼かれ，父親は殺害され，母親は精神病院に収容される．何年か矯正施設にいた後，マルコムは，服役中に「ネイション・オブ・イスラム」に改宗し，釈放されると「ネイション・オブ・イスラム」のスポークスパースンに任命され，マルコムＸに改名．その後，戦闘的ブラック・ナショナリズムの信奉者として知名度を上げ，影響力を持つ．後に「ネイション・オブ・イスラム」と決別．晩年は，マルコム・シャボズ，またはエル・ハジ・マリク・エル・シャボズと名乗る．以下の演説は暗殺される１年足らず前に，オハイオ州クリーヴランドのコリー・メソディスト教会で行われたもの．

司会者、ブラザー・ロマックス（ルイス・ロマックス、作家・報道記者）、ブラザーたちとシスターたち、友人に敵のみなさん、おっと失礼、でも会場のみんながみんな友人だとは思えないからね。それに呼びかけにもれがあっちゃあならない。今夜の演題は、「ニグロの反乱、われわれはこれからどこへ向かうのか」、あるいは「次は何だ？」ということだが、私の素朴な理解の一端を話しながら、投票権（バロット）か弾丸（ブレット）かという目標地点へ到達するつもりだ。

投票権か弾丸かとは何の意味か説明する前に、私の立場をはっきりしておこう。私は依然ムスリムで、宗教はイスラムだ。それが私の信仰だ。アダム・クレイトン・パウエル・ジュニアが、ニューヨークのアビシニアン・バプティスト教会の牧師で、アメリカの黒人の権利獲得の政治闘争に力を入れているのと同じことだ。マーティン・ルーサー・キング・ジュニア博士が、ジョージア州アトランタのキリスト教会の牧師で、アメリカの黒人の公民権獲得闘争組織を引っ張っているのと同じだ。ギャラミスン牧師は知っているだろう。ニューヨークのキリスト教会の牧師で、人種差別教育撤廃を要求して、学校ボイコットに深く関わっている。かくいう私も牧師だ。キリスト教の牧師ではなくて、ムスリムの牧師・伝道師だ。必要なあらゆる手段を使って、前線で活動するのが重要だと考えている。

私はムスリムだが、今夜は自分の宗教の話をしに来たのではない。あなたたちの信仰を変えさせるつもりはない。違いを論じるために来たのではない。違いは押し込めておいて、われわれが同じ問題、共通の問題を抱えていることを認識すべき時だと訴えに来た。バプティスト派だろうとメソディスト派だろうと、ムスリムだろうとナショナリストだろうと、だれもが地獄を見ることになる。教育があろうとなかろうと、大通りに住んでいようが裏の小路に住んでいようが、私と同じようにだれもが地獄を見る。みな同じ舟に乗っているんだ。そして同じ奴から地獄を味わわされる。そいつってのが白人（ホワイト・マン）だ。この国でわれわれはみんな苦しんできた。白人の手によって政治的抑圧を受け、白人の手によって経済的搾取をされ、白人の手によって社会的権利を剝奪されてきた。

だからと言ってわれわれが、アンチ白人ってわけじゃない。アンチ搾取、アンチ権利剝奪、アンチ抑圧なのだ。アンチ白人になってもらっては困るというなら、やつら白人は、抑圧を止めろ、搾取を止めろ、権利剝奪をやめろ。キリスト教徒だろうがムスリムだろうが、ナショナリスト、不可知論者、無神論者だろうが、われわれは違いを忘れなくてはならない。違いがあっても押し入れにそっとしまって、一歩外へ出たら一枚岩の顔をするんだ。そしてやつをやっつける。亡くなったケネディ大統領だって、フルシチョフとうまくやって小麦の交換をした。あの二人よりわれわれのほうがずっと共通点が多いはずだ。

即刻、事を起こさないと、投票権（バロット）か弾丸（ブレット）か、どちらかを使わねばならなくなる。一九六四年の今は、投票権か弾丸か、どちらかなのだ。時間がなくなる恐れなんてもんじゃない。とっくに時間切れになっている。

一九六四年のアメリカに、一触即発の危機が迫っている。これまでになく爆発寸前の空気が漂っている。なぜかって？　政治の年だからさ。白人政治家が大挙していわゆるニグロ社会に戻ってきては、われわれを騙して投票を奪おうとしている。白人のいかさま政治家が大挙して黒人社会にくり出して、偽の公約で希望を抱かせ、ペテン（トリッカリー）に裏切り（トレチャリー）、守るつもりもない約束で幻滅させる。不満がたまればどうなるか。道筋は一つしかない。爆発だ。今日のアメリカでは、ブラザー・ロマックスにゃ悪いが、おとなしくもう一方の頬を差し出すつもりなんか、さらさらない黒人がいるんだ。

勝ち目がないなんて誰にも言わせない。やつらはあなたたちを徴兵して朝鮮に送る。八億人の中国人と対決させる。遠い外国で勇敢になれるのなら、ここアメリカで勇敢になれるはずだ。勝敗の確率は五分五分だ。だがここアメリカで闘うなら、少なくとも何のために闘っているのかはわかる。

私は政治家ではない。政治学を学んだこともない。勉強なんて何ひとつちゃんとやっていない。民主党員でも共和党員でもない。自分のことをアメリカ人だとさえ思っていない。あなたがたや私がアメリカ人だったら問題はない。移民船から降りたばかりの白ん坊（ホンキイ）はすでにアメリカ人だ。ポーランド人はすでにアメリカ人だ。イタリアの難民はすでにアメリカ人だ。ヨーロッパから来たもの、青い目のやつらはみんなアメリカ人だ。ところがあなたがたや私は、ここにいるかぎりいまだにアメリカ人ではない。

自分を欺くのは嫌だ。みんなと一緒の食卓について、みんなが食べているのを横目で見ながら、自分の皿が空っぽだったら、自分も一緒に食卓を囲んでいるなんて気にはなれない。同じ食卓についたからって、皿の食べ物を食べなければ一緒に食事したことにはならない。ここアメリカにいるからアメリカ人ってことにはならない。アメリカで生まれたからアメリカ人ってことではない。生まれがアメリカ人を決めるなら法律は必要ない。憲法修正なんて必要なかった。今、ワシントンＤＣの米議会で公民権をめぐって議事妨害（フィリバスター）の長演説をすることもない。

そうだ私はアメリカ人ではない。アメリカニズムの犠牲者、二千二百万人の黒人の一人だ。民主主義の犠牲者、二千二百万人の黒人の一人だ。民主主義（デモクラシー）なんて姿を変えた偽善（ヒポクリシー）だ。私は今、アメリカ人としてあなたがたの前に立ってはいない。愛国主義者、国旗敬礼者でも旗振り煽動家でもない。とんでもない。私はアメリカン・システムの犠牲者として話している。犠牲者の目でアメリカを見ている。アメリカの夢など見ていない。アメリカの悪夢を見ている。

二千二百万人の犠牲者が今、目を醒まそうとしている。目を開こうとしている。これまでただ眺めていたものを、よく見ようとしている。政治に目覚めている。アメリカ全土に新しい政治の波が起きているのを認め始めている。新しい政治の波が見えると、どの選挙も僅差の競争だったことがわかってくる。だから票数を数え直さねばならない。僅差だったからマサチューセッツ州知事選では数え直しをした。ロードアイランド州やミネソタ州その他の地域で数え直しをした。大統領選挙（一九六〇年）のときのケネディとニクソンだってそうだった。あまりに僅差でもう一度数え直さねばならなかった。いったいどういうことなんだ。白人票が二分され、黒人票がかなりの数あると、誰がホワイトハウスへ行って誰がドッグハウスへ行くのか、決めるのはやつらだってことになる。現政権（第三六代ジョンソン大統領の二期目）をワシントンで誕生させたのは黒人票なんだ。あなたがたの票、いまいましいその票、愚かな票、無駄にされた票がワシントンの政権を成立させた。その政権はあらゆる法律を通過させるが、あなたがたに関する法律は最後まで手をつけない。その上、議事妨害(フィリバスター)の長演説で法律制定を遅らせる。それなのにわれわれの黒人指導者たちは、自分たちはずいぶんと進歩した、立派な大統領だと手を叩いて喜んでいるぶざまさだ。大統領がテキサス州で嫌われていたなら、ワシントンDCだって同じことだ。テキサス州はリンチの州だ。ミシシッピ州と変わるところがない。テキサスはテキサスの流儀で、ミシシッピはミシシッピの流儀でやるだけの違いだ。あのニグロ指導者たちときたら、大胆不敵にもテキサス人の、あのつまらん南部白人とホワイトハウスでコーヒーを飲んだりする。その後で、大統領は南部出身だから南部人の扱いを知っていて、われわれに都合よくやってくれるだろうなどと抜かすのだ。いったいどんな論理だ。イーストランド（ミシシッピ州選出の連邦上院議員）だって南部出身だ。大統領にしたらジョンソンよりうまく南部人をなだめてくれるというのか。

現政権では連邦下院議会に民主党員（デモクラット）二五七人、共和党員（リパブリカン）は一七七人だけだ。民主党が下院の三分の二を占めている。あなたがたや私の助けになる法律を、どうして通過させられないのか。上院には民主党員が六七人、共和党員がたった三三人だ。民主党員が政府を築き成功させているが、かれらがそうできるのはあなたがたの票のおかげなんだ。その代償に何をくれたか。四年間政権についていながら、今になってようやく公民権法を持ち出してきた。その他の勘案事項がすべて解決した今になって、じっくり腰をおろして、夏の間ずっと時間をかけてあなたがたと戯れようとしている。昔ながらの馴染みの詐欺行為だ、フィリバスターだ。かれらはみんな同舟の仲間だってことを忘れるな。公民権法成立妨害の長演説を主導しているのは、ジョージア州出身のリチャード・ラッセルという男だ。ジョンソンが大統領になり、ワシントンＤＣへ戻ってきたとき、最初に会いたがったのは「ディッキー（リチャード）」だった。二人はそれほど親しい。ジョンソンの仲間、ポン友、子分だ。二人は互いに化かし合っている。どちらも相手のためを思っていると信じ込ませて、相手の反対をうまく封じ込めておく。約束なんか守らなくたって構わない。

一九六四年、目を覚ますときがきた。やつらが陰謀をたくらんでいたら、ちゃんと目を開けて見ているぞ、と知らせることだ。もう一つ目を開けて準備しているものがある。それは投票権（バロット）か弾丸（ブレット）かということだ。投票権か弾丸か。そんな言葉づかいが恐いというなら、この国から出て行くことだ。綿花畑へ戻っていくか、裏町へ行くことだ。ニグロの票を全部集めておいて、引きかえにニグロは何も獲得しない。ワシントンへ行った連中は、ほんの少数の大物ニグロに大きな仕事を与えただけだった。大物ニグロはすでに職についているから、大きな仕事は必要ない。カモフラージュだ、騙し打ちだ、裏切りだ、ごまかしだ。私は民主党をやっつけて共和党にしようというのではない。われわれは共和党員もすぐにやっつける。あなたがたは民主党を第一に選ぶが、民主党はあなたがたを最後に考える。それが現実だ。

ありのままを見つめろ。かれらが下院議会や上院を支配しているときに、どんなアリバイがあるというのか。あなたがたや私が、「約束をいつ果たしてくれるのですか」と問うときに、やつらはいったいどんなアリバイを使うのか。やつらはディキシークラット(民主党離反派)のせいにする。ディキシークラットとはいったい誰か。民主党員ではないか。偽装した民主党員にほかならない。ディキシークラットは民主党員の一部だから、民主党党首がディキシークラットの党首だ。ディキシークラットは民主党を一時飛び出したが、民主党はかれらを追放しなかった。あの南部の人種差別主義者は北部の民主党員を貶めたが、北部の民主党員はディキシークラットを貶めなかった。ありのままをよく見てくれ。みんな化かし合いをしているんだ。政治の化かし合い。あなたがたや私はその只中にいる。目を覚まし、ありのままをじっくり見て理解し努力するときがきた。そうすればわれわれは適切に対処できる。

ワシントンのディキシークラットが、政府を動かす主要委員会を牛耳っている。ディキシークラットが委員会を牛耳っているのは、年功権（議員歴の長さによる優先権。重要な委員会に入る選択権を持つ）を持っているからだ。年功権を持っているのは、ニグロが投票できない州から来ているからだ。こんな政府は民主主義とは言えない。人民の代表政府ではない。南部の住民の半分が投票できないんだ。イーストランドなどそもそもワシントンにいるべきではない。ワシントンDCで重要な地位に就いている上院・下院議員の半分は、不法にもそこにいる。憲法違反だ。

一週間前の木曜日、私はワシントンにいた。公民権法を取り上げるかどうか、議論していた。上院議会の奥にある議員集会場には、大きな合衆国地図があり、全米のニグロ人口が示されている。ニグロ人口が集中する南部は、議場で立ち上がって長演説（フィリバスター）をし、ペテンを使って、ニグロに投票権を与えまいとしている連中の出身地だ。残念なことだ。われわれにとって残念なのではない。白人にとって残念だ。われわれニグロは、今や目覚め始め、自分が乗っている台座、自分のいる場所、自分が置かれたやり取りの場を知り、新しい作戦を練り始めているからだ。

あの上院・下院議員たちは、特定の州・郡の住民に投票権を保証した、憲法修正条項に違反している。憲法には、投票権が無視された州の代表を追放する制度がある。新しい法律制定の必要すらない。投票権が無視された州や地域出身の議員は、議場から追放されるべきだ。あなたがたがそのような連中を追放したら、この国で、意味ある法律制定をするための障害物を取り除くことになるんだ。じっさい連中を追放したら、もはや新しい法律など制定しなくたっていい。連中に代わって黒人議員が、黒人が少数派ではなく多数派の、州や地域の代表になるからだ。

南部の諸州の黒人が完全に投票権を獲得したら、ワシントンDCの大物ディキシークラット、すなわちワシントンDCの大物民主党員は議席を失う。民主党じたいが権力を失う。党として力をなくす。ディキシークラットの機関、支部、部会を民主党が失えば、われわれは民主党が失う力の量がわかる。南北戦争以来、民主党が完全に権力を握っていた諸州のニグロに投票権を与えると、党の利益にいかに反するかがわかってくる。われわれは分析もしないでむやみに民主党に属してはいけない。

繰り返すが、私はアンチ民主党でもアンチ共和党でもない。アンチ何とかではない。かれらの優先権や、われわれに対して守るつもりもない約束をする、あの戦略に疑義を呈している。民主党員に権力を与えるのは、ディキシークラットに権力を与えることだ。ブラザー・ロマックスは否定するだろうが、民主党に投票するのは、ディキシークラットに投票することだ。だから一九六四年の今、われわれはもっと政治に敏感になって、票のゆくえを見守らねばならない。投票によってわれわれが何を獲得するのか知るべきだ。投票がだめなら弾丸を投げるときが来ている。投票権(バロット)か弾丸(ブレット)か。

北部の状況は少し違う。ゲリマンダー・システムが支配している。ゲリマンダーとは何か。ある地域で黒人人口が集中していると黒人が政治的力を持つ、すると白人がやって来て選挙区の線引きを勝手に変えてしまうこと。「白人が白人がって、何で白人のことばかり言うのか」と疑問を持つかもしれない。事実、白人が勝手に線引きするからだ。ニグロが線引きしたのは見たことない。やつらはニグロを近づけない。白人がやる。あなたがたへにっこり笑顔を向けて背中を叩き、友人だと言っている白人たちだ。友好的な振りをするが、だまされるな、やつらは友人ではない。

ここで強調したいのはこういうことだ。われわれが直面しているのは、アメリカの人種差別主義者の陰謀ではなく、政府の陰謀だということ。長演説（フィリバスター）をしているのは上院議員で、それが政府だ。ワシントンDCでいかさまをやっているのは下院議員で、それが政府だ。他のだれでもない政府の人間が、あなたがたの歩む道に障害物を置いている。あなたがたを外国へ送り、戦わせている政府が陰謀を企て、あなたがたから投票権を奪い、職を奪い、快適な住居を奪い、まともな教育を奪っている。あなたがた自身が雇用主のところに行く必要はない。政府が、アメリカ政府がこの国の黒人を抑圧し、搾取し、権利を剥奪している。だからやつらの責任を追及するんだ。この国の政府がニグロを騙している。いわゆる民主主義がニグロを騙している。白人リベラル派がニグロを騙しているのは間違いない。

ここからわれわれはどこへ向かうのか。最初に必要なのは友人だ。新しい同志が必要だ。公民権闘争はまったく新しい解釈・分析を必要としている。別の角度から見なければならない。内側からだけではなく外側から。ブラック・ナショナリズムを信奉する者が公民権闘争をするには、新しく解釈し直さねばならない。これまでの古い解釈の公民権闘争は、われわれを排除していた。われわれを遠ざけていた。今、新しい解釈をして、われわれが参加できるようにする。のろまで及び腰の妥協派アンクル・トムには、もはやぐずぐずと白人と妥協させたりしない。

　そもそもあなたがたの所有物なのに、それをくれたからといってなぜ礼を言わなけりゃならないんだい。あなたがたのものなのに、一部をくれたからって、なぜ礼を言わねばならないんだい。自分のものだったのだから、それをもらったからって、進歩したのではない。進歩ではない。ブラザー・ロマックスが、われわれは一九五四年時点に戻ったと教えてくれて嬉しかったね。一九五四年時点に戻ったというより、それより前の状況だ。一九五四年より人種差別は激しい。一九五四年より一九六四年の今のほうが、人種憎悪はひどい、人種嫌悪はひどい、人種虐待はひどい。どこが進歩だ。

　若いニグロが立ち上がっている。若者たちは「もう一方の頬を出しなさい」という非暴力戦略には耳を貸さない。とんでもない。ジャクソンヴィルでは十代の若者が火炎瓶を投げた。これまでニグロは火炎瓶を投げなかった。新しい状況を迎えている。新しい考えかたが見られる。新しい戦略を取り始めたのだ。今月、火炎瓶だったら、来月は手榴弾で、再来月はまた別のものを投げるのさ。投票権（バロット）か、弾丸（ブレット）だ。自由か、しからずんば死を、ということだ。だがこの場合の死はちょっと違う。相互作用の死だ。相互作用、わかるだろう。ブラザー・ロマックスが使った言葉だ。私はその言葉を盗んだのだ。いつもは大げさな言い回しはしない。私は大げさな人々(ビッグ・ピープル)と関わらないからね。普通の人々(スモール・ピープル)と関わっている。普通の人々が集まると大げさな人々を鞭で追っ払うことができる。普通の人々には失うべき何ものもない。得ることばかりだ。普通の人々ならすぐに教えてくれるさ。「タンゴを踊るにゃ人間二人。私がやればあんたもやる」。喧嘩両成敗ってことさ。

ブラック・ナショナリズムを信奉するブラック・ナショナリストは、ブラザー・ロマックスが指摘したように、公民権というものの意味の新解釈を機会平等と捉えている。公民権が機会平等を意味するのなら、われわれが求めているのは投資に対する見返りで、まさに正当化される。われわれの母親、父親は汗と血と涙を流して働いた。一銭も貰わずに、われわれはこの国で三百十年間働いてきた。一銭も貰わずに。白人たちはこの国がいかに裕福かとほざいている。なぜそんなにすばやく裕福になったか、あなたがたは考えたこともない。あなたがたがこの国を豊かにしてきたのだ。

会場のみんなのことを考えてみよう。みんな貧しい。われわれ一人ひとり、みんな貧しい。週給はろくな額にならない。それでもみんなの週給を集めてみたらどうなるか。バスケットがいくつもいっぱいになるだろう。大金だ。会場のみんなの給料を一年分集めたら、金持ちになる。並みの金持ちより金持ちになる。そういうふうに見ると、アメリカ政府（アンクル・サム）がどんなに金持ちになったかわかるだろう。会場にいる一握りの黒人ではなく、何百万人の黒人のおかげで。あなたがたの母親や父親、私の母親や父親は八時間労働ではなく、朝早く「暗くて見えない」ときから、夜遅く「暗くて見えない」ときまで、報酬ゼロで働いて、白人を金持ちにした。アンクル・サムを金持ちにした。それがわれわれの投資だ。われわれの貢献であり、われわれの血だ。

ただ働きしただけじゃなく、われわれの血を与えた。軍隊の出動が必要になると、真っ先にわれわれが軍服を着せられた。白人の戦争ではいつだってわれわれが死んだ。今日、アメリカを代表するだれよりも、犠牲を多く払ってきた。貢献度が高いのに受け取るものは少ない。ブラック・ナショナリズムを信じる者にとって公民権は、「今、われわれに与えてくれ。来年まで延ばすな。昨日与えてくれたって、早すぎはしない」ということを意味する。

ここで話を止めて、一つ指摘しておいたほうがいいだろう。そもそもあなたがたの所有物だったものを求めるとき、その権利を奪う人間は犯罪者だ。わかったか。そもそもあなたがたに所属するものを求めるとき、それには法律的根拠がある。あなたのものを剝奪する人間は、その法律を破っている。犯罪者だ。最高裁判決がそう判断している。最高裁判決は人種差別を違憲とした。

人種差別は法律違反ということだ。人種差別をするのは法律を破ること。人種差別は犯罪だ。それ以外のレッテルは考えられない。人種差別反対のデモ行進をすれば、法律はあなたがたの味方だ。最高裁判所はあなたがたの味方だ。

その法律に従うのを反対しているのは誰か。警察当局だ。警察犬と警棒を使って。人種差別反対のデモ行進、それが教育施設や住居であれ何であれ、人種差別反対のデモ行進をすると、法律はあなたがたの味方なのだ。デモ行進の邪魔をする人間が法律ではない。法律を破っているのはかれらだ。法の執行者ではない。人種差別反対のデモに、大胆不適にも警察犬をけしかけてくるやつらがいたら、その犬を殺せ。殺すんだ、その犬を。明日、やつらが私を牢屋にぶち込んだら、その犬を殺せ。そうすればやつらを止めることができるだろう。会場の白人たちよ、そのような行動を見たくないというなら、市長のところへ行って、警察は犬を放つなと伝えるんだ。あなたがたがせねばならないのはそれだけだ。しなけりゃ誰か別の者がするまでだ。

行動を起こさなければ、あなたがたの子供たちが大きくなったとき、親を見て「面汚し（つらよごし）」と思うだろう。妥協のない態度でやるんだ。といって暴力を振るえと言っているのではない。だがな、たまたま非暴力になるのは別だが、非暴力戦略は取るな。私は非暴力の相手には非暴力で行く。あなたがたが私に暴力を振るえば、あなたがたが私を狂暴にさせるのだから、自分の行動に責任は持てない。ニグロはこの態度でやって行くんだ。あなたがたが法律の中にいて、法的権利を持ち、道徳的権利を持ち、公正に扱われているなら、信じることのために死んでも構わない。だが一人では死ぬな。これも相互作用だ。それが平等というものだ。ガチョウの雌にいいことは雄にもいい。

こう考えてくると、われわれには友人が必要だ、同志が必要だ。公民権（シヴィル・ライツ）闘争をより高い段階へ引き上げねばならない。人権（ヒューマン・ライツ）の問題に引き上げるのだ。公民権闘争止まりだと、知らぬうちにアメリカ政府（アンクル・サム）の支配に押さえ込まれる。公民権闘争の中にいるかぎり、外側の人間はだれもあなたがたのために発言することができない。公民権は合衆国の国内問題だ。アフリカの同胞、アジアの同胞、ラテンアメリカの同胞は、アメリカの国内問題に口出しできない。公民権に限定すれば、そいつはアンクル・サムの支配領域だ。

国連には人権憲章がある。人権問題の委員会がある。これまでアフリカ、ハンガリー、アジア、ラテンアメリカ諸国の暴虐行為が国連で問題にされたのに、アメリカのニグロ問題が国連で討議されたことがないのはなぜか。これも陰謀だ。われわれの友人とうそぶくお馴染みの、狡猾な青い目のリベラル派が、われわれの闘争を助けてくれている味方が、助言者として活動しているはずのかれらが、ついぞ人権を口にしたことがない。公民権の枠にあなたがたを押し込めている。あなたがたは公民権を求めて吠えているが、人権を問題にすることを知らない。

公民権闘争を人権闘争へ格上げできれば、国連加盟諸国の面前に、アメリカの黒人問題を提起することができる。国連総会へ提出することができる。世界の法廷へアンクル・サムを引きずり出すことができる。それができるのは人権問題だ。公民権はアンクル・サムの支配・管轄圏内だ。公民権ならばアンクル・サムの手中にある。公民権はアンクル・サムにわれわれを正しく扱ってくれとお願いするだけだ。人権は生まれもっての権利である。神から与えられた権利だ。地球上のあらゆる国家が認めている権利なんだ。いついかなるときであれ誰であれ、人権を侵害する者は世界法廷へ引きずり出すことができる。

アンクル・サムの手から血が滴り落ちている。この国の黒人の血が滴り落ちている。アンクル・サムは地球上で一番の偽善者だ。やつらほどずうずうしい者はいない。自由世界の指導者として振舞っているのだから。自由世界だって！　あなたがたはここで「ウィ・シャル・オーヴァーカム――いつか乗り越える」なんて歌っている。公民権闘争を人権闘争へ引き上げるのだ。国連へ持ち込むのだ。国連ではアフリカ人同胞がわれわれの味方になるだろう。アジアの同胞がわれわれの味方になるだろう。ラテンアメリカの同胞がわれわれの味方になるだろう。八億の中国人が味方になろうと待っている。

アンクル・サムの手がどんなに血なまぐさいか、世界に知らせるのだ。アメリカ国内の偽善を知らせるのだ。投票権(バロット)か、弾丸(ブレット)か。アンクル・サムに知らせるのだ、投票権か、弾丸か。

ワシントンDCへ問題提起しても、それは犯罪者の手に委ねることになる。狼(おおかみ)を逃れて狐(きつね)のもとへ行くことだ。同じ穴の狢(むじな)だ。みんな政治的ペテンを使い、世間の目にはあなたがたがすぐ騙される愚か者に映っている。あなたがたはアメリカに暮らし、徴兵され外国へ送られるのを、ブリキの兵隊のように待っている。外国の戦場では何のために戦っているのかと問われ、まったくの猿芝居さ、と言うより他にない。アンクル・サムを世界の法廷に引きずり出すのだ。

投票権とは自由を意味する。この点ではロマックスと意見が違う。金より投票権のほうが大切だ、そいつがわからないか。証明できるかって。もちろん。国連を例に取ろう。国連には貧しい諸国が加盟している。だがこの貧しい国々が一致団結して投票権を行使すれば、金持ちの諸国の動議を拒否できる。一国一票でどの国家も平等だ。アジアやアフリカ、地球上の途上国が団結すると、アンクル・サムは、かれらの投票権の前で事を起こすことができない。ロシアだってそうだ。他の国々だってそうだ。だから投票権が一番重要なのだ。

たった今、この国には二千二百万のわれわれアフリカン・アメリカンがいる。そうだわれわれはアメリカにいるアフリカ人だ。そうともアフリカ人だ。アフリカ人以外の何者でもない。じっさい自分をニグロではなくアフリカ人と見なせば、われわれはさらに進歩する。アフリカ人は地獄の苦しみを経験しない。アフリカ人は公民権法を通過させる必要がない。今ではアフリカ人は行きたいところへ行ける。顔を上に向ければよいのだ。そうだ、行きたいところへ行け。ニグロになるのは止めろ。名前を変えろ。フーガガグーバだって何だっていい。白人がいかに愚かかわかってくる。愚かな男を相手にしているのだ。肌の色が真っ黒の私の友人が、あるとき頭にターバンを巻いて、アトランタ市内のレストランへ行った。人種差別が撤廃される前のことだ。白人のレストランへ行きテーブルについた。食事が出てきた。そこでこの男が、「ニグロが入ってきたらどうなるんだ」と質問した。夜のように黒い肌の男がそこに座っている。ただ頭にターバンを巻いているので、ウェイトレスは振り返って、「まさか、ニガーがこの店に入って来るわけないじゃない」と答えた。

偏見が精神を日々おかしくし、知性を失くした男とあなたがたは関わっている。男は恐怖にかられている。周囲を見渡し、地上で起きていることを観察し、時代の振り子があなたがたのほうに揺れているのを目にする。黒い肌の人間が目覚めている。白人への恐怖が薄れている。今日の白人の戦争で、白人が勝利している地はどこにもない。白人が戦っている相手は、どこでもわれわれのような肌の色をしている。かれらが白人をやっつけている。もはや白人は勝てない。第二次世界大戦は白人の勝ちだった。ところが朝鮮戦争では勝たなかった。勝てなかった。休戦協定を結ばねばならなかった。なんという敗北だ。

アンクル・サムが戦争行為のあらゆる組織を備えながら、米を食う人と戦って引き分けに持ち込まれたら、そいつは敗北したってことだ。休戦協定を結ばねばならなかった。休戦協定を結ぶつもりなどなかったんだ。悪いことをやろうとしていた。だがもう悪者ではない。水爆を使えば悪者になったが、ロシアが使うと恐いのでアメリカも使えない。ロシアは水爆を使えない。アメリカが使うと恐いからだ。どちらも武器がない。どちらもこの武器が使えない。この武器は両者を破壊するからだ。それで戦闘行為は地上になる。白人は地上の戦場では勝てない。かれらが勝てる時代は終わった。黒人は知っている。茶色の肌の民族は知っている。赤色人種は知っている。黄色人種は知っている。かれらは白人をゲリラ戦に誘い込む。ゲリラ戦は白人のやりかたではない。ところが白人にはガッツがない。わかったか。

ゲリラ戦についてちょっと話しておきたい。まだ知らないだろうからね。ゲリラ戦士にはガッツが必要だ。自分を頼りにしなければいけないから。これまでの戦争では戦車があったし援軍がたくさんいた。頭上では飛行機やら何やらが援護する。ゲリラ戦では自分が頼りだ。ライフル一丁に、運動靴と米一盛りだけ。それで十分。それ以外にはガッツが、気迫が十分あることだ。第二次世界大戦中、太平洋の小島にアメリカ軍が上陸したとき、日本兵はひとりで部隊を遠ざけることができた。日没まで待つのだ。日没まで待てばみんな同じ条件になる。小刀一つで藪から藪へ移動し、アメリカ人からアメリカ人へとすり抜ける。白人兵は対応できない。太平洋で戦ったことのある白人復員兵に会ってごらん。日本兵に死ぬほどの恐怖を感じ、今でも体の震えが止まらず神経症に罹っている。

仏領インドシナでは、フランス兵に同じ現象が起きた。二、三年前まで米作りの農民だったヴェトナム人が、一致団結して重装備のフランス軍をインドシナから撃退した。近代兵器はいらない。近代兵器はうまく機能しない。今はゲリラ戦の時代だ。アルジェリアでも同じことが起きた。遊牧民ベドウィンだったアルジェリア人は、着の身着のままで丘陵地帯へ逃げ込んだ。ドゴールの軍隊も精鋭兵器も戦車もゲリラの前では形無しだった。世界中どこだろうが、ゲリラ戦で白人の勝ったためしがない。白人の誇るスピードなんてもはや意味をなさない。アジアやアフリカ、ラテンアメリカでゲリラ戦が盛んに闘われている。黒人がいつか目を覚まし、投票権か弾丸かに気づくだろうと思わないなら、あなたがたはひどく純朴で愚鈍か、あるいは黒人を馬鹿にしているかのどちらかだ。

締めくくりに、最近、われわれがニューヨーク市に設立したムスリム・モスク・インク（ＭＭＩ）について話しておきたい。われわれはムスリムで宗教はイスラムだが、宗教を政治や経済や社会運動・公民権運動と一緒くたにはしない。宗教はわれわれのモスクの中のこと。礼拝が終わればムスリムとして政治活動、経済活動、社会活動、公民権活動に参加する。悪を追放するためだったら、われわれの社会を苦しめる政治・経済・社会的悪を除去するためだったら、誰とでもどこでもいついかなる方法でも共闘する。

ブラック・ナショナリズムの政治哲学は、黒人社会の政治や政治家をわれわれ黒人が支配すること。それ以上のことではない。黒人社会の黒人は政治学を勉強し直さなければならない。政治が何をもたらすかを学ぶのだ。票を気ままに投じてはいけない。投票は弾丸のようなもの。標的（ターゲット）を見据えるまで投げてはいけない。標的があなたがたの届かないところにあれば、投票権をポケットにしまっておくことだ。

ブラック・ナショナリズムの政治哲学はあちこちで教えられている。キリスト教会で。全米有色人種向上協会（ＮＡＡＣＰ）で。人種平等会議（ＣＯＲＥ）で。学生非暴力共同委員会（ＳＮＣＣ）の集会で。ムスリム集会で。無神論者や不可知論者しか来ないところで。どこでも教えられている。自由を獲得するためにのらくらした闘争、石橋を叩いて渡らない、妥協ばかりの戦略に黒人はうんざりしている。今の今、自由がほしい。「ウィ・シャル・オーヴァーカム――いつか乗り越える」などと歌って獲得したくはない。乗り越えるまで闘わねばならない。

ブラック・ナショナリズムの経済哲学は純粋で単純だ。黒人社会の経済をわれわれ黒人が支配すること。黒人地区の商店を全部、白人が経営しているのはなぜか。黒人地区の銀行を白人が経営しているのはなぜか。黒人社会の経済が、なぜ白人の手中にあるのか。なぜだ。黒人が白人地区に店を開くことはないが、白人が黒人地区に店を開けるのはどうしてだ。ブラック・ナショナリズムの哲学は、黒人社会の経済に関する再教育計画を含む。黒人地区からドルを持ち出し、自分が住んでいない地区でそのドルを使えば、黒人が住むところはますます貧しくなり、金が支払われたところはますます金持ちになる。

あなたがたが住んでいる地域が、貧しいゲットーやスラムなのはどうしてだ。黒人が黒人地区で金を使わないと、黒人が金を失う。黒人地区で金を使っても白人が商店を牛耳っており、日没になると白人経営者が金を外へ運び出す。われわれは、がんじがらめになっている。

ブラック・ナショナリズムの経済哲学は、教会、社会組織、友愛会のみんなが黒人社会の経済を支配すること、それが重要だと自覚することを教える。われわれ黒人が商店を所有し、ビジネスを経営し、黒人社会に何らかの産業を起こせたら、自分たちのために職場を開発することになる。自分の社会の経済支配権を獲得すれば、ダウンタウンへ出かけて行ってピケを張ったり、ボイコットしたり、けちな白人に仕事をくれと懇願する必要がなくなる。

ブラック・ナショナリズムの社会哲学は、一致団結して社会悪を排除するという、いとも簡単なことだ。アルコール中毒、麻薬中毒、黒人社会に巣食うその他の社会悪を撲滅しようということだ。われわれ自身が黒人社会の向上を、より高い段階へ向かう努力をせねばならない。われわれの社会を美しくし、そこにいることで満足を覚えるようにする。われわれを望まない白人社会に入ろうなどと無駄な努力をしなくてすむ。ブラック・ナショナリズムという福音を唱えて、黒人に白人を再評価させよう、というのではない。白人のことはわかっている。黒人自身を再評価しよう、というのだ。白人の精神を変えようとするな。そいつは無理だ。アメリカの道徳意識を変えようとするな。アメリカの意識は破綻している。とうの昔にアメリカは道徳意識を失っている。アンクル・

サムにそんな意識はない。

奴らは道徳の意味を知らない。社会悪なのに、非合法なのに、反道徳的なのに、悪を追放しない。自分たちの存在にとって脅威を覚えたときだけ、追放する。アンクル・サムのような破綻した男の道徳意識に訴えたって時間の無駄だ。良識があったら、外から圧力をかけられずとも、とうの昔に改心していただろう。白人の精神を変える必要はない。われわれが考えを変えるのだ。白人の黒人観を変えることはできない。われわれ同士が考えを変えるのだ。新しい視点でお互いを見なければならない。兄弟(ブラザーズ)、姉妹(シスターズ)として見るのだ。お互いに暖かい目で統一し調和し、われわれの手で問題を解決する。どうやってやるのか。どうやったら嫉妬を防ぐことができるのか。黒人社会にある疑惑の目や分離状態を、どうやったら避けられるのか。それをこれから話そう。

ビリー・グレアムが町にやって来てキリストの福音を広めているが、あれは白人のナショナリズムにすぎない。そうだホワイト・ナショナリストだ。ビリー・グレアムはホワイト・ナショナリストで、私はブラック・ナショナリストだ。指導者たちはだれでも嫉妬深く、ビリー・グレアムのような強力な人物を疑惑と羨望の目で眺めるのが常だ。町にやって来たグレアムが、その町の教会の指導者たちの全面的協力を得ることができるのはなぜか。教会の指導者だからって、羨望や嫉妬などの弱さがないなんてとんでもない。だれだって弱いのさ。ローマ法王庁で枢機卿を選ぶときには、小部屋に入って論議する。喧嘩したり罵ったりする声が、外に漏れないようにするためだ。そうやって選んでいる。

ビリー・グレアムはキリストの福音を説く。福音を伝道する。聴衆を立ち上がらせるが、教会を立ち上げることはない。グレアムが教会建設の目的で町にやってきたら、全教会がグレアムに反対するだろう。グレアムはキリストについて話しに来る。目覚めた者はどの教会でもいいから、キリストのいる教会へ行くように勧める。このように説教するから教会はグレアムに協力する。われわれもグレアムの教えを見習おう。

われわれの福音はブラック・ナショナリズムだ。どの組織であれ脅迫するつもりはない。ブラック・ナショナリズムの福音を広めるだけだ。ブラック・ナショナリズムの福音を説き実践している教会があれば、どこでもいい、そこの教会員になるといい。NAACPがブラック・ナショナリズムの福音を説き実践していれば、NAACPに入会するがいい。CORE（コア）がブラック・ナショナリズムの福音を広め実践していれば、COREに入るがいい。黒人の向上を説く福音を信奉する組織だったら、どれでもいい、入会するのだ。入会して、その組織が石橋を叩いてばかりいる妥協の団体とわかったら、ただちに退会すればいい。それはブラック・ナショナリズムの組織ではないからだ。また別の組織を探すのだ。

このようにして組織は会員数を増やし、質量ともに発展する。八月までにはブラック・ナショナリズムの政治・経済・社会哲学に関心のある代表を全米から集めて、ブラック・ナショナリスト大会を開くのがわれわれの計画だ。大会のあとでは学習セミナーを開き、討論会をし、みんなの意見を聞く。新しい考えかた、新しい解決、新しい解答を望む。ブラック・ナショナリスト党が必要だと考えるようになったら、党（パーティー）を結成すればいい。ブラック・ナショナリスト軍が必要だと考えるようになったら、軍（アーミー）を結成すればいい。投票権か弾丸か。自由を、さもなくば死を。

われわれはただ腰をおろし手をこまぬいて、貧乏白人の上院議員、北部や南部の白人が、ワシントンDCの議会でわれわれに公民権を持たせようと決議するのを待っていることはない。私の権利について、白人にはとやかく言わせない。兄弟姉妹よ、覚えておくんだ。白人に自由を与えるのに上院議員や下院議員、大統領の宣言が必要でないなら、黒人に自由を与えるのにだって法律や宣言、最高裁判決は必要でない。この国が自由の国であるなら、白人にそうと知らせるんだ。この国を自由の国にしろと。自由の国でないなら、それを変えるんだ。

真正面からこの問題に取り組もうとしている人々なら、だれでもどこでもいつでも共闘し、敵が非暴力なかぎり非暴力で、暴力に出たら暴力に出る。あなたがたと共に選挙登録運動をやろう、家賃値上げ反対ストをやろう、学校ボイコットをやろう。私は人種統合には反対だ。だが心配すらしていない。そうならないことは明白だ。あなたがたは死ぬのが恐いから、人種統合は獲得できない。白人に立ち向かうなら、死ぬ覚悟で臨むんだ。ここクリーヴランドの白人は、ミシシッピ州の貧乏白人と同じく暴力に頼る。それでも人種差別の公立学校システムに反対だから、われわれはあなたがたと学校ボイコットをする。人種差別の公立学校システムは、歪んだ心を強いられた卒業生を生み出す。人種差別学校とは全員黒人生徒の学校を指すのではない。無関心の人間が支配される学校を指す。

その意味を詳しく話そう。人種差別の地区や地域では、ちゃんと住人がいるというのに、そこには住んでいない外の人間が、政治・経済を支配している。白人の居住区のことは人種差別の地区と言わない。人種差別の地区とは住民が黒人の場所だ。なぜかって。

白人の居住区では白人が学校や銀行を支配し、政治や経済その他すべてを支配している。自分たちの社会を支配している。さらにあなたがたの地域を支配している。よそ者に支配されるとき、あなたがたは人種差別を受けている。かれらよそ者は手元にあるもので一番質の悪い物、安い物をあなたがたに与える。外からそんなものを持たされるから人種差別を受けているのではない。自分のものを支配せねばならない。白人が自分のものを支配するように、あなたがたは自分のものを支配せねばならない。

人種差別撤廃の最善策を知っているか。白人は人種統合よりも人種分離を恐れている。人種差別によって白人は黒人を遠ざけておくが、法律が及ばないほど遠ざけはしない。人種分離はあなたがたがいなくなってしまうことを意味する。白人はあなたがたを分離させる前に人種統合しようとする。人種差別学校システムは犯罪であり、想像を絶する歪んだ教育を強いられる子供たちにはまったく破壊的だ。だからわれわれはあなたがたと共に反対運動をやる。

最後に、そして重要なことだが、ライフル銃とショットガンに関する大論争について一言。政府がニグロの生命や財産を守ろうとしない、守ることができないと判明した地域では、ニグロ自身が立ち上がって自己防衛せねばならない。憲法修正第二は、ライフル銃やショットガンを所持する自由を保証している。権利があるからといってあなたがたが今、ライフル銃を手に部隊を組んで、白人を標的にしようというのではない。正当化されているということだ。理由もなく標的にしたらそれは非合法だ。われわれは非合法のことはいっさいしない。白人がわれわれ黒人にライフル銃やショットガンを買わせたくないなら、政府にその仕事をさせるのだ。

話はこれで終わりだ。白人があなたに近寄ってきても、マルコムが話したことをどう思うかなんて質問はさせるな。アンクル・トムになるのはやめろ。やつらは、あなたがたが「アーメン！　そうだその通りだ！」と叫んだかどうか知りたいんじゃない。やつらは、あなたがたをアンクル・トムにしたいだけだ。ライフル・クラブを結成して、白人の標的を探そうというのでもない。だが一九六四年、あなたがたが男なら、やつらに知らせるべきときだ。

政府を組織し運営し、われわれの税金を使って当然なすべき仕事なのにわれわれを守らないというのなら、軍事費に莫大な予算を費やしているんだから、単発式や複動式銃を手に入れる一二ドルや一五ドル、われわれに払ってくれたっていいじゃないか。いいか、わかるか。何も事が起きないうちに銃は使うな。兄弟姉妹よ、特に会場の男たちよ。

名誉勲章を胸につけ、肩幅広く、胸厚く、筋骨隆々の男たちよ、銃は使うな、だがな、やつらが教会に爆弾を投げ、白人が拝めといった神に祈りを捧げる年端もいかない四人の少女を、冷血にも殺したという記事を、あなたや私が読んだなら、そのときにはな。しかも政府が爆弾犯人を見つけ出さないという、そのときこそはな。

何たることだ。やつらはアルゼンチンのどこかに隠れていたアイヒマンでさえ探し出したんだ。南ヴェトナムでは、お節介にも他人の問題に首を突っ込んでおきながら、二、三人のアメリカ兵が殺されると、政府は戦艦を派遣して介入する。キューバに部隊を派遣しようとした。自由選挙を実施するためだという。自分の国で自由選挙が実施されていないというのに、やつら白人ときたら。

あなたがたが私に二度と会うことがなかったとしたら、明日私が死ぬことになっていたら、私はこれを言って死ぬだろう。投票権（バロット）か弾丸（ブレット）か。投票権か弾丸か。

一九六四年に生きるニグロが、黒人の権利となるとくだらん白人上院議員が長演説（フィリバスター）をし、それをただ黙って眺めているようなことがあったら、あなたがたも私も、恥を知り、首を吊らねばならない。一九六三年のワシントン大行進のことを、あなたがたは話題にする。何もわかっちゃいない。一九六四年にはもっと多くのことが起きている。

去年のようには、やらない。「ウィ・シャル・オーヴァーカム——いつか乗り越える」なんて歌わない。白人の友人と共闘しない。黒人に代わってだれかが文字を書いたプラカードは掲げない。往復切符では出かけない。片道切符で行く。やつらが反・非暴力の団体はいやだというなら、議会の長演説（フィリバスター）を止めろと要求する。

ブラック・ナショナリストはもう待たない。リンドン・B・ジョンソンが民主党の党首だ。公民権推進派なら、来週、上院議会へ行って宣言せよ。今すぐ、宣言させよ。議会へ行って、民主党の南部の支部を弾劾せよ。今すぐ、道徳的姿勢を明確にせよ。先延ばしはだめだ、今すぐに。選挙の時期まで待たせるな。兄弟姉妹よ、待ってばかりいると、最後には予想もしなかったことが、この国で起きる。そういう土壌を生み出したジョンソンは、責任を負わねばならない。一九六四年の今、選挙権（バロット）か弾丸（ブレット）か。

18 今日のアメリカにおける黒人女性 *1974.6.17.*

シャーリー・チザム

1924-2005

The Black Woman in Contemporary America
★ *S. Chisholm*

Shirley Chisholm (1924—2005)
ニューヨーク州ブルックリン生まれ．ブルックリン大学から学士号，コロンビア大学から修士号を取得．1968 年，連邦政府下院議員選挙でニューヨーク州第 12 区の候補になりジェイムズ・ファーマーを破り，黒人女性で初めての下院議員になる．1972 年，大統領選に立候補．以下の演説は，ミズーリ州カンザス・シティにある州立ミズーリ大学で開催された黒人女性会議でのもの．

会場の皆さん、兄弟姉妹たち、今宵ここにいることを大変嬉しく感じています。今日のアメリカにおける黒人女性という題目でお話できる、最初の講師になる機会を与えられ、大変嬉しく思います。このテーマは最近よく話題になりまして、怒りを呼び起こしていますし、誤解されたり、間違った分析がなされたりしています。私は今宵ここに参りまして、このテーマに関してお話するのですが、研究者として大学人としてお話するのではありません。過去二〇年間、アメリカ社会で黒人として、女として、本当にあらゆる障害に出くわしながらやって参りました者としてお話するつもりです(笑いと拍手)。

黒人女性の役割は、今日のアメリカにおける経済的政治的変動の中で、適切に位置づけられておりません。記憶にないほどの昔から黒人男性が骨抜きにされてきたために、どうにか家族の形態を維持するためには、黒人女性がしっかりしなければなりませんでした。この歴史的状況のために、黒人女性は忍耐力を養ってきました。黒人女性は力強くなりました。今日、強い目的意識を持つことなどで、否定的に見られがちな資質を備えるようになりました。黒人女性は女家長(マトリアーク)=肝っ玉というレッテルを貼られています。

このようなレッテルは、黒人女性の役割を勝手に解釈した、白人社会学者の手垢のついた言い回しで、ダニエル・モイニハンのような社会学者たちの仕業です(拍手)。

私たち黒人女性は、これまで私たちの社会で果たしてきた役割によって、黒人解放のために多くのことを成し遂げることができるのです。黒人男性が前面に出て頑張っているのはわかっています。けれども黒人たちは今、お互いに補い合う重要な技能を持つ男女が、その能力を集合的に活用することが大切なのです。

黒人男性・女性の力を使い果たし、相互を分離させようとする喧嘩のほうへ目が行ってしまうのは、まったく情けないことです。「黒人男性が前に出ているのだから、黒人女性は後ろにさがっているべきだ」とか、「黒人女性が黒人男性を抑え込んでいる」などという批判は歴史的に見ても、まったくの見当違いで、他人に罪を着せながら、私たちが人間として――そのうちの何人かは黒人男性で、何人かは黒人女性です――一緒にうまくやって行くのを阻止しようとしているのです(拍手)。

このような言い合いをしていれば、私たちの視線を本題から逸らすことになり、敵を利することになります。私たちの集合的能力が私たちに有利に働かなくなってしまいます。教育を受けた能力のある黒人女性は、その才能を棚に放り上げておいてはいけません。黒人男性とともにその才能を活用するのです。自分は脇に退いて不満ばかりを常時口にし、批判するばかりでは何も学ばないでしょうし、黒人闘争にとって何の助けにもなりません(拍手)。私たちは状況に参加することによって学ぶのです。耳を傾け、よく観察し、そして行動するのです。

これまで習慣的に、一日のうちの特定の二時間、開店を拒否するカクテル・ラウンジの前で、デモ行進をしたり、ピケを張ったりすることに大多数の黒人女性はなぜ関心がないのか、それはとてもよく理解できます。このようなカクテル・ラウンジは、ウォール・ストリートから戻ってきたばかりの男たちが、市場の取り引きなど最新情報を交換する場なのです。それは中産階級の白人女性の問題です(拍手)。少数集団の女性の、重要課題ではありません。黒人女性がそれほど関心を抱いていないその他の問題に、「ミズ」と「ミセス」の敬称問題があります(ぱらぱらと拍手)。私たちの多くにとって、これはまた新たなレッテル貼りの問題でありまして、アメリカ社会における男女両方に見られる根本的、内在的な人種差別の姿勢を基本的に変えるものではありません。新たなレッテル貼りです。そんなレッテル症候群に黒人女性は夢中になったりしません(笑い)。白人集団がアメリカ社会における平等主義の原理を、じっさいには一度も擁護したことがないなかで、私たちがどうやって生き延びていくかという問題に、絶望的になりながらかかわっているのです。

多くの黒人女性の関心を呼び起こしている女性解放運動の一側面は、解放の可能性、この国でデイケア・センターを国営化する可能性です。黒人女性は、女性解放運動のこの議題内容は受け入れられますし、理解できます。黒人女性が自分たちの能力を活用して、いかなる運動であれ、自分たちの利益になる問題に焦点を当てることが重要です。いわゆる人道主義的運動で私たちは声をあげ、触媒作用の圧力団体として存在理由があるのです。かれらはたいてい黒人男性のことも黒人女性のこともわかっていません。

ますます多くの黒人女性が、黒人解放運動で十分に貢献するには、まず女性として解放されることが重要だと感じるようになっています。黒人男性のみならず男たちは皆、と言ってまずければ、たいていの男たちは女たちを、背後に控えているのが義務で、家事をする人間というステレオタイプで見ています。女は料理をし、掃除をし、子供を産み、いっぽう栄光は、すべて男たちにとっておかれます(笑い)。黒人女性は公民権運動も、男性による抑圧の一つのありかただと指摘しています。いささかの例外はありますが、黒人女性が、闘争の前線で積極的な役割を担っていることはありません。コレッタ・キング（M・L・キング・ジュニア夫人）とか、キャサリン・クリーヴァー（エルドリッジ・クリーヴァー夫人）、ベティ・シャボズ（マルコムX夫人）は、それぞれ夫の威光を受けて前面に出てきたのです。それでも黒人女性の抑圧状態をよく知っていますから、かれらは解放闘争でもっとも強力な人員になっています。奴隷制度の時代に溯って、かれらは白人男性優先主義との闘争を主導しています。諸々の事情を考えると、この国における自由への全面闘争で、黒人女性が重要な役割を果たしているのは驚くことではありません。一八九〇年代、テネシー州メンフィスの通りを、腰に二丁の拳銃をつけて歩きながら、アイダ・ウェルズ（＝バーネット）は新聞を無料で配布しました（笑い）。最近では、人種差別主義や性差別主義に、これまで窒息状態にいた黒人女性の戦闘的姿勢は、メアリー・マクラウド・ベシューン、メアリー・チャーチ・テレル、デイジー・ベイツ、ダイアン・ナッシュが引き継いでいます。

黒人女性は、二つの点で差別される社会に暮らしています。白人女性と同じ条件で論じられることはありません。黒人女性にマイナスに機能する人種の点、性の点で、それに伴う心理的、政治的影響があります。黒人女性は文化的抑圧に押し潰され、合法的な権力構造によって不当に扱われています。これまでのところ黒人運動も女性解放運動も、女性である黒人のジレンマを正面からはっきりと取り上げたことはありません。運動では黒人女性が直面する問題を無視してきたのか、それとも対処する能力がないのか、その結果として今日、黒人女性が自分で社会的、政治的に積極的になってきました。

黒人女性が新しい姿勢を取るようになっているのは明らかです。その姿勢はやがて将来、政治的結果を生み出すでしょう。自分たちの状態を変えようとしています。六〇年代半ばに公民権運動が成就し、多くの黒人女性がアメリカの政治のやりかたに興味を抱くようになりました。自分たちの経験から、権力の源は政治システムの根にあることを学びました。たとえば、黒人女性友愛団体や全米ニグロ女性会議のような圧力団体は、参加型政治の方法に長けています。特に投票と組織を作ることにおいて。七〇年代を迎えると、若い黒人女性は、自分たちの人間性や個人の能力が認められることを望む白人女性と同じように、世間から認められることを要求するようになりました。黒人女性の伝統、アフロ・アメリカンの下位文化（サブカルチャー）、政治のやりかたに関心を持つようになったことは新しい政治的状況のあらわれです。

歴史的に黒人女性は政治に参加するのを阻止されてきました。黒人女性は、支配的な白人文化と自分の下位文化の間で、がんじがらめになっていたのです。白人文化も下位文化も両者ともに男には服従するように奨励しています。白人も黒人も女性のする仕事は伝統的に、郵便物の封を開けたり、ポスターを貼ったり、お茶を出したりすることに限られていました(笑いと拍手)。特に黒人女性の関与が少なかったのは、構造的に政治プロセスから除外されていたからですし、政治的に機能しない黒人下層階級に属していたからです。このように黒人女性は、人種差別の心理的および社会的ハンディキャップを逃れた白人女性とは違って、政治的参加の度合いがきわめて低く、その政治参加は周縁に限られていたのです。

けれども過去六年の間に、アフロ・アメリカンの下位文化は驚くほどの社会的、政治的変貌を遂げました。そしてこの変化が黒人社会の性格も変えたのです。黒人としてばかりか女性としての能力を認識し始めています。自分たちの文化的および社会的満足は、全面的な黒人闘争と関連しながら確立するのだということを理解し始めています。黒人女性が公民権運動で重要な役割を果たす中から、アメリカにおける政治権力の意味と重要性を理解するようになってきています。公民権運動の先導者として働いた黒人女性が、今、この時点で、新しい形の政治的参加を作り上げる先導者になっています。

反乱が散発的に起きている都会で、特にはっきりと感じられます。今日、黒人に影響を与えている最重要課題に対して黒人女性はじかに関わっていますから、黒人女性ほど政治的に組織を運営する適任者はいないのです。黒人女性は、黒人の暮らしに沁み込んでいる貧困や不正を取り除くために、広い角度から抗議運動を押し進めてきました。たとえばニューヨーク市では、生活保護を受けていたり、学童を養っている母親が、黒人家庭の福利を侵す問題を排除しようと立ち上がり、黒人女性の実行力を示しました。ニューヨークのような都会が抱える問題を、黒人女性は都市問題として捉えてはいけないのです。その問題を排除しなければ家族が生き延びることができない、繁栄することができない危機状況として捉えなければなりません。貧困や人種差別のために安定した家庭環境が確保されないのなら、均衡を欠くほど多くの黒人が、家庭崩壊を恒久化する最低額の生活保護で暮らさねばならなくなります。黒人社会に絶えずつきまとう貧困がますます厳しくなる状況で、黒人女性は責任を負っています。黒人女性には子供たちに伝えていかねばならないことがあります。組織化された政治活動の周縁から、中心領域へ移って行く義務があります。

私は経験から話しております。私は全米を旅行して、アメリカでさまざまな環境のもとに暮らしている何千という黒人の仲間、姉妹(シスター)たちに会ってきました。私はかれらに繰り返し言いました。黒人の男、茶色い肌の男、赤い肌、白い肌の男と闘い競争する筋合いの問題ではないこと。自分たちを認めてほしいということ。私たちは家族に対して大きな責任を背負っています。私たちができるかぎりのものを与えて、息子や娘たちの未来がよりよい未来になるように心血を注いでいます。他人任せにはしていません(拍手)。

フランシス・ビールは黒人女性を奴隷の中の奴隷と言っています。その言葉を引用しましょう。「アメリカの黒人男性があのような絶望的状態に貶められたために、黒人女性は庇護者をもたず、この恐ろしい制度が黒人男性に永久的に押しつけた邪悪の、ときには犠牲者として利用され、今でも利用されている。悪意に満ちた黒人女性像が描かれる。黒人女性は性的乱暴を受け、白人植民者により凌辱されてきた。白人女性のメイドや、白人の子供たちの乳母になるように強いられ、経済的搾取の最悪の例として苦しんできた。自分の子供たちは腹をすかせ、構ってもらえないことはしょっちゅうだった。黒人女性は社会的に操作され、身体的に凌辱され、利用され、自分の家族を傷つけ、しまいには無力になって、この症候群を追い払えないほど退化してしまう」。

けれどもスーザン・ジョンソンは少しばかり楽観的な意見を述べています。優秀な若い黒人女性のスーザンは、最近、政治の領域で黒人女性に見られる進展は、黒人女性が備えている複雑な性格的特質の成果だと言っています。すなわち黒人女性につきまとう二つの危険性と距離を保って、政治的人間として職分を果たしているというのです。昔も今も母親中心の考え方をする人々に直面すると、専業主婦か母親以外の仕事であれば何であれ、黒人女性が黒人男性の職を奪っていると非難されます。それだけでは十分でないと見なされると、黒人女性の政治的活躍が、アメリカ文化に深く巣食っている白人優先主義や男性優先主義の脅威になっていることを思い知らされます。

自己麻痺状態に縛られ、犠牲になるのは止めようと決意した黒人女性は、政治領域で働くことができるようになりました。人種差別主義者の潜在意識には、黒人男性より黒人女性は有害ではないと見なす傾向があります。それで政治活動に必要な力を持たせても構わない、と考えるのです。この人種差別主義の微妙な潜在的要素が、黒人女性の政治的プロセスにおける目立った進展への、主要な理由の説明になるでしょう。黒人女性について、黒人女性以外の周囲の人々が分析しているとはおかしなことです(拍手)。黒人女性は受身であってはいけません。社会学者、心理学者、精神分析医が定義する黒人女性の意味が何であれ、ただそれを受け取って満足してはいけない時期にいることに注意を向けておきたいのです(拍手)。黒人女性はこれまで悪意を持って語られ、誤解され、間違った解釈をされてきました。そのことをよく知っているのは、シャーリー・チザム、私をおいて他にいないでしょう(拍手)。

今宵、私がここに立ってあなたがたに伝えようとしているのは、確信を抱き勇気があるなら、立ち上がって社会を築く人間として数えられるようになることです。アメリカ社会でいつの日か、男対女という対立がそれほど重要な事柄ではなくなり、全知全能の神が、「人間」に与えた才能や能力が、人類の利益のために使われる日が来るのを期待しています(拍手)。

愚かな白人女性もいれば愚かな白人男性もいます。愚かな黒人女性も愚かな黒人男性もいます。優秀な白人女性も、優秀な白人男性もいます。優秀な黒人女性も、優秀な黒人男性もいることを認めなければなりません。アメリカではどうして性にこだわるのでしょうか。もちろん黒人という人種を取り上げれば、歴史的状況があることを理解しています。また黒人女性や黒人男性が、征服不可能な男女の人種として団結するのを阻止するために、陰で巧みな操作や策謀がなされたことを知っています(拍手)。

今宵、私は他の何よりもこれだけは申し上げたいのです。未来を悲観している周囲の人々を気にしていたら、私がアメリカで成功することはなかったでしょう(拍手)。最後にこう言いたいのです。これから二週間にわたって会議を開催するのですから、すべての問題を組上に載せるのです。周囲の者の反応を恐れて、絨毯の下にそっと滑り込ませ隠そうとしている問題について、堂々と討論してください。真実に直面することができたら、真実がわれわれ皆を自由にしてくれるということを忘れないでください(拍手)。結びに申し上げたく思います。黒白、北と東に南と西、男と女。私たちはもはやこの国で国家の道徳や政治が私たちに押しつけるものが何であれ、それに満足しきって、受け身で認めてはいけない時期に来ています。伝統は忘れるのです。慣習主義を忘れるのです。あなたがたが自分のいるべき場所にいるとかいないとか、世間が何と非難しようと忘れるのです(拍手)。立ち上がって数に組み込まれるのです。あなたのことをするのです。あなたがたの神がだれであれ、神だけを、そしてあなたの良心だけを賛同の根拠にするのです。ありがとうございました(拍手)。

19 憲法——生きている文書

1987.5.6.

サーグッド・マーシャル

1908-1993

The Constitution: A Living Document
★ *T. Marshall*

Thurgood Marshall (1908—1993)

リンカーン大学およびハワード大学ロースクール卒業．全米有色人種向上協会(NAACP)の法律担当弁護士として頭角を表す．NAACP の法律・教育基金委員会長になる．その後 20 年間，連邦最高裁で弁護した裁判 32 件のうち 29 件で勝訴．公民権支持の立場を明確にし，有能弁護士の評価を不動にする．1961 年，連邦控訴裁判所の第 2 次巡回法廷判事に任命され，1965 年，連邦法務次官に，1967 年，連邦最高裁判所判事に任命される．以下の演説はハワイ州マウイで開催された，サンフランシスコ特許・商標登録法会議の年次セミナーでのもの．

今年は合衆国憲法制定二百周年に当たります。記念祝賀準備委員会が発足しました。公式会議、エッセイ・コンテストなど記念行事が始まっています。

計画によると記念行事は三年間続くことになっており、一九八七年は、「建国の父祖とフィラデルフィアで起草された文書の記念の年」だそうです。私たちは、「建国の父祖の業績とかれらに影響を与えた知識と経験、その責任と樹立した政府の特徴、その原理、性格、目標、市民の権利と特権を記憶する」ことになっています。

記念行事はたいていそうですが、一九八七年の計画には特別の催しがあり、憲法制定によって生まれたさまざまな功績を称えることになっています。愛国心が必ずや高まり、今では古くなり黄ばんだ文書に反映されている、草案者の知恵、予見、正義感を誇らかに讃美するでしょう。それは残念なことです――愛国心そのものではありません、記念行事が、すべてをあまりにも単純化しがちなことです。そして国家としての重要な功績だった、その他の多くの出来事を見過ごしてしまうことです。この記念行事の焦点の当てかたは、フィラデルフィアで議論し、妥協した人々の深慮によって、私たちが今日、享受していると言われる、「より完全な連邦」が誕生したという自己満足を促すでしょう。

私は記念行事へのこのような招待を受けることはできません。なぜならフィラデルフィア大会で、憲法の意味が永遠に固定され決定されたとは考えないからです。また草案者たちが示した知恵、予見、正義感が、特に深遠であったとも考えないからです。まったくその逆で、かれらが作り上げた政府は、出発点から欠陥を含んでいました。その結果いくつかの修正条項、内戦、憲法を基盤にした政府というシステム獲得に向けて、容易ならざる社会改革、および今日、基本的原理だと見なす個人の自由と人権への敬意を必要としました。今日、アメリカ人が「憲法」を引用するときには、二百年前に草案者たちがようやく構築し始めた憲法とは大いに懸隔があります。

憲法が常に変容する性質を備えていることを理解するのには、序文の最初の三語を見るだけで十分です。「ウィ・ザ・ピープル(われわれ人民は)」。一七八七年に、建国の父祖がこの言葉を使用したとき、かれらはアメリカに住む市民の大多数を除外していました。父祖たちの「われわれ人民は」という言葉は「自由民の全体」を意味していました。たとえば投票権というきわめて基本的な権利について、ニグロの奴隷たちは除外されていました。いっぽう議員選出基準の人口数として、ニグロの奴隷は、その総数の五分の三が認められました。女性は、一三〇年以上も選挙権を獲得することができませんでした。

除外は意図的でした。奴隷問題に関する草案者たちの討論記録では特に明らかです。南部諸州は、奴隷貿易を継続する権利と引き換えに、ニューイングランドの主張だった、議会に強い商業統制権を与えることに同意しました。奴隷制度の恒久化によって、南部諸州は主財源を確保しました。

新しい共和国における奴隷制度の役割を、このように明確に理解していたにもかかわらず、憲法の文言では、「奴隷」、「奴隷制度」を注意深く避けています。下院議員の選出には、各州の「自由民」に「その他の人々」すべての五分の三を加えた数を基準にしています。奴隷制度反対の道徳的信念――それを持っていた人々にとってですが――は妥協を迫られ、アメリカの独立革命の大義、すなわち自明の真理である、「万民は生まれながらにして平等で、造物主によって奪うことのできない権利を賦与され、その中には、生命、自由、幸福の追求が含まれる」と抵触することに、何らの説明もありませんでした。

これは唯一の妥協ではありませんでした。独立宣言の明々白々な文言にも、多くの皮肉が含まれています。独立宣言の最初の草案では、英国王が奴隷貿易廃止に向けた法律制定の努力を抑圧し、奴隷の反乱を促していると非難し攻めたてました。一七七六年に採択された最終稿では、この非難は削除されました。そしてふたたび憲法制定会議では、奴隷制度反対の熱心な意見をまったく無視し、反対者は次第に原案に同意するようになりました。その結果、やがて悲惨な出来事が発生することになりました。

ペンシルヴェニア州のモリス知事が、その一つの例です。モリス知事は奴隷制度反対で、下院議員の選出基盤に奴隷を数えることに異を唱えていました。憲法制定会議で、「ジョージアやサウスカロライナの住民は、アフリカの海岸へ行き、人類のもっとも神聖な掟を破って、同類の人間をいとしい家族から引き離し、最悪で冷酷な束縛状態に陥れている。人権保護の制度である政府の中で、極悪非道行為を恐怖の念で見つめているペンシルヴェニアやニュージャージーの住民より、かれらが投票数をより多く持つ」ことには反対するという意見を述べました。それでもモリス知事は、やがて五分の三という妥協案に同意するのです。じっさい、モリス知事が憲法の最終稿を記述しました。そして今日、その文書を二百周年記念ということで祝っています。

妥協の結果、公式には少なくとも一八〇八年まで、南部諸州の奴隷輸入権は存続しました。じっさいにはそれよりずっと長い間、奴隷貿易は続きました。自己利益のために道徳原理を売り払ってしまう専売特許は、憲法起草者だけのものではなかったのです。かれらは不幸な前例を残しました。北部の商業利益が保護されるかぎりにおいて、奴隷は輸入できたのでした。この妥協がさらに好ましかったのは、公的歳入を増やすために、奴隷一人につき一〇ドルまでの関税が課されたことでした。

二百周年記念の今年、アメリカの奴隷の歴史という不快な現実に触れると、かならず次のように主張する人がいます。すなわち憲法は時代の産物であり、事情が違っていたら妥協はなかっただろうと。けれども起草者たちの妥協は、何世代にもわたって影響を及ぼしました。それはすべての人々に自由と正義を保証しながら、その自由と正義が、ニグロたちには拒絶されていた矛盾から生まれました。

「われわれ人民（ウィ・ザ・ピープル）は」という文言のもともとの意図は、いかなる解釈をしようと間違えようのないほど明らかでした。一八五七年、ドレッド・スコット裁判で、最高裁のテイニー首席裁判官は、奴隷が「主権国家の構成員」で、「われわれ人民」に含まれるのかどうか、憲法起草者の目にはどのように映っていたかという点について、判決文で次のように述べています。

われわれは、奴隷が人民ではなかった、奴隷は含まれていなかった、含まれる予定もなかったと考える……。一世紀以上前、かれらは白人と同じ存在とは見なされていなかった［劣等人種であり、要するに交流には適さない］……。劣等であり、かれらは白人が敬意を表すべき権利など持っていなかった。ニグロは正当に合法的に、自己利益のために奴隷の立場にいる……。したがってアフリカの子孫であるニグロは……、財産の一つと見なされている。財産として所有し、売買される……。今日、世間を支配するこの見解の正しさを疑うものはいないと思われる。

このように憲法制定会議から七〇年近く経って、最高裁はアメリカのニグロの権利に関して、起草者の基本的意見を再確認しました。奴隷制度を廃止する憲法修正第一三が批准されるには、血なまぐさい南北戦争を経ねばなりませんでした。後世のアメリカ人に、奴隷制度が及ぼす影響を消すことはできませんでしたが。

連邦は南北戦争を生き延びましたが、憲法はそうではありませんでした。新しく正義と平等を保証する基盤、修正第一四が追加され、適切な手続きを踏まずに、生命、自由と財産が、あらゆる人々から剝奪されることのない点が確認され、法による平等な保護が約束されました。それにもかかわらず、アメリカの黒人が基本的な教育、住居、雇用において平等の機会の権利を共有し、選挙で自分たちの票が数えられ、しかも公平に数えられるようになるには、さらに一世紀近く待たねばなりませんでした。その間、黒人はアメリカの軍隊に参加し、戦争で闘い、何時間もアメリカの工場や農村で働き、寄与してきました。そうやってこの国が莫大な富を蓄積するのに貢献しながら、その繁栄を共に享受できる日を待ち続けていました。

アメリカの歴史を通して、ニグロの状況決定に法的原理が果たした役割には、驚愕します。黒人は法律によって奴隷にされ、法律によって解放され、法律によって選挙権が剝奪され差別されたのです。そして最終的に法律によって平等を勝ち取り始めました。その間、新しい憲法原理が生まれ、変化する社会の挑戦に対応してきました。その進歩は目覚ましく、これからも進歩し続けるでしょう。

一七八七年にフィラデルフィアに集合した人々は、これらの変化を予測してはいませんでした。かれらが起草した文書が、将来、女性やアフリカの奴隷の子孫が任命される

なりませんでした。（前ページより続く）

最高裁によって解釈されるようになるとは、かれらは想像すらできず、またそのような状況を受け入れなかったでしょう。「われわれ人民」は、もはや奴隷にされることはありません。でもそうなったのは憲法の起草者のおかげではありません。「自由」、「正義」、「平等」の時代遅れの定義を黙認することを拒否し、改善しようと奮闘した人々のおかげです。

それゆえ、二世紀前にフィラデルフィアで起きた出来事に焦点を当てるとき、その後の重要な出来事を見逃して、広い射程での判断力を失わないように、私たちは注意深くならねばなりません。さもないと、多くのアメリカ人にとって二百周年記念は、国立古文書館の保管室に納められた憲法原本へ、盲目的に巡礼する程度のことになってしまいます。そうではなく私たちが憲法に内在する欠点と、二百年の歴史で希望に溢れた展開をしてきたことを鋭敏に理解しようと努力するなら、私の意見では、「フィラデルフィアの奇跡」のお祝いは、はるかに意味のある謙虚な出来事になります。真の奇跡は憲法の誕生ではなく、憲法の軌跡、私たちが作り上げてきた激動の二百年によって育まれた軌跡であり、当初にはなかった幸運をはるかに多く含んだ憲法の軌跡なのです。

この二百周年記念の年に、歓喜の旗を振りながら祝いの行事に参加するのは、私たち全員ではないかもしれません。最初の文書の誤りを是正し乗り越えるための受難、闘争、犠牲を思いながら、まだ実現されていない希望を、実行されていない約束を思いながら、もっと静かに記念の年を祝っている人々もいるでしょう。私は、権利の章典やその他、個人の自由と人権を守る修正条項を含めた、生きている文書（ドキュメント）としての憲法の二百周年を祝うつもりです。

20 ノーベル文学賞受賞演説

1993.12.7.

トニ・モリスン

1931-

Nobel Lecture
★ *T. Morrison*

Toni Morrison (1931―)

本名クロー・アンソニー・ウォフォード．オハイオ州ロレインに生まれる．ハワード大学とコーネル大学で学ぶ．1965 年，ニューヨークに移り，ランダムハウス社で編集主任として働き，小説家となる．初期作品に『青い眼がほしい』『ソロモンの歌』など，その後，『タール・ベイビー』やピュリッツァー賞受賞作『ビラヴィド(愛されし者)』などで，アメリカを代表する作家になる．豊かな語彙と描写力を持ち，1993 年ノーベル文学賞受賞．

「まずスウェーデン・アカデミーと、本日こうして歓待してくださる皆様に感謝を申し上げます。私にとってフィクションが、単なる愉しみ（エンタテインメント）だったことはありません。それは私が大人になってからの人生の、大半をかけている仕事です。われわれが情報を獲得し、保持し、咀嚼（そしゃく）するのは、基本的にお話（ナラティヴ）を通してだと私は信じております。ですから本日お話するに際して、幼い頃、誰もが聞きおぼえたはずの一句で語りはじめる理由を、察していただきたいと思います、あの初めの一句——「ワンス・アポンナ・タイム(昔々のことでした)」で……」

*

「昔々のことだが（ワンス・アポンナ・タイム）ね、お婆さんがおったでよ。目が見えなかったんだがね、賢いお人だった」。

それともお爺さんだったのでしょうか。グールー、導師、ひょっとして語り部グリオが、恐がっている子供たちをなだめていたのかもしれません。このお話そのもの、あるいは似たような物語が、異なる文化を背景にした民話の中で語り継がれてきています。

「昔々のことだがね、お婆さんがおったでよ。目が見えなかったよ、賢かったよ」。

私がなじんでいるお話では、このお婆さんは奴隷の娘、アメリカの黒人で、町から外れた小さな家にひとりぼっちで住んでいます。お婆さんが賢いという評判は本物で、誰も疑いませんでした。町の人々にとってお婆さんの存在は掟(おきて)そのもの、また掟破りそのものでした。お婆さんは尊敬され、畏(おそ)れられていました。噂はお婆さんの住む町外れから、遠く離れた町中(まちなか)まで伝わっていきましたが、そこでは田舎の予言者の言うことなど、からかいの対象でしかありませんでした。

ある日、お婆さんのところへ子供たちがやってきました。お婆さんなんかいかさまにちがいないと思い込み、予言の力が嘘だという証拠を挙げて、世間に見せつけてやろうという魂胆です。企(たくら)みは単純でした。子供たちはお婆さんの家の中へ入り、質問をする。

その答えが、子供たちとお婆さんの違いを全面的に示すことになる。その食い違いこそ、お婆さんの無能力を証明する、とかれらは考えていました。目が見えないこと。さてお婆さんの前に立った一人が問いかけます。「お婆さん、僕の手の中に小鳥がいるんだけど。小鳥は、生きているか、死んでいるか」。

お婆さんは答えません。するとその子は繰り返します。「僕が持ってる小鳥は、生きているか、死んでいるか」。

それでもお婆さんは答えません。お婆さんは目が見えませんから、誰が訪ねて来たのか見えませんし、もちろん手の中に何があるのかも見えません。子供たちの肌の色、性別、故郷がどこなのかわかりません。ただかれらの動機だけはわかります。

お婆さんは長い間、おし黙ったままで、子供たちは笑いをかみ殺すのに必死でした。

とうとうお婆さんが口を開きました。その声は穏やかでしたが、毅然としていました。

「わからないねえ。あんたが持ってる小鳥が、死んでいるのか、生きているのか、わからないねえ。でもはっきりしているのはね、それがあんたの手の中にあるということ。あんたの手中(しゅちゅう)にあるってことだよ」。

お婆さんの答えは、次のように解釈できます。小鳥が死んでいたら、子供たちが死んだ小鳥を見つけたのか、殺したかのどちらかだし、生きていたら生きていたで、すぐにも殺せる。小鳥の生き死には、すべてその人次第。どちらにしたって、その人に責任がある、と。

子供たちは、自分たちの力をひけらかし、お婆さんの無力をあげつらおうとしたのですが、やっつけられてしまいました。嘲笑行為に対して、またその目的を遂行するために犠牲になった、小さな命に対して責任がある、と言われたのです。目が見えないお婆さんは、力そのものではなく、力を行使する手段へ注意を向けました。

手中の小鳥の意味を、私は強い好奇心から(小さな弱い存在であること以外について)

考えをめぐらしてきましたが、特に今、この会場に私がよばれた自分の仕事を思い、深く考えをめぐらしています。それで私は、小鳥を言葉と解釈し、お婆さんを現役の作家（ライター）と見なしたいと思います。お婆さんは、自分が夢を見る言葉、生まれたときに与えられた言葉が、いかに扱われ、使用され、またいかにして不埒（ふらち）な目的に使われるのを抑止できるか、心を砕いています。作家ですから、言葉を無機的なシステムと捉えることもあり、また人間が統御できる生きものとしても捉えていますが、たいていは、結果をもたらす代理機能（エージェンシー）と考えています。子供たちがお婆さんに投げた、「生きているか、死んでいるか」という問いが、現実的でないのではありません。言葉が死に感応しやすく、抹消されやすいものだと、お婆さんは考えています。言葉が危険にさらされているのは事実で、固い意志の努力によってのみ救済可能です。年若い訪問者の手中の小鳥が死んでいたら、その死に責任があるのは保護者です。お婆さんにとって、死んだ言葉は、もはや話したり書いたりされない言葉、また麻痺状態に甘んじている硬直した言葉です。検閲され、他を検閲する、国家統制主義者の言葉。そういう言葉は、警察の無慈悲な義務を遂行し、催眠性ナルシシズムと排他性、支配権を自由自在に行使すること以外に、望みも目的も持ちません。瀕死状態とはいえ、そうした言葉は積極的に知性をくじき、良識を立ち往生させ、人間の可能性を抑圧するので、影響がないわけではありません。死んだ言葉は問いかけを受けつけませんから、新しい考えを生み、新しい言葉に寛大になり、別の思考を構築し、別の物語を語り、当惑させられる沈黙を破ることできません。無知を是認し、特権を維持する公式言語は、驚くほどよく磨かれた輝く鎧(よろい)と同じで、とうの昔に、騎士たちはその外皮を脱ぎ捨てました。ところがどうでしょう、そのような言葉がまだ存在していたのです。愚鈍で、略奪的、感傷的。年若い学校の生徒に畏敬の念を抱かせ、専制者に避難所を用意し、世間に安定と調和の誤った記憶を呼び起こします。

　言葉が関心を払われず、使われず、無関心、無評価のまま放置され、あるいは勝手な布告によって言葉が封殺されたあげくに死ぬと、自分自身だけではなく、言葉の使い手も作り手も、その死に責任があるとお婆さんは確信しています。お婆さんのくにでは、子供たちが自分の舌を嚙み切り、舌の代わりに弾丸で、無言の声や、不能となり他をも不能にする言葉の声、意味の把握、教育指導、愛情表現の手段として大人がすっかり放棄した言葉の声を繰り返しあげています。舌を切る自傷行為は、子供たちだけではないことをお婆さんは知っています。幼児なみの頭脳を持つ国家指導者や、権力の商人にもよく見られます。かれらは言葉を排除したせいで、残された人間的本能へは到達できなくなります。かれらは服従する者のみを相手に、また服従を強いるためにしか言葉を使わないからです。

組織ぐるみの言葉の略奪は、言語を使用する者が、威嚇と服従を求めて、微妙で複雑な産婆的特質を無視してしまう傾向に認められます。抑圧的言語は暴力を表象するだけではなく、暴力そのものになります。知識の限界を表象するだけではなく、知識を限定します。曖昧な国家の言語、厚かましいメディアの偽りの言語、誇りは高いが石灰のように凝り固まった学界の言語、即物的な科学の言語。倫理不在の有害な法律言語、少数派を疎外し、文学的な気取った表現に人種差別的言辞を隠蔽（いんぺい）する言語。どれにしろ、それらの言語を拒絶し、変更し、暴（あば）かねばなりません。それは人間の血を啜（すす）り、無防備にさせ、お上品で愛国的なペチコートの下に、ファシストのブーツを隠しておく言語で、容赦なく最低線へ、最低の精神へ向かって移動して行きます。性差別主義者（セクシスト）の言語、人種差別主義者（レイシスト）の言語、有神論者の言語――すべて支配権を行使する、典型的な警察言語です。新しい知識を許せず許さず、相互の思想交流を奨励できず奨励しないのです。

知的番人、強欲な独裁者、有給の政治家、デマゴーグ、まがいもののジャーナリストは自分の考えに納得しないことをお婆さんは鋭く見抜いていました。市民を武装状態にし、またさらに武装させ、ショッピングセンター・裁判所・郵便局・遊び場・寝室・大通りで殺され、殺すようにけしかける言語が登場します。命をあたら無駄にした犬死へ同情が集まるのを避けるために、死を悼む大げさで儀式的な言語が使われます。レイプや拷問、暗殺を是認する、懐柔された言語が出てくるでしょう。女を締め上げ、フォアグラ生産用のガチョウのように、口には出せぬかれら自身の、掟破りの言葉を、これでもかと喉に詰め込むために、誘惑的な突然変異の言語がすでに使われ、将来、使われるのでしょう。調査を装った監視の言語が、もっと出てくるでしょう。苦悩する何百万人を無言にさせるために、政治と歴史の言語がさらに使われるでしょう。不満分子や遺族を煽りたて、隣人を攻撃する、美化された言語。創造的人間を劣等性と絶望の檻(おり)に閉じ込めるために制作された、横柄な似非(えせ)経験主義の言語。

雄弁、魅力、学術的連想など、いかに刺激的、誘惑的でも、そのような言語の心臓部は、衰弱し、まったく鼓動を打っていません――小鳥がすでに死んでいるのなら。

優位にあることを合理化し申し立てるのは、時間と人生の無駄だと主張せず、その無駄な行為を強いられたら、どのような学問であれ、いかなる展開を示しただろうと、お婆さんは考えていました――致命的な排除の言説は、排除する者される者の両方を認める道を塞いでしまいます。

バベルの塔の物語が教える伝統的知恵は、塔の崩壊を不幸な出来事と見なします。多数の言語の混乱、あるいは重荷が、塔の建築の失敗を促したのだと。一枚岩の唯一の言語だったら、塔の建築ははかどり、天国に到達しただろうと。いったい誰の天国かしら、とお婆さんは考えます。どのような天国かしら。天国に達するには、時期尚早だったのでは。少し急ぎ過ぎたのではないかしら。他の言語、他の考え、他の物語を理解するために、時間を割くことができなかったのですから。そうなのです。時間を割いていたら、かれらの想像する天国が、自分たちの足許に見出せたかもしれません。複雑で骨が折れる話です、たしかに。でも人生を天国とみなすのです。人生の後にくる天国ではなくて。

お婆さんは若い訪問者に、言葉はそこにあるから生き続けるべきだ、という印象を与えたくありませんでした。言葉の生命力は現実を、話し手・読者・作家の、想像され可能性のある人生を、描き出す能力にあります。ときにその平衡感覚が経験を置換することがありますが、だからといって経験の代わりにはなりません。意味があると思われる場所へ向かって、言葉の弧を描くのです。合衆国大統領がかつて墓場になった自分の国を思い、「われわれがここで語ることを、世間はさして気にも留めず、長く記憶することもないだろう。しかし、かれらがここで成したことを忘れない」と言ったとき、その単純素朴な言葉は、激烈な人種戦争で死んだ、六〇万人の現実を封じ込めることを拒否して、生命を保つ特質を示しながら活力を与えています。記念碑化を拒み、「最後の言葉」や正確な「要約」を蔑み、「加えたり減じたりする乏しい力」のほうに意義を認める大統領の言葉は、悼むべき人生をとうてい把握しきれないことを恭順にも認めています。その恭順の意がお婆さんの心を動かします。言葉では絶対に太刀打ちできない認識です。言葉がそうあってはなりません。言葉では決して奴隷制度や大量虐殺、戦争を「突き止める」ことなどできないのです。そうしたいと渇望するほど傲慢であってはなりません。その力、その至福は、言語の絶した地平へ到達することにあります。

大きくても細くても、穴を掘り、撃ち、あるいは是認するのを拒む。大声を出して笑い、書き文字（アルファベット）抜きの叫び声をあげる、精選された言葉であれ、選ばれた沈黙であれ、言語は知識へ向かって波のように押し寄せ、破壊へ向かって行くのではありません。けれども問いかける文学が、その問いゆえに禁止された事例を知らない人がいるでしょうか。批判したために評判を落とされ、既存のものの代替を示したために、排除された例を知らない人がいるでしょうか。自己破壊の言葉という考えに、どれほど多くの人々が憤りを感じているでしょうか。

言葉の仕事は崇高だ、生み出す仕事だから、とお婆さんは考えています。ひとりひとりの違い、私たちの人間的違いを保証する、意味を作り出します。私たちが他のどの生命体とも異なる点です。

私たちは誰も死にます。それが生命の意味かもしれません。けれども私たちは言葉の営みをします。それが私たちの人生を測る物差しなのかもしれません。

「昔むかしのこと（ワンス・アポンナ・タイム）…って」、と訪問者はお婆さんに問いかけます。この子供たちはいったいだれでしょうか。この出会いから何を得たのでしょうか。お婆さんの最後の言葉、「小鳥はあんたの手中にある」に、何を聞き取ったのでしょうか。可能性をひらく文言でしょうか、あるいはガチャリと錠前をおろしてしまう文言でしょうか。おそらく子供たちが聞いたのは、「それはあたしの問題ではないねえ。あたしゃ年寄りの婆さんで、黒人で、しかも目が見えないよ。あたしに今、わかっているのはね、あんたがたを助けられないってこと。言葉の未来はあんたたちのものだよ」。

かれらはそこに立っています。かれらの手中に何もなかったとしたら。お婆さんを訪問したのは計略にすぎず、これまで人にまともに向き合ってもらった経験がないために、真面目に話してもらいたかっただけだったとしたら。大人の世界に割り込んで、かれらについて、かれらのための、けれども決してかれらへは発せられない言説の毒気を阻む機会。かれらが発した問いかけ、「僕たちの小鳥は生きているか、死んでいるか」を含む緊急の質問が危険にさらされています。おそらくこの問いかけは、「命って何なの。誰か教えてよ。死とは何なの」ということだったのでしょう。計略なんかではなかったのです。愚かさでもありません。単刀直入な質問は、賢者、それも年寄りの賢者が注目する価値があります。そしてもし、長い人生を送り、死に直面する年寄りの賢者が、どちらの問いにも答えられなかったとしたら、いったい誰が答えられるのでしょうか。

お婆さんは答えません。お婆さんの秘密を、自分が信じる見解を、金言を、守り抜いています。関与しないという巧みのわざ。お婆さんは距離を保ち、それを強調し、偏屈な孤立の中へ、洗練された特権的空間へ退去します。

無言あるのみ、相手にあずける宣言をした後、言葉は一言も続きません。その沈黙は深く、お婆さんが発した言葉に込められた意味よりなお深い。震えてくるような、この沈黙です。子供たちは困惑して、沈黙をその場で思いついた言葉で満たします。

「説明はないの」とかれらはたずねます。「お婆さんが重ねた失敗を僕たちがしないように、言葉の助けはないの。たった今、僕たちに教えてくれたことは、あれは教育じゃあないよ。だって僕たちはお婆さんが言ったことだけじゃなくて、やったことに一生懸命、注意を払っているんだから。お婆さんが寛大さと知恵の間に築いた障壁に、注意を払っているんだから」。

「生きているも死んでいるも何も、僕たちの手の中に小鳥はいないよ。僕たちにはお婆さんと、大きな問いがあるだけなんだ。ぼくたちの手の中にある〈無〉は、お婆さんにも考えられない、推し測れないものなのかな。言葉が意味のない魔法だった、若い頃を憶えていないの。口で言っても何も意味しなかった頃のことを。想像力を使って、何が何でも見てやろうと奮闘したのに、不可視だった頃。問いと答え欲しさに、わからないと怒りで体が震えた頃のことを」。

「お婆さんみたいな女丈夫（ヒロイン）や英雄（ヒーロー）が、闘い終えた負け戦（いくさ）を意識することから、僕たちは始めなければならないのかな。ただお婆さんの想像力があると見なしたもの以外、僕たちの手の中に何も残さず。お婆さんの答えは言葉巧みだけれど、その巧みの技は僕たちを戸惑わせ、お婆さん自身も戸惑っているんだ。お婆さんの答えは自己満足にすぎないし見苦しい。僕たちの手中に何もないなら、こんな問答、意味をなさないテレビの茶番の台本にすぎないじゃないか」。

「どうして触ってくれないのかな、手を伸ばして、僕たちが誰かわかるまで、その柔らかな手で僕たちに触り、繰り返し流される言葉の引用（サウンドバイト）や教訓を後回しにしてくれなかったのかな。僕たちの計略ややりかたがまるきり侮蔑されたから、やっきとなってお婆さんの気を引こうとしてたのがわからなかった？　若くて未熟な僕たち。僕たちはこれまでの短い人生で、責任を取れと言われ続けてきた。世界が今や大変動を起こしているというのに、責任を取れってどういうこと？　詩人の言うように、『すでに素面（しらふ）なので、暴露される必要もない』この世界。僕たちが受け継ぐのは公然たる侮辱なんだ。僕たちの目をお婆さんの目のように空っぽにして、冷酷と凡庸のみを見させようとしている。僕たちは愚かで、国民なんていう虚構を偽誓し続けるとでも思っているの。義務について僕たちにあえて語るなんて、どうしてできるの。僕たちはお婆さんの過去の毒素の中に、腰まで漬かっているというのに」。

「お婆さんは僕たちを過小評価しているんだ。手の中にいない小鳥を過小評価している。僕たちの人生に背景はないのだろうか。活気に溢れた歌も文学も詩もないのだろうか。僕たちが力強く出発するのに役立つ、代々受け継がれた経験につながる歴史はないのだろうか。お婆さんは大人でしょう。年配者で、賢者でしょう。面子にこだわらないで。僕たちの人生を考えて、お婆さんの世界について話してよ。物語を作ってよ。語りが肝心なんだ。語りが生まれるその瞬間に、僕たちが創造されるのだから。たとえお婆さんが思いきり手を伸ばしたあげくに摑めなくても、僕たちはお婆さんのこと責めないよ。愛情でお婆さんの言葉に火がつけば、炎がほとばしり、焼けた言葉だけが残るでしょう。あるいは外科医の手のように寡黙であれば、お婆さんの言葉は出血しそうな部位だけを縫合するでしょう。お婆さんにも決定的にやり遂げられないことはわかっている。情熱だけじゃだめなんだ。技術だけだって。でもやってみてよ。僕たちのために、お婆さん自身のために、世間での名前と評判を忘れて。暗闇で、また明るい場所で、世界がお婆さんにとってどうだったのか、教えてよ。何を信じ、何を恐がるべきかは言わないで。信念の広い裾野と恐怖の網をほどく縫い目を示してくれないかな。お婆さん、お婆さんは盲目という祝福を受け、言葉のみが語りうることを僕たちに語って聞かせてくれる、画像もなしにどうやって見るのかを。名前のないものの恐怖から、言葉だけが僕たちを守ってくれる。言葉だけが瞑想なんだ」。

「教えて、女であるってどういうこと？　そうすれば僕たちにもわかるから、男であるってどういうことか。僕たちは知ることができます。縁で動いているのは何か。ここに家族がいないのはどういうことか。なじみのものから孤立させられることとは。みんながお婆さんに会いにくくなるのに、町外れに住むのはなぜなのか」。

「イースター島の海岸線から、くるりと向きを変えた船について、教えてよ。畑の胎座っていったい何なの。荷馬車いっぱいの奴隷って。かれらはとても静かな声でうたったので、その息は降りしきる雪と区別ができなかったことを。次に停まる場所が最後になると、隣りの人の肩の合図で直感したことを。祈りに手を合わせながら、かれらが暑さを思い、次に太陽を思ったことを。顔を挙げてさあどうぞとでもいうように。振り向いてさあどうぞと。かれらは旅籠(はたご)の前で停まる。御者と相棒はランプを手に中へ入る。ハミングしているかれらを暗がりに残したまま。馬の排泄が足許の雪の中で蒸気を上げ、そのシューと溶ける音を凍りついている奴隷たちは羨しがる」。

「旅籠の扉が開く。少女と少年が光の中から歩を進める。かれらは馬車の寝床によじ登る。三年すれば少年は銃を持つが、今はまだランプと、暖かいサイダーの入った容器を持っている」。

「奴隷たちはそれを口から口へ回し飲む。少女はパンと肉切れと、そのほか何か与えている。少女は与えながら、相手の目をちらりと見る。男には一人一杯、女には二杯。そして一瞥(いちべつ)。相手も少女を見返す。次に停まるところが最後の場所。でもここではない。この場所は暖かい」。

子供たちが話し終わると、ふたたび静かになる。お婆さんが沈黙を破るまで。

「やれやれ、やっと」とお婆さんは言う。「今はあんたがたを信頼するよ。手の中にはいない小鳥を持った、あんたがたを信頼するよ。じっさい、あんたがたが小鳥を捕まえたからだよ。ほうれご覧。すばらしいこと。あたしたちがしたこの事さ。一緒にしたんだねえ」。

21 ノックス・カレッジ卒業式演説

2005.6.4.

バラク・オバマ

1961-

Knox College Commencement Address
★ *B. Obama*

Barack Obama (1961—)

ハワイ州ホノルル生まれ．1983年，コロンビア大学卒業．1991年，ハーヴァード大学ロースクール修了．『ハーヴァード・ロー・レヴュー』初のアフリカン・アメリカン編集長．1996年，イリノイ州議会上院議員に選出．2004年の選挙でアラン・キーズを破り，再建時代終結以来，初めての男性アフリカン・アメリカン民主党員として連邦議会上院議員になる．以下は，イリノイ州ゲイルズバーグにあるノックス・カレッジ，2005年度卒業生に向けた演説．オバマは本文庫刊行直後，第44代アメリカ合衆国大統領に就任した。史上初の黒人大統領である。

テイラー学長、理事会、教授会、ご両親、家族、友人、そして二〇〇五年度卒業生の皆さん、おはようございます。ご卒業おめでとう。卒業式にお招きいただき光栄に存じます。

皆さんの力で上院議員になり、ワシントンへ送っていただき六カ月ほどたちました。「私が送ったんじゃない」と囁いている方もいるでしょう。構いません。卒業式の後、握手しようじゃありませんか。この次までに考えを変えさせてみせますから。

これまでのところ、ワシントンへの旅はすばらしいものです。上院の議会場へ足を踏み入れるたびに、私はよかれあしかれここで作られてきたアメリカの歴史を思い出します。現実ばなれした瞬間もあります。たとえば宣誓の前日、私たちの事務室で記者会見をしたときのことです。私は先任権第九九番目でドン尻でないのが誇りですが、それもイリノイ州がコロラド州より大きいために、百番目にならなかったというだけのことです。それで先任権第九九番目になったのですが、ダークセン・ビルの地下の、掃除用具入れの脇にある小さな仮事務室に、会見のために記者が詰め込まれていました。私がこの建物に入ったのは初めてでした。最初の日で、これまでに投票をしたこともなければ、議案を提議したことも自分の机の前に座ったこともありませんでした。ところがとても熱心な記者が質問してきました。

「オバマ上院議員、あなたの歴史上の位置はどこにあるのでしょうか」

私は大声で笑いました。歴史上の位置だって？　この記者は冗談を言っているのだろうと思いました。あのときはまだ、昼食のテーブルで、他の上院議員が私の席を取っておいてくれるのかどうかさえわかりませんでした。

今日、卒業する皆さんと分かち合う言葉を考えていました。次は何か、何が可能か、将来いかなる機会があるのか。すると記者の問いを、皆さんがたが自分に問いかけてみるのは悪いことではないと思えてきました。

「歴史上の自分の位置はどこにあるのか」

時代を遡って遠い別の場所なら、比較的簡単に明確に答えられるかもしれません。ローマで奉仕している人間なら、帝国建設のために、強制労働で人生を終えるでしょう。一一世紀の中国の農民なら、汗水流して働いても、地域の軍閥に身ぐるみ剝がれてしまうでしょう。それに常に飢饉の恐れがありました。ジョージ英国王の臣下なら、信仰の自由、表現の自由、自分の人生を築く自由が、王により究極的に抑圧されていました。

それでアメリカが生まれたのです。

「アメリカ」は定点に到着することになる運命の場所ではなく、見込みがほとんどないなかで、この新開地における「より完全な連合」の建設を信じて、大胆不敵で無鉄砲な人々が共有し形成し再建する旅路です。

身分の卑しい植民者が、移住理由の理想を胸に、英国王を倒した話を耳にすると、世界中の人々がアメリカにやってきました。大洋を渡って時代を経て、かれらはボストンに、チャールストンに、シカゴに、セントルイス、カラマズー、ゲイルズバーグに定住し、自分たちのアメリカン・ドリームを実現しようとしました。この集合的なアメリカン・ドリームは、不完全な形で展開しました。先住民の対処で傷つけられ、奴隷制度で裏切られ、女性を従属させてかげりが差し、戦争や経済不況で揺るがされました。それでもレンガを一個ずつ積み上げ、線路を一つずつつないでいき、手にたこを作りながら、人々は夢を見つづけ建設し働き行進し、政府に請願し、ついにアメリカを、歴史上の位置という問いの答えを、だれか他人にしてもらうのではなく、自分で答えられる国土にしたのです。

失敗はあったのか。もちろん。あなた自身がたどる「アメリカの旅路」へ出発して、失敗することもあるだろうか。もちろん。試すことは完結することではないのです。

アメリカの理想の真の試練とは、私たちが失敗を認め、時代の挑戦に私たちが一緒に立ち向かうことです。さまざまな出来事や歴史によって私たちは形作られ、また同時に私たちが行動を起こして、積極的に形成して行くのです。たまたま生まれや状況によって、人生の大まかな勝者と敗者が決められてしまっていても、少なくともだれもが一生懸命働き、進歩し、夢に到達する機会のある社会を、私たちが建設するのです。

私たちはこの選択にかつて直面しました。

南北戦争後、アメリカ各地で雨後の竹の子のように建設された大工場で働くために、農民や家族が都会へ出て行ったときに、私たちは選択せねばなりませんでした。何もしないで産業のトップや悪徳資本家に経済を牛耳らせ、最悪の労働条件、最低賃金で労働者を酷使させておくのか。

それとも市場の原則を決めて、システムがうまく運営されるように、最初の公立学校を制度化し、独占企業を解体し、労働組合を組織しようとするのか。

私たちは選択してきたのです。一緒に立ち上がったのです。

溢れる豊かさを誇った狂乱怒濤の二〇年代（ローリング・トゥエンティーズ）が、株式市場の崩落でがらがらと音を立てて崩れたとき、私たちは決断せねばなりませんでした。何もしない指導者の呼びかけについて行くのか、あるいは身体的麻痺をかかえながらも、政治的麻痺を拒否する指導者について行くのか。

私たちは行動することを選びました。市場を規制し、人々を職に就かせ、健康保険や安全な定年制度を含む交渉権を確立し、私たちは一緒に立ち上がったのです。

第二次世界大戦が、歴史上もっとも大量に銃後の人員動員をかけ、アメリカ人一人ひとりの手が必要になったとき、私たちは決断せねばなりませんでした。それほど多くの戦車や飛行機を製造することなど不可能だ、という懐疑派の声に耳を貸したでしょうか。それともローズヴェルト大統領の「民主主義の武器庫」を建設し、経済をさらに発展させ、復員兵が大学に進学し、自分の家を所有する機会を与えたでしょうか。

ふたたび私たちは行動することを選びました。ふたたび私たちは、一緒に立ち上がったのです。

今日、始まったばかりの新しい世紀に、私たちはふたたび決断せねばなりません。今度はあなたがたが選択する番です。

ここゲイルズバーグで、新しい挑戦が何を意味するのかおわかりでしょう。あなたがたは目撃しました。

昼食時にメイタッグ工場のそばを通ったときに見えてきます。だれも歩いていません。選挙運動中に私は見ました。この工場で働いていた組合の連中と会いましたが、五五歳になって年金も健康保険もなく、これからいったいどうしたらよいのか途方に暮れていました。息子が肝臓移植を必要としているのだが、移植リストのトップになっても、支払えるかどうか不安がっている父親に会いました。

競技の途中でだれかが勝手に規則を変え、それを相手に伝えていないようなものです。現実に規則が変わっていたのです。テクノロジーと自動化が、全職業を廃（すた）れさせました。ここにいる皆さんがＡＴＭではなく、銀行の窓口の前に並んでいたのはいつのことでしたか、電話交換手に話していたのは。メイタッグのような工場は、合衆国より労働力が安い第三世界に、工場を移転させることができました。

トム・フリードマンが新著『世界は平らだ』で指摘しているように、過去一〇年くらいの間に、テクノロジーとグローバリゼーションが、これまでにないほど密接に結びつけられました。私たちの多くが、たとえば携帯電話から電子メールを送り、ウェッブ検索をして、世界を股にかけて友人と即座に交信しながら、テクノロジーのおかげで暮らしやすくなったと考えている最中に、静かな革命が障害物を取り除き、世界の経済を結びつけているのです。企業は工場があるところならどこにでも移転できるし、インターネットがつながるところならどこにでも移転できます。

インドや中国がそれに気づいています。安い労働力を提供し、安い輸出品を生産するだけではなく、それ以上のことが可能であることがわかってきました。地球規模で競争できるのです。必要としているのは、熟練し教育を受けた労働者です。かれらは子供たちの早期教育を始め、教育期間を延長し、数学・科学・技術を重視しています。優秀な学生がまともな暮らしをするために、アメリカ合衆国へ移住しなくてもよいように、自分たちの場所に留まっていられるように。

その結果は？　中国は現在、合衆国が生み出す技術者の、四倍の数の技術者を生み出していています。メイタッグ社の労働者が中国、インドネシア、メキシコの労働者と競争していますが、あなたがたも競争することになります。今日、会計事務所は税還付金書類をインドの労働者に電子メールで送ると、かれらはすばやく計算して、インディアナ州の労働者と同じくらいに早く書類を送り返してきます。

ボストン空港で荷物をなくしたら、インド南部のバンガロールの代理店に連絡することもあります。代理店はボルティモアに電話を入れて、紛失物を探し出す。ＡＰ通信社ですら、世界中のリポーターに仕事を外注しています。かれらはマウスをクリックするだけで、すぐに記事を送ってきます。

イギリスの首相トニー・ブレアが言っていましたが、この新しい経済では、「才能が二一世紀の富」になります。あなたがたに技術があり、教育があり、両方を向上させる機会があれば、どこでもあなたがたは競争できるし、勝者になれます。技術と教育がなければ、転落はこれまでになく深く、厳しいものになるでしょう。

それではどうしたらよいのか。アメリカはこの新しいグローバル経済で、どのような道を見つけ出すのか。歴史上の私たちの位置はどこにあるのか。

アメリカの歴史の流れがそうだったように、私たちはふたたび選択をせねばなりません。国家としてほとんど何もできないと考えている人々がいます。最善策は、政府が皆に大きな見返りを与えることだと。それを一人ひとりに分配し、健康保険を自分で買い、定年後の計画を立て、子供の養育計画を立て、自分の教育計画などを立てるように奨励すること。

　ワシントンではそれを「所有者社会（オーナーシップ・ソサエティ）」と呼んでいます。かつては違う名称を与えました。「社会ダーウィン主義」です。だれもが自分自身のためにということ。思考も工夫の才も必要なく、心そそられます。健康保険が値上がりし払えなくても、そりゃお気の毒と言っていればいいのです。失業したメイタッグ社の労働者には、人生は公平じゃないねと。貧困家庭に生まれた子供には、ひとりで頑張れよと。特に心をそそられるのは、私たちだれもが人生のくじ引きで勝利者になり、ドナルド・トランプになれると信じているからです。少なくとも、「お前はくびだ！」と宣告される愚か者になるはずがないと信じています。

　ところが問題があります。このやりかたはうまくいかない。私たちの歴史を無視しています。鉄道を敷設し、インターネットを可能にしたのは、政府が研究し投資した結果だということを無視しています。私たちが繁栄したのは、適切な給料、福利厚生、公立学校によって、人口の多くを占める中産階級（ミドルクラス）が生まれたからです。私たちの経済支配は、自由市場を信じ、各人が主導権を発揮することによっています。さらに相互を尊重することによっています。この国にだれもが関与し共存し、好機があればだれでも掴むことができる、それで私たちは史上まれな政治的安定を得たのです。

　グローバリゼーションの前で何もしなければ、ますます多くの人々が、健康保険の恩恵を受けられなくなるでしょう。あなたがた卒業生が、今、授与されようとしている卒業証書を貰える子供たちが少なくなるでしょう。ユナイテッド航空のような大会社が、社員に年金を払うことができなくなるでしょう。グローバル市場で売買される熟練工も、メイタッグ社の労働者の失業ラインに一緒に並ぶことになるでしょう。

　私は今日、あなたがたがすでに知っていることを話そうと思っています。私たちのことではありません。私たちの物語が、この国でどのように終わるのか話そうというのではありません。アメリカは大きな夢を見る人々、大きな希望を持つ人々の国です。独立革命や南北戦争、経済不況、世界大戦、公民権・社会権利闘争、核兵器の危機を生き延びてきたのは、この希望があったからです。そして夢を見る人々がいたために、あらゆる挑戦に直面しても、それをくぐり抜けて絆をより強くし、より豊かになり、より賞賛されるようになりました。

　ですから皆さん、夢を見ましょう。手をこまぬいて何もしないのではなく、二〇世紀の解決策の弁護に終始するのではなく、二一世紀に、私たちアメリカ人が挑戦の機会を得るために一緒に何ができるか考えましょう。

アメリカの子供一人ひとりに、新経済システムの中で競争しうる教育を施し、技術を覚えさせたらどうなるでしょうか。希望する者はだれでも、経済的に阻止されずに大学へ進学できたら。メイタッグ社の労働者の所へ行き、前の仕事はもう戻ってこないが、厳しい職業再訓練計画と生涯教育によって、新しい仕事につけると知らせたら。ノックス・カレッジが「強い未来」奨学金計画で行ったような機会を与えるのです。

仕事につこうがつくまいが、何回転職しようが、常に健康保険と年金はついて回るということになれば、より良い条件の仕事に移り、新しいビジネスを始めやすくなるでしょう。

研究・発展・科学の予算を削るのではなく、新しい仕事や未来の新しい産業を生み出す天才的頭脳や新機軸を推奨するために、予算を割いたらどうなるでしょうか。

たった今、アメリカのいたるところで、驚異的な発見がなされています。これらの発見を国家レヴェルで支援し、この可能性に投資すれば、ゲイルズバーグのような町に、どんな変化が起きるでしょうか。一〇年か二〇年したら、あの古いメイタッグ社の工場が、トウモロコシを燃料に変えるエタノール精油所として再開するかもしれません。バイオ技術の研究施設を開き、ガン治療薬先端研究所にすることができます。電気自動車製造工場が、忙しく稼動することになるかもしれません。新しく生み出された仕事には、新しい技術の訓練と、世界レヴェルの教育を受けたアメリカ人労働者がつくのです。どれもたやすく実現はしません。私たち皆が今まで以上によく働き、読書をし、訓練し、思考せねばなりません。悪い習慣は投げ捨てるのです。たとえば経済を弱体化する大型車を止め、外国の敵に食料を施すことなどを止める。子供たちはテレビを消し、ビデオ・ゲームを脇において本を読まねばなりません。公立学校の古い制度は改善せねばなりません。古い制度を擁護するだけではいけないと、民主党員はすでに気がついていますが、共和党員は、私たちの集合的責任を認識せねばなりません。

簡単ではありませんが成し遂げられます。それが私たちの未来です。才能と資源と知力があります。今、必要なのは政治的意志です。国家レヴェルの関与が必要です。

あなたがたが必要です。

だれもあなたがたに挑戦しろと強制はできません。あなたがたが今日、ゲイルズバーグのような町を振り返りもせず、その町が抱える問題に注意も払わず、ここを去って行きたいと思えば、それは簡単なことです。現実には社会奉仕は要求されませんし、だれも強制できません。卒業証書を貰って、講堂から出て行き、大きな家や上等な背広やその他もろもろ、金銭文化が約束するものを手に入れることができます。

そうしないことを望みます。あなたがたが人生の焦点を金稼ぎだけに合わせたら、それは野心の貧困化です。それはあなたの才能をほとんど必要としません。国家が直面している挑戦を、あなたがたの挑戦と捉えるのです。今ここにいるために、あなたがたを援助してくれた人々に対して負債を抱えているでしょうが、その負債のためではありません。あなたがたより幸運でない人々に対する義務はありますが、その義務のためではありません。あなたがた自身への義務があるから、挑戦を引き受けねばならないのです。私たち個人の救済は、集合的救済によります。あなたがた自身の可能性を認識するのは、自分より大きなものに関与したときです。この新世紀がわたしたちに提供している、危険と報酬を共有したい意志があるなら、それはあなたがた各人にとっての、アメリカ人にとっての勝利です。

どうしたらいいのかと自問していることでしょう。挑戦は大きすぎる。一人の人間が、変化をもたらすことなどとても無理だと。

それができることを私たちは知っています。あなたがたが今、座っているところ、まさにこの場所で、この町でかつて起こったことです。

二世紀近く前に、公民権や投票権運動より前に、エイブラハム・リンカーンや南北戦争の前に、そういうすべてのことの前に、アメリカは奴隷制度の罪に汚されていました。うだるように暑い南部の農場で、私のような男女が牛馬のごとくに売られ、隷属状態と苦悩に満ちた暮らしから、いつの日か逃れたいと夢見ていました。年々歳々この道徳的癌が、アメリカの理想である自由と平等を冒し続けている間、国は沈黙していました。

けれどもアメリカの人々は、ずっと沈黙してはいませんでした。奴隷制度廃止論者（アボリショニスト）が一人ずつ現れ、これは歴史上の私たちの位置ではない、と仲間のアメリカ人へ語り始めたのです。世界の多くの人々の想像力を刺激しているアメリカの姿ではないと。

かれらが直面した抵抗はひどいものでした。生命を落とした者もいます。けれどもかれらはひるみませんでした。アメリカ中にかれらの大目的を広め、挑戦するように説いたのです。ニューヨークの一人の男が西へ行き、はるかイリノイの平原地帯へたどり着き、そこに共同体を作りました。

ここゲイルズバーグに自由が生まれたのです。

ここゲイルズバーグは、イリノイ州の地下鉄道の主要な停車場で、逃亡奴隷は自由に通りを歩くことができ、町の住人の家庭に避難所を見出しました。白人農園主や保安官が追いかけてくると、町の住人は奴隷を北へ逃れさせ、じっさいに腕に抱え込んで連れ出したこともありました。

その危険を想像してみてください。逃亡奴隷を幇助(ほうじょ)したことが発覚すれば、かれらは牢屋にぶち込まれたり、リンチされたかもしれないのです。素朴な町の住人が、知らんふりするのは簡単でした。そっと自分たちの平和だけを望み静かに暮らすのです。

にもかかわらず町の人々は逃亡奴隷を助けました。なぜですか。

自分たちがアメリカ人だと認識していたからでしょう。兄弟姉妹だと。自分たちが故郷(ホーム)と呼ぶこの土地の救済は、自分たちの救済と永遠に結びついていると考えたのでしょう。

同じ理由で一世紀後、あなたがたのような若い男女がフリーダム・ライドに参加して南部へ行き、公民権活動をしました。南部の黒人女性たちが、一日中、他人の台所で洗濯や掃除をする長い労働の後、バスに乗らずに歩くことを選んだのと同じ理由です。

今日、可能性を秘めた卒業式の日に、正規の教育をほとんど受けなかった、あのひょろりと背が高く骨ばっている男(リンカーン)の陰に私たちは立っています。この男はノックス大学のオールド・メイン館で開催された討論会で、アメリカの原理の自由と平等が永遠的、包括的であると認めないのなら、独立宣言からその頁を破って捨てよ、と詰め寄りました。

あなたがたへの私の希望は、あなたがたが人生を生き、この国の歴史を生きる中で、アメリカの原理を守る意志を持って、大学を卒業していくことです。新しい世紀の挑戦を受け、ときにはその原理に忠実に生きるのが難しい時もあります。それでもあなたの力の中に、原理を持ち続けるのです。あなたがたの前の世代の人々も、同じ恐怖と不安をそれぞれの時代に体験しました。私たちの労働を通して、神の摂理によって、お互いの責任を負う意志によって、あの遠い地平線へ向かって、よりよき日へ向かってアメリカはその貴重な旅路を続けています。

ありがとうございました。ご卒業おめでとうございます。

解　説

荒このみ

一九六三年八月二八日、マーティン・ルーサー・キング・ジュニア(本書*16*)は、ワシントンDCのリンカーン記念堂前の石段に設けられた演台に立ち、「私には夢がある」という演説を行った。「仕事と自由を求めるワシントン大行進」と銘打った野外集会は、約二五万人の参加者を得て大成功に終わり(写真/*Life*, Sept. 3, 1968)、それが翌年の公民権法成立を促したと考えられている。

だが本来なら、「大行進」よりちょうど百年前、一八六三年に発布された奴隷解放令によって、「アメリカの黒人」は解放され自由になり、アメリカ市民としての権利と自由を獲得するはずだった。一八六五年の南北戦争終結後、憲法修正第一三、一四、一五が制定され、もと奴隷はアメリカ市民としての権利を保証されたのだが、ジム・クロウ法と称されるようになった黒人差別法が南部の各州で制定され、「アメリカの黒人」は市民としての権利を剥奪されていった。その最たるものが投票権であり、投票登録を阻止され、黒人の選挙権が行使されず、その結果、自分たちの権利を代表する者を選出できず、白人主導の統治に自分たちの人生を委ねるよりほかなかった。

このような状況が是正されたのが一九六四年の公民権法成立と、翌六五年の投票権法成立だった。「アメリカの黒人」は市民として認められ、白人と同等の公民権を獲得したのである。その後、黒人に対するアメリカ社会の姿勢が大きく変容していったのは事実だが、それでもまだ今日、「アメリカの黒人」が公民権を獲得してから、ようやく半世紀がたとうとしているばかりであることを覚えておかねばならない。二百数十年続いた奴隷制度とその後の百年を加えて比較すれば、公民権法が成立してからの「アメリカの黒人」の歴史は、まだ始まったばかりである。

一七七六年のアメリカ合衆国成立当時から、奴隷制度の存在は統治者の課題であり、頭痛の種だった。独立宣言の大筋を起草したトマス・ジェファソンは、英国王ジョージ三世を非難する理由の一つに、英国が奴隷貿易を承認していることを数えていた。だが奴隷制度擁護論者の反対にあい、その部分を削除している。

すでにアメリカ社会に居住している黒人奴隷を、いかなる存在と見なすべきなのか。

かれらが一人前の人間として認識されていなかったことは、合衆国憲法第一条第2節3項に明らかである。下院議員の議席配分を人口に比例して確定する条文は、諸州の人口算出法を規定し、「その人口は、年季契約奉公人を含み、かつ課税されないインディアンを除く自由人の総数に、その他のすべての人数の五分の三を加えたものとする」となっている。不明瞭に含まれている「五分の三」の人々は黒人奴隷を指している。一人の人間ではなく「五分の三」というわけのわからない論理が通ったのである。実は憲法において奴隷や奴隷制度という言葉は使用されていない。アメリカ社会にとってこの「奇妙な制度」は、それほど厄介な問題だった。サーグッド・マーシャル(19)の憲法制定二百年記念演説に明らかなように、アメリカ合衆国は建国当初からさまざまな矛盾を抱え込むことになった。その後、憲法の修正条項によりかれらの地位がただされてはいって

連邦最高裁判所とマーシャル

クラメル(次頁)

も、アメリカ合衆国憲法に付加されるという形式が取られ、憲法の本文が直されるのではなかった。したがって最初の文言は残存し、表記されたままである。

奴隷制度を廃止し、自由民となった奴隷の行き先を思案した結果、かれらの祖国アフリカへ送還しようという「最終解決」が考案された。一八一六年末から、政府の後ろ盾を得てアメリカ植民協会が各地に誕生している。この協会の目的は、解放奴隷を、「本人の意志によって」、アフリカ大陸の適切な地域へ送還することだった。アフリカ大陸へアメリカの解放奴隷を送り、未開拓の土地を文明化し、キリスト教を布教するという重要な目的があった。一八二〇年、最初の一団が西アフリカへ送られ、かれらの定住した土地が今日のリベリア共和国になっていく。

アレグザンダー・クラメル(8)は植民協会を通してアフリカへ渡った宣教師の一人で、二〇年間をリベリアで過ごしている。だが協会の思惑とアフリカ現地の実情とのギャップは、アフリカへ夢を抱いて送還された、多くの解放奴隷の不満を生むことになった。

他方、当然のことながら、すでに居住していたアフリカの部族が、侵入者である解放奴隷を喜んで受け入れるはずもなかった。両者の間で衝突が絶えず、今日でもリベリアでは、以前からの住人の子孫とアメリコ・ライベリアンと呼ばれる、解放奴隷の子孫との間に大きな溝が存在すると言われている。

当時のアメリカ社会では、奴隷制度を廃止した場合、自由民になったもと奴隷をどう処遇したらよいのかということが、白人社会が解決せねばならぬ最大の「黒人問題」だった。多くの人々が、有色自由民と社会的に共存することは不可能であると考えていた。『アンクル・トムの小屋』を書き、奴隷制度廃止運動に拍車をかけたストウ夫人でさえそうだった。ストウ夫人は、解放された奴隷を北部で教育し、敬虔なキリスト教徒に仕立て上げ、その後、アフリカへ送り出すのが最善であると考えていた。共存は無理だという大前提が世間で認められていたのである。じっさい『アンクル・トムの小屋』の結びに近い四三章では、白人の血を引いている黒人（ムラート）に、アフリカ帰還を宣言させている。

「アマルガメイション（混合）」という表現が、当時のアメリカ社会で頻繁に使われ、白人と黒人のおぞましいありかたを表していた。特に白人女性と黒人男性の性的混交は、想像するだけでも耐えられないことだった。奴隷制度廃止論者は、奴隷を解放しても「アマルガメイション」は起きないと、それを主張するのにやっきになった。

本書に収めた演説の中で、「社会的平等」が何度か言及されているが、これは「アマルガメイション」と同様に、白人にとって受け入れられない要求だった。法的権利（選

上 ラングストン
中 レイピア
下 B. T. ワシントン

挙権）はともかく、日常的に黒人と同じ立場になる、同じ立場で付き合うなどとんでもない。黒人指導者はそのような白人の恐怖を鎮めるために、自分たちは社会的に同等になろうと希望しているのではないと明言せねばならなかった。J・M・ラングストン（6）やJ・T・レイピア（7）は演説の中で公民権法の成立を願いながら、社会的に平等になるのではないとはっきり否定している。二〇世紀になってからも、ブッカー・T・ワシントン（9）が、よく知られるようになった「五本の指」のたとえによって、アメリカ社会の進歩・発展のためには、黒人は白人と手元のように一つになって協力しあうが、社会生活の領域では、五本の指のように両者は分離していると説明し、「社会的平等」を願ってはいないと断言して、白人を安心させた。

奴隷制度廃止運動は、白人の宗教家や啓蒙思想の唱道者たちによって促進された。一八世紀半ばにはすでに、クェーカー教徒ジョン・ウルマンが各地を巡り、奴隷制度の邪悪であること、非人道的なことを説いている。

　一九世紀になるとユートピア運動や社会改革運動が盛んになる。一八三〇年前後から、女権拡張運動とも連動しながら奴隷制度撤廃運動は、より盛んになっていく。いっぽうこの時期のアメリカ南部社会は、綿花の輸出により「綿花王国（コットン・キングダム）」が出現した時代だった。奴隷所有者は南部人ばかりでなく北部人を含み、南部の農園を経営するのもまた南部人だけではなかった。経済的に繁栄する南部の現状の前で、奴隷制度擁護論者を論駁するのは容易なことではなかった。

　デイヴィッド・ウォーカー（1）の「訴え」は、一九世紀の奴隷制度廃止運動の歴史において、きわめて広く強い影響力を持った黒人による最初の歴史的な文章である。自分

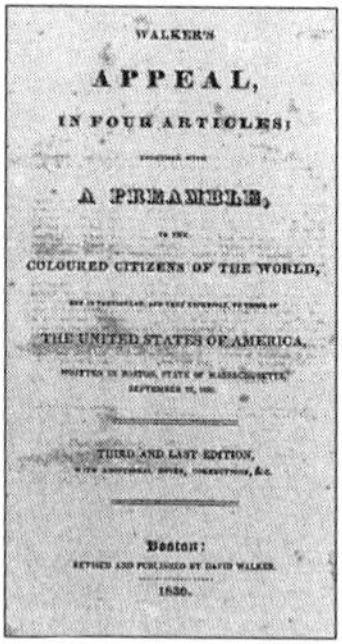
WALKER'S

APPEAL,

IN FOUR ARTICLES;

A PREAMBLE,

COLOURED CITIZENS OF THE WORLD,

THE UNITED STATES OF AMERICA,

THIRD AND LAST EDITION,

Boston:

REVISED AND PUBLISHED BY DAVID WALKER.

1830.

『ウォーカーの訴え』

たちを人間として扱おうとしない建国の父ジェファソンを弾劾し、アメリカ社会には知識を蓄えた有能な黒人が存在することを知らせ、自分たちの悲惨な状況を訴えている。白人啓蒙家によるのではなく、黒人がみずからの言葉で語る「訴え」から、「アメリカの黒人」の毎日の悲痛な暮らしが読み取れ、かれらの絶望的な様子がうかがえる。理路整然とヨーロッパの歴史的背景に言及しながら語るウォーカーの筆には説得力がある。

自由民として生まれたウォーカーだったが、奴隷に生まれ北部に逃亡し、白人の奴隷制度廃止論者ウィリアム・ロイド・ギャリソンと組んで活動を行ったフレデリック・ダグラス(4)については、何度か改訂され書き継がれた『自伝』がよく知られている。『自伝』は、いわゆるスレイヴ・ナラティヴ(奴隷物語)で、外部の者にはわからなかった奴隷の暮らし、奴隷の精神的抑圧を詳しく伝えている。本書に収録した「奴隷にとって七月四日とは何か」という演説はきわめて長く、一八五二年のアメリカ社会の差別の様子が激しく迫力をもって伝わってくる。建国記念日にふさわしく、自分もアメリカ社会の一員として建国の父祖の業績を称えながら、なお白人の祝う建国記念日を、黒人奴隷は祝うことができない現実を嘆いている。「人間であること」、「自分の身体の正当な所有者」であることを証明せよと迫られる理不尽を、ダグラスは明晰な言葉で批判する。

一九世紀半ばに行われたダグラスの演説ほど、アメリカの奴隷の苦しみをわかりやすく伝えるものはないだろう。自由を獲得しようと熱情を込めて語る黒人たちの努力の集積が、二〇世紀半ばすぎの公民権法成立へと発展していく。このように激しく闘う一九世紀の黒人指導者たちがいて、二〇世紀の黒人運動は展開していった。

いっぽう黒人の女たちが沈黙していたのではない。文字を書くことも読むこともできない奴隷だったソジャーナー・トゥルース(3)は、男ではないかと揶揄されながら、男女の平等を語り、女性を敬うように見える白人社会の騎士道的な価値観を嘲笑する。ソジャーナー・トゥルースのこの強さはどこからくるのだろうか。十数人も子供を産みながら、結局、すべて白人所有者の財産を増やすだけだった。奴隷になって売られて行く子供たちを見ながら、自分の乳房は白人の子供たちに授乳するために使われる。乳房さ

ダグラス

トゥルース

上 テレル
中 ウェルズ＝バーネット
下 ハーストン

え搾取されてしまう悲しみを乗り越え、生き延びてきた強さだろうか。

本書ではその他六人の女性の声を取り上げている。両親は奴隷だったが高等教育を受けた社会活動家で、全米黒人女性組織の初代会長メアリー・チャーチ・テレル(11)、リンチの現状を追跡し、リンチ反対運動の新聞記事を書きつづけたアイダ・B・ウェルズ＝バーネット(12)、アメリカの文化人類学の碩学フランツ・ボアズのもとで民族学研究者になり、小説作品など膨大な著作を残したゾラ・ニール・ハーストン(14)、奴隷の娘で黒人の教育に力を尽くしたメアリー・マクラウド・ベシューン(15)、黒人女性で初めて連邦下院議員に選出されたシャーリー・チザム(18)、黒人女性で初めてノーベル文学賞を授与されたトニ・モリスン(20)。

チザムは、黒人男性は肝っ玉おっかあの黒人女性に抑えつけられている、という白人社会学者の勝手な分析を弾劾する。それは黒人の男女を分裂させ、本来の闘う相手である白人へ、団結して非難の矛先が向けられないようにするための策略だと指摘する。白人が黒人を分裂させようとしているのだと。たしかに同じようなことを晩年のマルコムX(17)が口にしていた。一九五〇年代、六〇年代前半の黒人運動を率いたのはマルコムXとマーティン・ルーサー・キング・ジュニアだった。自由と平等を求める根本思想は同じでも、その手段と内容が対照的だった時期もある二人だが、両者の接近が最後まで阻まれた流れの奥には、白人統治者の思惑が作用していたのではないだろうか。マルコムXとキングの両者が歩み寄ると、強力な黒人闘争体制が敷かれることになる。それを当局は何よりも恐れていた。反対に、黒人運動の内部分裂は白人社会にとって都合のよいことだった。マーカス・ガーヴィー(13)が郵便法違反という別件逮捕で、故国ジャマ

ベシューン

大統領選予備選にも出馬したチザム

イカへ強制送還されたのも、世界的な黒人の連帯を目論むパン・アフリカニズムへ白人が抱く脅威がその背後にあった。やはりパン・アフリカニズムの立場を取っていた、二〇世紀前半の黒人運動の偉大な指導者デュボイス（*10*）は、キングのワシントン大行進の前日にガーナで死去する。アメリカ合衆国での黒人の平等実現へのほど遠い道のりを憂い、希望を失っていたのだろう。デュボイスは人生の最後にガーナ国籍を取得している。

一九世紀の奴隷制度廃止論者の演説には、たとえばヘンリー・ハイランド・ガーネット（*2*）やジョン・スウェット・ロック（*5*）の、奴隷所有者は神に呪われている、「神の掟」が奴隷制度を許さない、という発言のように、キリスト教徒の心情に訴えようとする特徴が見られる。キング牧師もまた南部キリスト教徒指導者会議の代表として、当然のことながらキリスト教の教えに訴えるところがあった。それとは対極的だったのが、

ガーヴィー（前頁）とデュボイス

「大行進」の日のキング（前掲 *Life* 誌）

黒人を支配する白人の宗教としてキリスト教を否定し、「ネイション・オブ・イスラム」の教義を信奉したマルコムXだった。

マルコムXは徹底的に白人の価値観を否定し、キングのように白人社会へ入ろうとする統合主義を弾劾した。黒人の「自己信頼」を主張し、意識高揚に努めた人道主義者だった。かつて黒人奴隷は霊歌を歌いながら、天国での自由を夢見て現実の苦しみを忘れようとした。死によっていつの日か「とうとう自由に」なることを願っていた。だがマルコムXはその姿勢を非難し、あの世ではなくこの世で、いつの日かを待つのではなく、いま、たった今の自由と平等を激しく決然とアメリカ社会に要求したのである。それはやがてキングの公民権を求める運動ではなく、人間としての権利、人権を求める姿勢に変わっていった。

ガーネットと
ロック

マルコムX

「私たち(黒人)には記念碑も，体を休める道端の小さなベンチもない」．2008年モリスン学会で，チャールストン沖合いのサリヴァン島の国立公園に最初の「道端のベンチ」が設置された．その記念式典でのモリスン．

クラメルは、「怪物のようにおぞましい邪悪行為」は、「その制度じたいが消滅してからも長らく生き延びる」と演説で語っている。「死んだはずの果実がまだ生き続ける」のであり、奴隷制度廃止後、一八年経っても南部の黒人女性蔑視の状況は変わっていないと指摘している。

二一世紀を迎えた今日、「死んだはずの果実」はすでに化石になったのだろうか。それともまだ奴隷制度の名残は命を保ち、機能しているのだろうか。

最後に収めたバラク・オバマ(21)の演説は、若い大学卒業生に向かって語りかけ、未来のアメリカ社会の建設へ、積極的に参加することを促している。オバマ自身が、政治権力の中枢で自己の能力を発揮できるようになった、アメリカ社会の変容を体現している。たしかに歴史の流れがアメリカ社会を変化させている。オバマの出現の背景、あるいはトニ・モリスン文学が読まれるようになった背景には、六〇年代のブラック・パワーの激しい闘争があり、ブラック・スタディーズ(黒人研究)が大学で真剣に取り組まれ、盛んに奨励されるようになったことがある。それでも二、三百年の歴史に支えられた制度の名残が、たやすく消えるはずはない。それがやがて化石になるまで、「アメリカの黒人」の闘いは続く。

ノックス大学でのオバマ

あとがき

二〇〇八年の大統領選挙は、アメリカの歴史に残る重要な選挙になりましたが、民主党や共和党の大統領指名候補のキャンペーンが始まる前から、本書『黒人演説集』の企画は始まっていました。あるとき編集担当の小口未散さんから、黒人指導者たちの演説を集めた一冊の本を渡されました(デイリー編 *Great Speeches of African Americans*)。そこにはすでにバラク・オバマの演説も含まれていましたが、一九世紀から二一世紀にわたる著名な指導者、活動家の演説を年代的に通して読みながら、解放と自由を求めるかれらの熱気と力強さはもちろんのこと、真摯な努力を積み重ねていく誠実な姿勢に心打たれました。

奴隷解放から公民権へ、そして「人種分離（レイシャル・ディヴァイド）」のないアメリカ社会建設への闘いは、おそらく果てしなく続くのでしょうが、奴隷制度を生き延びてきたかれらアフリカン・アメリカンの存在の確固とした強さを、その論理的な主張のなかから感じ取ることができます。先の演説集から二篇を削除し、収録されていなかった、デイヴィッド・ウォーカー、ゾラ・ニール・ハーストン、トニ・モリスンを入れました。それによってさらに包括的に「アメリカの黒人」の歴史的功績を読み取ることができるでしょう。

翻訳原稿への鋭い指摘や、さまざまな箇所において懇切丁寧な助言をくださった小口さんには、心からの感謝の気持をお伝えしたいと思います。本書を通して多くの読者がアメリカをより深く理解されるようになることを願ってやみません。

二〇〇八年一〇月

荒このみ

付記　翻訳は、1章——"Our Wretchedness in Consequence of Slavery" in *David Walker's Appeal, In Four Articles ; Together with a Preamble, to the Coloured Citizens of the World, but in Particular, and Very Expressly, to Those of the United States of America*, C. M. Wiltse ed., Hill and Wang, New York, 1965.／14章——"How It Feels to Be Colored Me" in *I Love Myself*, Alice Walker ed., Feminist Press, New York, 1979.／20章——Toni Morrison, Nobel Lecture, December 7, 1993. に基づき、その他は *Great Speeches of African Americans*, James Daley ed., Dover Publications, Inc., 2006 に拠った。

オバマ大統領就任式のあとに

二〇〇九年一月二〇日、第四四代アメリカ合衆国大統領バラク・オバマが誕生しました。初めてのアフリカン・アメリカン大統領の就任式には、合衆国のみならず世界の目が注がれました。

本書に収められているオバマの「ノックス・カレッジ卒業式」の演説は、大統領就任式より、ほんの三年半ほど前に行われたものです。この演説で、連邦上院議員になったばかりのオバマが、記者から「オバマ上院議員、あなたの歴史上の位置はどこにあるのでしょうか」と質問されたこと、そして「私は大声で笑いました」というエピソードを紹介しています。アフリカン・アメリカンの上院議員が珍しいとはいえ、登院初日で、まだ右も左もわからない新入議員でしかありませんでした。それなのにアフリカン・アメリカンの上院議員として、「歴史上の位置」を唐突にきかれたのです。答えられるはずがありません。

ところが今はどうでしょうか。オバマの「歴史上の位置」は明白です。

これからはオバマ大統領の一挙手一投足が、進行形で歴史そのものになっていくのです。自分の身の上に起きたかくも早い「変化」を、オバマ自身、予測していたでしょうか。

大統領宣誓式のオバマは、リンカーン大統領が宣誓式に使った、赤い表紙の小さな聖書に手を置き、宣誓の言葉を述べています。リンカーンの前例を踏襲し、就任式のためのワシントン入りには、フィラデルフィアから列車に乗ってやってきました。オバマ大統領がリンカーンを自分の役割模範としているのは明らかです。それはリンカーンが、一八六三年に奴隷解放令を発布した大統領であるばかりでなく、「分裂した家(ハウス・ディヴァイディッド)」は立ち行かなくなるのを恐れ、南北戦争を勝利に導き、連邦が二分する危機を回避した偉大な大統領だからです。

オバマ大統領が選挙戦の間、繰り返し訴えたのは「ユナイテッド・ステーツ・オブ・アメリカ(統一されたアメリカ)」でした。就任演説でも、「私たちはキリスト教徒、イスラーム教徒、ユダヤ教徒、ヒンズー教徒、無宗教の人々で成り立つ国家です」と述べ、「あらゆる言語、あらゆる文化によって形作られている私たちは、地球上のあらゆる場所からやって来た」ことを強調し、「パッチワークのような遺産は弱みではなく強みである」ということ、「多様の中の統一」というアメリカの標語を具体的に述べていました。

本書で取り上げた一九世紀・二〇世紀の黒人指導者たちは、その演説の中で奴隷制度の苦悩、悲惨な黒人差別の状況を訴え続けてきました。出口なしの状況の中でも、「奴隷にとって七月四日とは何か?」(一八五二年)と演説したフレデリック・ダグラスのように、それでも奴隷制度はかならず廃止されることを信じ、「希望」を失わないと演説を終えました。

そして今、バラク・オバマ大統領の誕生です。

二一人の黒人による演説を収めた本書で、ただひとりバラク・オバマの卒業式演説は、二一世紀に行われています。大学を卒業していく若い学生たちに向かい、「あなたがたが人生を生き、この国の歴史を生きる中で、アメリカの原理を守る意志」を持つように、新しい世紀の挑戦にあっても、その原理を持ち続け、よりよきアメリカへ向かって歩き続けるようにと、はなむけの言葉を贈っています。

『演説集』で取り上げた、歴史に残る黒人たちの命を削るような努力があったからこそ、バラク・オバマの「希望」があるのです。

二〇〇九年一月二七日

荒このみ

アメリカの黒人演説集（こくじんえんぜつしゅう）
キング・マルコムX・モリスン 他

2008年11月14日　第1刷発行
2020年 6 月25日　第5刷発行

編訳者　荒（あら）このみ

発行者　岡本 厚

発行所　株式会社 岩波書店
〒101-8002 東京都千代田区一ツ橋 2-5-5

案内 03-5210-4000　営業部 03-5210-4111
文庫編集部 03-5210-4051
https://www.iwanami.co.jp/

印刷・三陽社　カバー・精興社　製本・中永製本

ISBN 978-4-00-340261-0　Printed in Japan

読書子に寄す

——岩波文庫発刊に際して——

岩波茂雄

真理は万人によって求められることを自ら欲し、芸術は万人によって愛されることを自ら望む。かつては民を愚昧ならしめるために学芸が最も狭き堂宇に閉鎖されたことがあった。今や知識と美とを特権階級の独占より奪い返すことはつねに進取的なる民衆の切実なる要求である。岩波文庫はこの要求に応じそれに励まされて生まれた。それは生命ある不朽の書を少数者の書斎と研究室とより解放して街頭にくまなく立たしめ民衆に伍せしめるであろう。近時大量生産予約出版の流行を見る。その広告宣伝の狂態はしばらくおくも、後代にのこすと誇称する全集がその編集に万全の用意をなしたるか。千古の典籍の翻訳企図に敬虔の態度を欠かざりしか。さらに分売を許さず読者を繫縛して数十冊を強うるがごとき、はたしてその揚言する学芸解放のゆえんなりや。吾人は天下の名士の声に和してこれを推挙するに躊躇するものである。このときにあたって、岩波書店は自己の責務のいよいよ重大なるを思い、従来の方針の徹底を期するため、すでに十数年以前より志して来た計画を慎重審議この際断然実行することにした。吾人は範をかのレクラム文庫にとり、古今東西にわたって文芸・哲学・社会科学・自然科学等種類のいかんを問わず、いやしくも万人の必読すべき真に古典的価値ある書をきわめて簡易なる形式において逐次刊行し、あらゆる人間に須要なる生活向上の資料、生活批判の原理を提供せんと欲する。この文庫は予約出版の方法を排したるがゆえに、読者は自己の欲する時に自己の欲する書物を各個に自由に選択することができる。携帯に便にして価格の低きを最主とするがゆえに、外観を顧みざるも内容に至っては厳選最も力を尽くし、従来の岩波出版物の特色をますます発揮せしめようとする。この計画たるや世間の一時の投機的なるものと異なり、永遠の事業として吾人は微力を傾倒し、あらゆる犠牲を忍んで今後永久に継続発展せしめ、もって文庫の使命を遺憾なく果たさしめることを期する。芸術を愛し知識を求むる士の自ら進んでこの挙に参加し、希望と忠言とを寄せられることは吾人の熱望するところである。その性質上経済的には最も困難多きこの事業にあえて当たらんとする吾人の志を諒として、その達成のため世の読書子とのうるわしき共同を期待する。

昭和二年七月

《イギリス文学》〔赤〕

- ユートピア　トマス・モア　平井正穂訳
- 完訳カンタベリー物語　全三冊　チョーサー　桝井迪夫訳
- ヴェニスの商人　シェイクスピア　中野好夫訳
- ジュリアス・シーザー　シェイクスピア　中野好夫訳
- 十二夜　シェイクスピア　小津次郎訳
- ハムレット　シェイクスピア　野島秀勝訳
- オセロウ　シェイクスピア　菅泰男訳
- リア王　シェイクスピア　野島秀勝訳
- マクベス　シェイクスピア　木下順二訳
- ソネット集　シェイクスピア　高松雄一訳
- ロミオとジューリエット　シェイクスピア　平井正穂訳
- 対訳シェイクスピア詩集 —イギリス詩人選(1)　柴田稔彦編
- 失楽園　全二冊　ミルトン　平井正穂訳
- ロビンソン・クルーソー　全二冊　デフォー　平井正穂訳
- ガリヴァー旅行記　スウィフト　平井正穂訳
- ジョウゼフ・アンドルーズ　全二冊　フィールディング　朱牟田夏雄訳
- ウェイクフィールドの牧師 —むだばなし　ゴールドスミス　小野寺健訳
- 幸福の探求 —アビシニアの王子ラセラスの物語　サミュエル・ジョンソン　朱牟田夏雄訳
- マンフレッド　バイロン　小川和夫訳
- ワーズワース詩集　田部重治選訳
- 対訳ワーズワス詩集 —イギリス詩人選(3)　山内久明編
- 湖の麗人　スコット　入江直祐訳
- キプリング短篇集　橋本槙矩編訳
- 対訳コウルリッジ詩集 —イギリス詩人選(7)　上島建吉編
- 高慢と偏見　全二冊　ジェーン・オースティン　富田彬訳
- 説きふせられて　ジェーン・オースティン　富田彬訳
- エマ　全二冊　ジェーン・オースティン　工藤政司訳
- 対訳テニスン詩集 —イギリス詩人選(5)　西前美巳編
- 虚栄の市　全四冊　サッカリー　中島賢二訳
- 床屋コックスの日記・馬丁粋語録　サッカレ　平井呈一訳
- デイヴィッド・コパフィールド　全五冊　ディケンズ　石塚裕子訳
- ディケンズ短篇集　小池滋　石塚裕子訳
- 炉辺のこほろぎ　ディケンズ　本多顕彰訳
- ボズのスケッチ　短篇小説篇　全二冊　ディケンズ　藤岡啓介訳
- アメリカ紀行　全二冊　ディケンズ　伊藤弘之・下笠徳次・隈元貞広訳
- イタリアのおもかげ　ディケンズ　伊藤弘之・下笠徳次・隈元貞広訳
- 大いなる遺産　全二冊　ディケンズ　石塚裕子訳
- 荒涼館　全四冊　ディケンズ　佐々木徹訳
- 鎖を解かれたプロメテウス　シェリー　石川重俊訳
- ジェイン・エア　全二冊　シャーロット・ブロンテ　河島弘美訳
- 嵐が丘　全二冊　エミリー・ブロンテ　河島弘美訳
- 教養と無秩序　マシュー・アーノルド　多田英次訳
- アンデス登攀記　全二冊　ウィンパー　大貫良夫訳
- ハーディ テス　全二冊　井上宗次　石田英二訳
- 緑の木蔭 和蘭派田園画　トマス・ハーディ　阿部知二訳
- 緑の館 —熱帯林のロマンス　ハドソン　柏倉俊三訳
- ジーキル博士とハイド氏　スティーヴンソン　海保眞夫訳
- プリンス・オットー　スティーヴンソン　小川和夫訳
- 新アラビヤ夜話　スティーヴンソン　佐藤緑葉訳
- 南海千一夜物語　スティーヴンソン　中村徳三郎訳

若い人々のために 他十一篇　スティーヴンスン　岩田良吉訳
マーカイム・壜の小鬼 他五篇　スティーヴンソン　高松雄一・高松禎子訳
怪談 —不思議なことの物語と研究　ラフカディオ・ハーン　平井呈一訳
心 —日本の内面生活の暗示と影響　ラフカディオ・ハーン　平井呈一訳
サロメ　ワイルド　福田恆存訳
嘘から出た誠　ワイルド　岸本一郎訳
人と超人　バーナード・ショー　市川又彦訳
分らぬもんですよ　バァナード・ショウ　市川又彦訳
ヘンリ・ライクロフトの私記　ギッシング　平井正穂訳
南イタリア周遊記　ギッシング　小池滋訳
闇の奥　コンラッド　中野好夫訳
コンラッド短篇集　中島賢二編訳
対訳 イエイツ詩集　高松雄一編
月と六ペンス　モーム　行方昭夫訳
読書案内 —世界文学　W・S・モーム　西川正身訳
人間の絆 全三冊　モーム　行方昭夫訳
夫が多すぎて　モーム　海保眞夫訳

サミング・アップ　モーム　行方昭夫訳
モーム短篇選 全二冊　行方昭夫編訳
アシェンデン —英国情報部員のファイル　モーム　中島賢二・岡田久雄訳
お菓子とビール　モーム　行方昭夫訳
荒地　T・S・エリオット　岩崎宗治訳
悪口学校　シェリダン　菅泰男訳
パリ・ロンドン放浪記　ジョージ・オーウェル　小野寺健訳
カタロニア讃歌　ジョージ・オーウェル　都築忠七訳
動物農場 —おとぎばなし　ジョージ・オーウェル　川端康雄訳
対訳 キーツ詩集 —イギリス詩人選(10)　宮崎雄行編
キーツ詩集　中村健二訳
阿片常用者の告白　ド・クインシー　野島秀勝訳
20世紀イギリス短篇選 全二冊　小野寺健編訳
イギリス名詩選　平井正穂編
タイム・マシン 他九篇　H・G・ウエルズ　橋本槇矩訳
透明人間　H・G・ウエルズ　橋本槇矩訳
トーノ・バンゲイ 全二冊　ウェルズ　中西信太郎訳

愛されたもの　イーヴリン・ウォー　中村健二・出淵博訳
イギリス民話集　河野一郎編訳
フォースター評論集　小野寺健編訳
白衣の女 全三冊　ウィルキー・コリンズ　中島賢二訳
対訳 英米童謡集　河野一郎編訳
灯台へ　ヴァージニア・ウルフ　御輿哲也訳
船出 全二冊　ヴァージニア・ウルフ　川西進訳
夜の来訪者　プリーストリー　安藤貞雄訳
イングランド紀行 全二冊　プリーストリー　橋本槇矩訳
アーネスト・ダウスン作品集　南條竹則編訳
スコットランド紀行　エドウィン・ミュア　橋本槇矩訳
ヘリック詩鈔　森亮訳
たいした問題じゃないが —イギリス・コラム傑作選　行方昭夫編訳
英国ルネサンス恋愛ソネット集　岩崎宗治編訳
文学とは何か —現代批評理論への招待 全二冊　テリー・イーグルトン　大橋洋一訳
D・G・ロセッティ作品集　南條竹則・松村伸一編訳

《アメリカ文学》〔赤〕

ギリシア・ローマ神話 付インド・北欧神話　ブルフィンチ　野上弥生子訳
中世騎士物語　ブルフィンチ　野上弥生子訳
フランクリン自伝　松本慎一　西川正身訳
フランクリンの手紙　蕗沢忠枝編訳
スケッチ・ブック 全二冊　アーヴィング　齊藤昇訳
アルハンブラ物語 全二冊　アーヴィング　平沼孝之訳
ウォルター・スコット邸訪問記　アーヴィング　齊藤昇訳
ブレイスブリッジ邸　アーヴィング　齊藤昇訳
完訳 緋文字　ホーソーン　八木敏雄訳
哀詩 エヴァンジェリン　ロングフェロー　斎藤悦子訳
黒猫・モルグ街の殺人事件 他五篇　ポオ　中野好夫訳
対訳 ポー詩集 ―アメリカ詩人選(1)　加島祥造編
ユリイカ　ポオ　八木敏雄訳
ポオ評論集　八木敏雄編訳
森の生活 (ウォールデン) 全二冊　ソロー　飯田実訳
市民の反抗 他五篇　H・D・ソロー　飯田実訳

白鯨 全三冊　メルヴィル　八木敏雄訳
ビリー・バッド　メルヴィル　坂下昇訳
幽霊船 他一篇　ハーマン・メルヴィル　坂下昇訳
対訳 ホイットマン詩集 ―アメリカ詩人選(2)　木島始編
対訳 ディキンソン詩集 ―アメリカ詩人選(3)　亀井俊介編
不思議な少年　マーク・トウェイン　中野好夫訳
王子と乞食　マーク・トウェーン　村岡花子訳
人間とは何か　マーク・トウェイン　中野好夫訳
ハックルベリー・フィンの冒険 全二冊　マーク・トウェイン　西田実訳
いのちの半ばに　ビアス　西川正身訳
新編 悪魔の辞典　ビアス　西川正身編訳
ビアス短篇集　大津栄一郎編訳
ヘンリー・ジェイムズ短篇集　大津栄一郎編訳
あしながおじさん　ジーン・ウェブスター　遠藤寿子訳
赤い武功章 他三篇　クレイン　西田実訳
シカゴ詩集　サンドバーグ　安藤一郎訳
熊 他三篇　フォークナー　加島祥造訳

響きと怒り 全二冊　フォークナー　平石貴樹　新納卓也訳
アブサロム、アブサロム! 全二冊　フォークナー　藤平育子訳
八月の光 全二冊　フォークナー　諏訪部浩一訳
ブラック・ボーイ ―ある幼少期の記録 全二冊　リチャード・ライト　野崎孝訳
オー・ヘンリー傑作選　大津栄一郎訳
小公子　バアネット　若松賤子訳
黒人のたましい　W・E・B・デュボイス　木島始　鮫島重俊　黄寅秀訳
アメリカ名詩選　亀井俊介　川本皓嗣編
魔法の樽 他十二篇　マラマッド　阿部公彦訳
青白い炎　ナボコフ　富士川義之訳
風と共に去りぬ 全六冊　マーガレット・ミッチェル　荒このみ訳
対訳 フロスト詩集 ―アメリカ詩人選(4)　川本皓嗣編

《東洋文学》〔赤〕

王維詩集　小川環樹・都留春雄・入谷仙介選訳
杜甫詩選　黒川洋一編
李白詩選　松浦友久編訳
蘇東坡詩選　小川環樹・山本和義選訳
陶淵明全集　全二冊　松枝茂夫・和田武司訳注
唐詩選　全三冊　前野直彬注解
完訳 三国志　全八冊　小川環樹・金田純一郎訳
完訳 水滸伝　全十冊　吉川幸次郎・清水茂訳
西遊記　全十冊　中野美代子訳
菜根譚　洪自誠　今井宇三郎訳注
浮生六記 ―浮生夢のごとし　沈復　松枝茂夫訳
阿Q正伝・狂人日記 他十二篇（吶喊）　魯迅　竹内好訳
家　全二冊　巴金　飯塚朗訳
寒い夜　巴金　立間祥介訳
駱駝祥子 ―らくだのシアンツ　老舎　立間祥介訳
新編 中国名詩選　全三冊　川合康三編訳
遊仙窟　張文成　今村与志雄訳
聊斎志異　全二冊　蒲松齢　立間祥介編訳
李商隠詩選　川合康三選訳
白楽天詩選　全二冊　川合康三訳注
文選　全六冊（既刊五冊）　川合康三・富永一登・釜谷武志・和田英信・浅見洋二・緑川英樹訳注
タゴール詩集 （ギーターンジャリ）　タゴール　渡辺照宏訳
マハーバーラタ ナラ王物語 ―ダマヤンティー姫の数奇な生涯　鎧淳訳
バガヴァッド・ギーター　上村勝彦訳
朝鮮民謡選　金素雲訳編
尹東柱詩集 空と風と星と詩　金時鐘編訳
アイヌ神謡集　知里幸惠編訳
アイヌ民譚集 付 えぞおばけ列伝　知里真志保編訳

《ギリシア・ラテン文学》〔赤〕

ホメロス イリアス　全二冊　松平千秋訳
ホメロス オデュッセイア　全二冊　松平千秋訳
イソップ寓話集　中務哲郎訳
アンティゴネー　ソポクレース　中務哲郎訳
ソポクレス オイディプス王　藤沢令夫訳
ヒッポリュトス ―パイドラーの恋　エウリーピデース　松平千秋訳
バッカイ ―バッコスに憑かれた女たち　エウリーピデース　逸身喜一郎訳
ヘシオドス 神統記　廣川洋一訳
アリストパネース 蜂　高津春繁訳
女の議会　アリストパネース　村川堅太郎訳
アポロドーロス ギリシア神話　高津春繁訳
黄金の驢馬　アープレーイユス　呉茂一・国原吉之助訳
アベラールとエロイーズ 愛の往復書簡　沓掛良彦・横山安由美訳
オウィディウス 変身物語　全二冊　中村善也訳
ギリシア奇談集　アイリアノス　松平千秋・中務哲郎訳
ギリシア・ローマ神話 付 インド・北欧神話　ブルフィンチ　野上弥生子訳
ギリシア・ローマ名言集　柳沼重剛編
ローマ諷刺詩集　ペルシウス・ユウェナーリス　国原吉之助訳
内乱 ―パルサリア　全二冊　ルーカーヌス　大西英文訳

《南北ヨーロッパ他文学》〔赤〕

ダンテ 新生　山川丙三郎訳
抜目のない未亡人　ゴルドーニ 平川祐弘訳
珈琲店・恋人たち　ゴルドーニ 平川祐弘訳
夢のなかの夢　タブッキ 和田忠彦訳
カヴァレリーア・ルスティカーナ 他十一篇　G・ヴェルガ 河島英昭訳
ルネッサンス巷談集　フランコ・サケッティ 杉浦明平訳
むずかしい愛　カルヴィーノ 和田忠彦訳
カルヴィーノ アメリカ講義 ―新たな千年紀のための六つのメモ　米川良夫・和田忠彦訳
まっぷたつの子爵　カルヴィーノ 河島英昭訳
魔法の庭・空を見上げる部族 他十四篇　カルヴィーノ 和田忠彦訳
愛神の戯れ ―牧歌劇『アミンタ』　トルクァート・タッソ 鷲平京子訳
タッソ エルサレム解放　A・ジュリアーニ編 鷲平京子訳
わが秘密　ペトラルカ 近藤恒一訳
ペトラルカ 無知について　近藤恒一訳
美しい夏　パヴェーゼ 河島英昭訳
流刑　パヴェーゼ 河島英昭訳

祭の夜　パヴェーゼ 河島英昭訳
月と篝火　パヴェーゼ 河島英昭訳
ウンベルト・エーコ 小説の森散策　和田忠彦訳
バウドリーノ 全二冊　ウンベルト・エーコ 堤康徳訳
タタール人の砂漠　ブッツァーティ 脇功訳
七人の使者・神を見た犬 他十三篇　ブッツァーティ 脇功訳
ラサリーリョ・デ・トルメスの生涯　会田由訳
ドン・キホーテ 前篇 全三冊　セルバンテス 牛島信明訳
ドン・キホーテ 後篇 全三冊　セルバンテス 牛島信明訳
セルバンテス短篇集　牛島信明編訳
恐ろしき媒　ホセ・エチェガライ 永田寛定訳
作り上げた利害　ベナベンテ 永田寛定訳
エスピノーサ スペイン民話集　三原幸久編訳
エル・シードの歌　長南実訳
娘たちの空返事 他一篇　モラティン 佐竹謙一訳
プラテーロとわたし　J・R・ヒメーネス 長南実訳
オルメードの騎士　ロペ・デ・ベガ 長南実訳

父の死に寄せる詩　ホルヘ・マンリーケ 佐竹謙一訳
サラマンカの学生 他六篇　エスプロンセーダ 佐竹謙一訳
セビーリャの色事師と石の招客 他一篇　ティルソ・デ・モリーナ 佐竹謙一訳
ティラン・ロ・ブラン 全四冊　J・マルトゥレイ M・J・ダ・ガルバ 田澤耕訳
完訳 アンデルセン童話集 全七冊　大畑末吉訳
即興詩人 全二冊　アンデルセン 大畑末吉訳
絵のない絵本　アンデルセン 大畑末吉訳
ヴィクトリア　クヌート・ハムスン 冨原眞弓訳
フィンランド叙事詩 カレワラ 全二冊　リョンロット編 小泉保訳
イプセン 人形の家　原千代海訳
イプセン ヘッダ・ガーブレル　原千代海訳
令嬢ユリエ　ストリントベルク 茅野蕭々訳
ポルトガリヤの皇帝さん　ラーゲルレーヴ イシガオサム訳
アミエルの日記 全四冊　河野与一訳
クオ・ワディス 全三冊　シェンキェーヴィチ 木村彰一訳
おばあさん　ニェムツォヴァー 栗栖継訳
山椒魚戦争　カレル・チャペック 栗栖継訳

岩波文庫の最新刊

田中裕編
西田幾多郎講演集

西田幾多郎は、壇上に立ち聴衆に向かい、自身の思想を熱心に説き続けた。多岐に亘るテーマの講演から七篇を精選する。最良の西田哲学入門である。
〔青一二四-九〕 本体九〇〇円

サルマン・ラシュディ作／寺門泰彦訳
真夜中の子供たち (下)

ついに露顕した出生の秘密……。独立前後のインドを舞台に、稀代のストーリーテラーが魔術的な語りで紡ぎだす二十世紀の古典。

(解説＝小沢自然)(全二冊完結) 〔赤N二〇六-二〕 本体一二〇〇円

下村湖人作
次郎物語 (二)

愛情とは、家族とは何かという人間にとって永遠の問題を、動乱の昭和初期という時代の中に描く不朽の名作。下村湖人(一八八四—一九五五)による長篇教養小説。(全五冊)
〔緑二二五-二〕 本体七四〇円